ENTREPRENEURSHIP
EQUITY FINANCING
MAP

创业股权融资地图

安全
引入投资人

何青阳 著

机械工业出版社
CHINA MACHINE PRESS

本书是创业者的股权融资指南，可以帮助创业者充分了解自己在股权融资中的立场和选择，做出正确判断。本书从创业者产生融资念头开始，分七个步骤，按先后关系分析创业者在股权融资中面临的场景和需要解决的问题，并分析这些问题的本质是什么，存在什么机会和风险，应该如何思考和选择，帮助创业者探本溯源，跳出令人眼花缭乱的股权技巧，站在商业战略的高度看透股权融资。

　　本书涵盖了融资定位、投资人选择、估值、商业计划、尽职调查、投资人权利、创始人义务、保护控制权及融资后关系维护等内容，没有深奥的法律、金融专业词汇，都是真实的案例和生动的比喻，可轻松阅读，能作为创业者股权融资时随时翻找答案的"案头书"。

图书在版编目（CIP）数据

创业股权融资地图：安全引入投资人 / 何青阳著 . —北京：机械工业出版社，2024.5
ISBN 978-7-111-74979-0

I. ①创… 　 II. ①何… 　 III. ①企业融资 – 研究 　 IV. ① F275.1

中国国家版本馆 CIP 数据核字（2024）第 043661 号

机械工业出版社（北京市百万庄大街 22 号　邮政编码 100037）
策划编辑：石美华　　　　　　　责任编辑：石美华　刘新艳
责任校对：张雨霏　陈　越　　责任印制：邰　敏
三河市国英印务有限公司印刷
2024 年 5 月第 1 版第 1 次印刷
170mm × 230mm · 20 印张 · 1 插页 · 242 千字
标准书号：ISBN 978-7-111-74979-0
定价：89.00 元

电话服务　　　　　　　　网络服务
客服电话：010-88361066　机 工 官 网：www.cmpbook.com
　　　　　010-88379833　机 工 官 博：weibo.com/cmp1952
　　　　　010-68326294　金 书 网：www.golden-book.com
封底无防伪标均为盗版　机工教育服务网：www.cmpedu.com

你好，我是何青阳，是专注于创业公司股权设计的律师。

十几年来，我和我的团队一直致力于为创业公司提供股权服务，陪伴创业公司从合伙人股权设计、股权融资、股权投资、股权激励到被并购或上市。

2022 年，我出版了第一本面向创业者的股权书——《合伙人动态股权设计：七步打好创业公司股权地基》，也因此收获了第一批读者。有的读者反馈，说看我的书"就像在参加寻宝解谜游戏，内容生动畅快，能在轻松的阅读中收获知识"。很开心大家喜欢这种写作方式，这也给了我很强的动力继续完成这本关于创业公司股权融资的书。

正确认识股权融资，是创业必经之路

现在的商业节奏越来越快，创业公司单纯靠创始人的资金已经很难获得优势，为了抓住趋势，不少创业公司选择通过股权融资获取更快的发展速度。

但大多数早期创业者对股权融资并不熟悉，脑海里只有"我的股权可以换资金"这个粗浅的概念，对于该向谁换资金，换多少资金，出让多少股权，怎样让投资人愿意投资，需要经历哪些流程，有什么注意事项，融资后怎么维护自己与投资人之间的关系，全然不知，自己一步一步探索会非常艰辛且容易走错。

一些创业者过于乐观，认为股权融资一定是好事，只要拿到资金就是

"赢",忘记了自己还可能会"输",认为自己光脚的不怕穿鞋的,在股权融资中过于冒进,导致最后回到原点,甚至坠入更糟糕的境地。

我看到过不少创业公司或创始人因为股权融资陷入泥潭:

- 有的在寻找投资人的过程中,被不良中介欺骗,不仅没融到资,还被骗走初始资金。
- 有的找到了意向投资人,却不知如何展示自己,如何谈判和促成交易,白白错失了机会。
- 有的不会合理估值,向早期投资人释放过多股权,影响了公司长期发展及持续融资,最后不得不伤筋动骨地调整股权。
- 有的引入了不合适的投资人,被窃取了商业秘密,投资人快速成为自己的市场劲敌。
- 有的在引入投资人时没安排好决策机制,导致被投资人频繁干涉经营,甚至创始人被赶出公司。
- 有的签下了不合理的条款,在公司发展不顺时被要求返还投资款,创始人无力承担,最后成为失信被执行人。
- 有的不知道如何维护和投资人的关系,在关键时刻得不到投资人的支持,一路滑坡跌入谷底,甚至面临牢狱之灾……

如果股权融资处理得好,你可能乘势而上,与投资人实现互利共赢;如果处理得不好,则可能融不到资或者最后发现当初还不如不融资。创业不易,如果选对了赛道,找到了合适的合伙人,就更应该尽早建立对股权融资的全面认知,不能让创业项目因为股权融资决策不当而被拖累。

让创业者轻松认识股权融资

为了让本书真正对你有用,我充分征求了创业者的意见,了解他们面对股权融资时遇到的难题,希望能得到哪些帮助,以及他们在融资中做对和做错的事。本书初稿完成后,我找了一些创业者试读,了解了哪些内容对他们有价值，哪些内容没有价值，哪里的结构还不够清晰顺畅，在此基础上进一步调整了本书的结构和内容。

此外，我还征求了一些投资人的意见，确保本书的重要观点在投资人处得到印证。他们也主动告诉我创业者在融资中容易犯哪些错，怎样避免犯错，这些有价值的内容我都放入了书中。

多年来我既为投资人投资创业公司提供服务，也为创业公司引入投资人提供服务，既参与了创业公司发起阶段的各种事务，也参与了它们终止、被并购或上市的过程。双向服务经验和企业全周期服务经验让我对股权融资有了更多维度、更细致的观察，尤其是如何根据商业战略在股权融资中做出取舍，如何分析股权融资中每位参与者的利害关系以及如何更好地平衡这些关系。我尽可能将这些领悟以通俗的方式整理到本书中。

以上都是为了确保你能读得懂、学得会，能建立起对股权融资的全面认知，能在股权融资中胸有成竹，面对投资人时有礼有节、不卑不亢。

本书特点

本书有如下四个特点。

聚焦：本书只站在创业公司及创始人的视角解析股权融资，不会有其他视角混入，这样你能清晰找准定位，充分了解自己的立场和选择，做出正确判断。

系统：本书从你产生融资念头开始，分七个步骤按先后关系分析你面临的场景和需要解决的问题。你可以将本书作为地图，一步步跟着走，融资过程中如果遇到具体问题也可以随时翻到对应章节查阅。

实用：实用不仅体现在交出干货，更在于帮你建立股权思维体系，让你能脱离干货独立思考自己的股权需求。本书每个章节从融资的实际场景和需求出发，分析这些问题的本质是什么，存在什么机会和风险，应该如何思考和选择，只有追本溯源，才能跳出令人眼花缭乱的股权技巧，站在商业战略的高度看透股权。

此外，股权融资最早兴起于欧美，因此市场上不少股权融资书中的知识是以境外融资为背景的，有些内容难免不符合国内创业公司的实情及法律规定。本书内容是完全建立在国内创业公司的实情及法律规范的基础上的，因此你看到的内容就是可以实操的内容。

轻松：这里没有深奥的法律、金融专业词汇，都是真实的案例、生动的比喻和接地气的分析，让你阅读的时候感觉好像是在跟老朋友喝茶聊天一样轻松愉快。

本书内容

本书以股权设计的七个步骤为基础展开，这七个步骤不是我创造的，而是我发现的。它是基于商业和股权的特性而客观存在的，只要商业世界及股权规则没有发生根本改变，这七个步骤就是你的必经之路。无论合伙人之间的股权设计，还是股权融资、股权激励或股权投资，少走了其中任何一步，都会带来风险。尤其是最容易被忽略的第一步"布局"和第二步"结义"，恰是可以把明显的风险掐断在源头的环节。

- 第一步"布局"：根据商业战略判断股权融资的必要性、时机及融资金额等。
- 第二步"结义"：市场上有各种各样的投资人，他们分别有什么特点，你更适合找哪种投资人，如何让他们对你产生兴趣。
- 第三步"妙算"：公司估值是多少，如何合理计算释放给投资人的股权比例。
- 第四步"避险"：投资人一旦成为股东就没办法轻易请走，该如何约定与投资人之间的权利、义务，避免产生矛盾。
- 第五步"控制"：随着一轮轮融资，投资人的股权比例会越来越大，怎样设置股东会、董事会规则才能避免创业团队失去对公司的控制权。
- 第六步"落地"：如何顺利签好协议收到投资款，避免夜长梦多。

- 第七步"维护"：股权融资不是一锤子买卖，投资人成了你的"枕边人"，如何维护好这段既甜蜜又敏感的关系，实现长存共赢。

有价值的福利

本书附录 A 提供了对你很友好的一页纸投资意向书。

针对最令人头疼的投资协议条款，本书附录 B 提供了创业者友好条款汇总。为什么我不把整个投资协议附上？还是为了真正对你有用。投资协议少则几十页，全部展现给你，你反而不知道什么是重点，更何况投资协议一般由投资人出具，你拿着完整的协议也没用。相反，我只把重要条款提炼出来，你才不会错过对自己影响深远的内容。

受篇幅所限，一些文件没办法全部写入附录，如果你需要融资中使用的保密协议、投资意向协议、创业者友好条款、全书电子版思维导图以及本书正文提到的其他福利，可以联系微信 QingyangGuquan 领取。我会不定期优化和增加福利包内容，以做到对你真的有用。

我希望通过独特的解读股权的方法，建立起一套通俗的、站在创业者视角的股权知识体系，快速拉近你与股权的距离，让股权不再陌生和神秘，不再成为你创业路上的绊脚石，而成为帮你取得成功的有力武器。

很开心遇到你，祝你创业之路旅途愉快！

何青阳

2024 年 3 月 22 日

| CONTENTS |
目　录

第五步　控制：守住控制权

第六步 落地：尽快收款

第七步 维护：实现长存共赢

附录

后记

布局

理清股权融资需求

先谋全局而后事，在解决一个问题的时候，首先要从最基本的原理出发，对局势做出正确判断。理解了本质关系，有了全局的谋略，才能开始处理具体的问题。

股权融资也是一样，首先要从创业的商业需求出发，先有全局认识，把股权融资放到全局中，布好局，再落子。

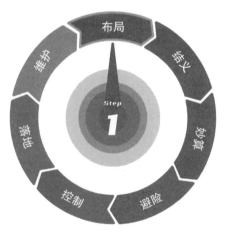

资料来源：何青阳.合伙人动态股权设计：七步打好创业公司股权地基[M].广州：广东经济出版社，2022：1.⊖

⊖ 本书中每个步骤第一页的指针图均来源于《合伙人动态股权设计：七步打好创业公司股权地基》每个步骤第一页。

第1章

理清股权融资需求：认清"我是谁"

1.1 找准融资定位

亲爱的读者你好，翻看到这里时，你可能心里已经非常清楚自己需要做股权融资了。现在你想知道具体该怎么做，你是不是这样思考的：

"我要创业"→"我需要资金"→"有人愿意投资我，太好了"→"投资人希望获得这么多股权，我该不该答应呢，能不能少给一点儿"→"签好协议、做完变更、收到钱，结束"。

请不要着急，具体该怎么做，从找投资人到最终收到投资款，本书后面都有介绍。但是我要先泼一盆冷水，让你冷静下来，投资人的资金真的这么好拿吗？真的是不拿白不拿吗？

不少创业者有个误区，认为股权融资一定是好事。

"当然是好事啦，花投资人的钱，实现自己的理想，怎么不是好事？"

"你看阿里巴巴创始人如何如何……你看美团创始人如何如何……这不是股权融资带来的胜利吗？"

毫不客气地说，如果你抱有这种想法，可能会给自己埋下诸多隐患，甚至可能导致创业失败。

第一，如果你不适合股权融资，却执着地寻求投资人投资，很可能耗费大量时间和精力，最后一事无成。

第二，如果你适合股权融资，却引入了不适合自己的投资人，则可能导致股东之间针锋相对，公司发展受阻。

第三，或许你遇到了合适的投资人，却不懂股权融资的"游戏规则"，最后很可能受制于人，离自己的理想越来越远，甚至可能背负一身债务。

心理学有个概念叫规划谬误，指人们做规划的时候，往往不切实际地假设一切情况都是理想的，忽视可能会发生的不利事件，认为绝不可能出现任何意外（见图1-1）。面对股权融资，不少创业者会产生规划谬误，尤其是首次创业或还没有经历过股东矛盾的创业者，他们乐观地认为只要能拿到投资款，就能走上康庄大道。

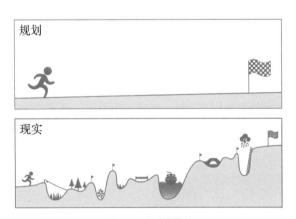

图1-1　规划谬误

资料来源：何青阳. 合伙人动态股权设计：七步打好创业公司股权地基 [M]. 广州：广东经济出版社，2022：20.

但事实是，在股权融资中，拿错资金不如不拿，没拿到资金大不了不创业，或者发展速度慢一点儿，但一旦拿错资金，很可能带来灾难。

■ 案例 01*

为了融资而融资[⊖]

背景

广思公司是一家 SaaS 服务公司，创始人在早期的商业规划中就决定要做股权融资，因此一直活跃在投资人中。他的想法很明了，如果有更多资金，就可以招更多优秀的人，开发出更优质的产品，而且这些资金还可以用在营销推广上，帮助他快速抢占市场。

他本身也是一位非常聪明且有创业激情的人，经过他的热情自荐，真的有两位投资人投资了他的公司。他很受鼓舞，利用融到的资金快速招人，研发系统，打开市场。

冲突

但他很快发现事情没有往他想象中的方向发展。一方面公司"烧"了大量资金，效果却不明显。员工是多了，系统研发是快了，但市场反馈却没有达到预期。另一方面，花的是投资款，投资人自然会问公司情况，尤其在发现市场反馈不如预期时，投资人很着急，在创始人打算放慢脚步时，投资人却要求他实施更激进的策略。创始人认为路还没走顺，不能直接开跑，于是和投资人之间开始产生分歧。

一年之后公司没能完成预期业绩，投资人想退股，要求创始人回购。按投资协议约定，创始人是没有义务回购的，但公司是创始人亲自带大的"孩子"，他不忍心让公司在自己与投资人的冲突中夭折，于是咬牙东拼西凑，借款回购了投资人的股权，同时裁减部门和精简人员，把公司体量恢复到了融资前的状态。

结局

此时公司像刚做完大手术的垂危病人，创始人反倒冷静了不少，认真思考自己

⊖ 本书中标记"*"的案例均为根据作者亲历真实案例改编，涉及公司名称均为化名，已经隐去当事人商业机密。版权所有，转载必须注明作者姓名和书名。

这一年多的决策，到底是哪里失误了。

痛定思痛后，他调整策略，利用手上有限的残余资金，按自己的思路慢慢做好每个项目，认真维护。好在一些客户没有抛弃他们，他们在仅存的客户中站稳脚跟后，进一步思考如何提升产品，再逐渐拓展其他客户。又过了大概一年时间，这家公司终于走出了病危区。

此后，靠着创始人的精细化运作，公司越做越好，现在又成了行业内一家小有名气的服务商，而从那之后，创始人再也没做股权融资了。

分析

创始人事后说，自己一开始在确定商业战略定位的时候就错了，那个时候想着要靠股权融资才能做大，所以商业规划是围绕股权融资设计的，一切显得理所当然。但在日后的反思中他意识到自己的三大错误。

商业战略错误：公司的业务并不适合通过大量资金硬推。一方面，他们的服务比较小众，偏个性化，没办法一开始就起量，需要慢慢摸索商业模式，通过专业精准的服务和客户口碑逐渐拓展市场。另一方面，他自己一开始投入的资金其实可以维持公司走过早期阶段，而早期阶段一过，公司的现金流是有保障的，没必要通过股权来融资。

融资认识错误：他只考虑到了有资金可以带来好处，但忽略了投资人作为公司股东可能在经营上和他意见不一致，使他处处觉得不自由、束手束脚，导致战略很难执行。

资金使用错误：他一开始被融资的喜悦冲昏头脑，认为自己很了不起，公司花钱大手大脚，没有稳扎稳打，浪费了很多资金。

现在他想明白了，在这个创业项目中，自己适合慢慢修炼蹚出一条自己的路。资金多确实有资金多的好处，但用得不好反而会成为坏事，而且股权融资会带来的一系列其他问题也不能忽视，他其实不需要股权融资，当初为了没那么重要的资金上的好处，差点给公司带来了灭顶之灾。

这位创始人走错了一步，幸运的是并未全盘皆输，靠着自己的觉悟力挽狂澜。但不少创业公司在股权融资上做错了，就再也无力挽回，最后什么都没留下。

想要做对股权融资，就要时刻把"不要做错股权融资"这句话放在心上，确保自己不输下"牌桌"，才可能成为赢家。你在具体出牌之前，需要做两个准备工作：第一，认清自己，也就是"我是谁"；第二，认清投资人，也就是"他是谁"。做好这两件事，才能打出好牌，否则即使一手好牌也可能打成烂牌。

认清"我是谁"，包含了三个层面：我要做什么，我打算怎么做，我能做成什么样。由于各行各业差异很大，接下来主要分析常规的创业项目，或许和你的创业项目情况存在一些差异，但逻辑是相通的。

我要做什么

思考"我要做什么"，也就是思考自己到底要解决什么问题，靠什么赚钱，这是创业的起点。

比如，你是解决用户的通信难题，还是用户的翻译需求，还是用户对健康饮食的需求，还是治疗某些疾病。这个问题你应该早就了然于胸。在此基础上，为了理清融资思路，还需要深入思考以下几点。

第一，天花板在哪儿。

天花板是指你做的项目市场规模有多大，这与产品覆盖的消费群体有多大，能不能快速增长和复制，在产业链中是什么地位等因素相关。天花板决定了投资人投资后可能获得多大利益，会影响投资人的投资意愿。

比如你在某个小区开小卖部很赚钱，这可能得益于这个小区业主群体的特殊消费习惯，如果小卖部是为这群业主个性化定制的，模式将很难复制。这种情况如果你缺资金，就很难引入风险投资人，更适合向亲友借款或找一些自由投资人投资。

再比如，为什么罕见病药品研发的企业融资比较艰难？因为市场太小了。罕见病药品的研发成本和生产成本很高，但总体市场规模相对偏小，是个烧钱多、赚钱有限的行业，所以投资人在投资时往往比较谨慎。

第二，壁垒有多高。

壁垒是指其他竞争对手加入这个赛道的门槛，比如你的先天经验优势、规模优势、品牌优势、技术优势、供应链优势、政策优势等。

壁垒越高，竞争对手越难轻易复制或模仿你，投资人就越喜欢你，如果恰好你的天花板还很高，那么风险投资人或战略投资人应该会很快找上你。

如果壁垒不高，即使市场很大，也会很快成为红海，最后落到你头上的收益不会太大，你对投资人的吸引力就会相对较弱，大概率只能向亲友借款或找一些自由投资人投资。

第三，退出渠道。

退出渠道是指投资人具体通过哪种方式获益，靠分红还是靠被并购或上市。

如果只能靠分红获益，那么至少风险投资人是不太乐意投资的，他们不期待靠分红慢慢获益，而是期待几年内卖出股权赚取高额的增值收益。

但是能分红的项目对亲友之类的自由投资人而言，可能就是个好项目，他们一般很愿意投资。

如果你的创业项目短期看不到分红的希望，长期看不到被并购或上市的希望，那你在股权融资上投入的时间可能会浪费，不如靠自有资金慢慢发展，等做出了成绩，再想办法进行股权融资。

我打算怎么做

"我打算怎么做"是指实现自己创业目标的具体途径。

比如，你的创业项目具体要提供什么产品，产品赚钱的逻辑是什么，怎样将这个产品研发生产出来，怎样做市场和销售，需要哪些环节来构建闭环交易，怎样验证商业模式，怎样设定里程碑，怎样实现扩张和裂变等。

只有思考清楚了打算怎么做，才能进一步分析要做成这个事，需要什么支持（一般称需要的这些支持为"经营要素"），并将它提炼出来。比如，你的项目需要有怎样的设计能力、产品研发能力、技术支持、上下游资源支持、组织管理能力等，当然，资金也是必不可少的。

假设你已经思考清楚交易环节和里程碑，那么在完成交易和达成里程碑的过程中，不同阶段大概需要多少资金？这一点非常重要，如果资金需求规划不合理，不能匹配实际需求和发展阶段，很容易"做错股权融资"。

比如，对大部分创业项目而言，在启动阶段资金不是最重要的，资金本身并不能解决核心问题，这时的核心问题是用最小的成本去验证商业模式，在商业模式未经过验证之前，投入再多的资金也可能进了无底洞。项目不断获得里程碑验证后，需要投入的资金才逐渐具有确定性。如果你的商业模式已经经过验证，进入扩张或裂变阶段，这时投入的资金和发展速度一般是成正比的，花多少资金办多少事。因此，正常情况下，在启动阶段花的资金尽量少一点儿，在扩张和裂变阶段花的资金尽量多一点儿。

如果你反其道而行之，在启动阶段花了过多资金，这些资金可能用在了错误的方向——交学费。用自己的资金还好，一般会精打细算，不会过于铺张，但如果用的是投资人的资金，则更可能轻率，资金扔进水中没有激起一朵浪花，此时很难向投资人交代，或许还会面临高额的违约金。

■ 案例 02*

启动阶段消耗过多资金

背景

牛亮公司是一家互联网营销公司，公司经营不到半年就有了起色，还被风险投资人看上，创始人很开心，想一鼓作气把公司做大，于是一次性融资了 1000 万元。

创始人预估利用这笔资金达到一个重大里程碑是绰绰有余的，于是公司开支相对宽松。随着钱越花越多，创始人开始意识到一个严重问题，公司原定的业务切入点是错的，投入了几百万元却没有明显起色，于是开始寻找新的切入点。

冲突

寻找新切入点的过程中，创始人比较自信，又把大量资金花在了试错中，直到公司已经没剩多少资金时才找到一个稳定有效的切入口，而这时必须马上继续融资，否则现金流就断了。

新一轮融资估值必须高于上一轮融资估值，否则老投资人不答应，但上一次融资的金额比较大，导致公司投后估值比较高，因此新一轮融资估值也比较高，新投资人并不满意。新投资人也不认可公司砸了大量资金后才找到业务切入点这个小里程碑，认为这并不算重大突破，而且认为创始人不够稳扎稳打，因此最多只能接受上一轮的投后估值作为本轮估值。

但创始人在第一轮融资中已经释放了大量股权，如果本轮融资估值不能明显提高，意味着本轮融资结束，创始人在公司的持股比例就已经低于 50% 了，本次创业对创始人而言就没太大吸引力了。

结局

经过和老投资人多番协商，这个创业项目最后直接终止了，创始人也赔了老投资人一部分资金。

这个案例中，创始人在商业模式未验证前就大量融资本身不是问题，问题在于融资后花钱不谨慎，最后导致该融资时却融不到资的尴尬局面。

当然，可能任何人手上有大把资金可以用的时候，都难以抑制内心"做大手笔"的冲动，人性使然。

这位创始人更好的选择是启动阶段做到"大胆假设，小心求证"，花最少的资金达到里程碑，或者一开始不融资那么多，甚至干脆不融资，用自有资金或者少量借款先验证好商业模式再寻求融资。

相反，商业模式被验证后，在裂变或扩张阶段花的资金不够，那你获得规模优势的速度就可能不够，很容易被竞争对手超越，这也很危险。

■ 案例 03

易到错过扩张最佳时机[一]

易到用车（后文简称"易到"）是 2010 年成立的，是共享出行的最早期入局者，此后两年才有滴滴打车（后文简称"滴滴"）和快的打车（后文简称"快的"）。

在网约车行业发展迅速的时候，易到摸着石头过河，验证对了商业模式，却没把控住资本的节奏，最终逐步失去市场。

冲突

最典型的体现莫过于 2014 年易到 C 轮融资，那个时候它在投资圈非常红，很多投资人追着它投资。易到本可以拿到 3 亿美元的融资，却基于各种考虑最终只要了 1 亿美元，赶走了 2 亿美元，而这 2 亿美元总是要找个去处。

易到 C 轮融资结束后仅三个月，滴滴就拿到了 7 亿美元融资，这是当时中国移动互联网史上最大一笔私募融资。滴滴拿到 7 亿美元后就开始大量补贴，6 倍的资金悬殊，那一战让易到掉出了网约车第一梯队。

结局

如今易到几乎销声匿迹。如果当初易到接受了 3 亿美元，滴滴很可能就融不到 7 亿美元，现在的网约车局面或许又是另一番景象。

后来周航在接受媒体的采访时反思称自己低估了互联网资本的力量和市场容量。

───

○ 周航.重新理解创业：一个创业者的途中思考 [M].北京：中信出版集团，2018.

因此在思考"我打算怎么做"这个环节中，需要有长远的战略布局意识，考虑清楚自己的资金需求，既要避免因追求不切实际的目标而虚构资金需求，也要避免因盲目自信而错过融资机会。

这个问题理清后，才能进一步确定所需资金应当来源于自有资金还是借款或是股权融资。如果自有资金不足，那么必然考虑借款或股权融资，即使自有资金充足，你也不一定选择全部自己出资，毕竟创业有风险。具体该选择借款还是股权融资，1.2节会详细介绍。

决定选择股权融资后，还需要思考具体融多少资金才安全，因为经营计划中推算的资金需求和你融资的资金需求并不完全相同，这一点在1.4节中会详细介绍。

我能做成什么样

"我能做成什么样"是指在"我打算怎么做"的基础上进一步结合自己的实际情况判断融资需求，因为即使做同样的创业项目，创始人的个人情况也会影响具体的融资需求。

比如，你有什么长处和短处，战略能力如何，管理能力如何，市场能力如何，与投资人打交道的能力如何，有哪些资源，缺哪些资源，有哪些合伙人愿意和你一起做这个项目。读完本书后面的内容，你会更了解创始人在股权融资中需要具备哪些能力。

如果综合评判后，你认为以自己的能力，或者自己与现有合伙人的能力足以应对本次创业，而且项目确实需要融资，也符合一些投资人的口味，那么你可以大胆往前走。

相反，如果综合评判后，你认为自己并不能很好地应对本次创业及融资，比如，你只关心技术，对市场提不起任何兴趣，或者你没有接触投资人的任何人脉关系，或者你天生羞涩不善言谈，不愿意与投资人多打交道，那你暂时不适合找投资人谈融资。

这种情形下，要么找个能弥补你短板的志同道合的合伙人一起创业，他最好能帮公司谈融资并处理好与投资人的关系。但这种情况相对复杂，可能会找错合伙人或分配错股权，怎么找对合伙人及分对股权可以参考《合伙人动态股权设计：七步打好创业公司股权地基》，此处不再赘述。

要么你可以寻求专业融资顾问及律师的帮助，不擅长的事情不用勉强，靠自己硬撑不仅可能处处碰壁，而且容易最后灰心丧气失去动力。正常情况下，只要你在这方面不是特别迟钝，在专业融资顾问及律师的熏陶下，逐渐也能掌握融资及与投资人打交道的技巧。

或者你可以不做融资规划，就做自己的小生意，自由随性，也可以专心研发技术，将来直接出售技术，也能实现自己的价值。

适合自己的才是最好的。

认清自己才能做对融资

通过对"我要做什么""我打算怎么做""我能做成什么样"这三个问题的思考，你才能对自己有比较准确的定位，在融资的过程中不至于像无头苍蝇胡乱冲撞。

我们来看看某位投资人对此的感悟。

○ **投资人说**[⊖]

我们在投项目时经常遇到对自己定位不清的创始人，他们不知道自己做的事情意味着什么，不知道自己的核心竞争力在哪里，也不知道市场有

⊖ 本内容来自作者对某位投资人的采访，版权所有，转载必须注明作者姓名和书名。

多大，所以在融资的时候走了很多弯路。

比如某些二线城市的科技院校非常多，因此有大量的科技人才，有不少非常优质的科技型创业项目，技术和赛道都很好。但这些项目的创始人大多不习惯走出自己熟悉的圈子，去了解他的创业项目在全国范围内意味着什么，以为全中国很多他这样的公司，自己的技术不值一提。他们反倒稀罕资金，认为资金很难得，是核心，在投资人面前姿态很低，因此经常被某些投资人打压，甚至贱卖自己的项目。如果不愿意贱卖，这些创始人往往又会选择死守技术，凭一己之力苦苦研究，把技术当成唯一出路，创业艰难。

有的创始人只知道自己的项目值钱，但是不知道值多少钱，不会向投资人讲故事，投资人也没有义务帮他讲故事，因此融不到资或谈不出好估值，只能愤愤不平，没想过不擅长的事可以找人帮忙。

有的创始人有明显的能力短板，并不适合独自创业，却单枪匹马找投资人谈融资，结果没人敢投他。

有的创始人不清楚自己适合找怎样的投资人，到底该找战略投资人以弥补资源上的短板，还是该找自由投资人先轻装上路，或是找风险投资人快速走上资本市场的道路，这也是因为他们没有认清自己。

正因为不少创始人无法认清自己，很难找到合适的投资人，所以有一些"能人"专门在市场上捡漏，向这些早期公司购买大量股权，然后伺机高价卖出，大量股权落到这些"能人"手上对创业项目而言是非常危险的事，他们赌的是概率，而你只有一次机会。每每看到这样的项目，我们都扼腕叹息。

相反，一些一线城市的创业者经常过于看重自己，拿着几个创业点子就敢去和资本疯狂博弈，浪费自己和投资人的时间，结局一般也不太好。

因此，真诚建议创业者和外界保持充分的交流，在这个过程中逐渐找准自身的定位，对自身有清晰的认识，找到适合自己的合伙人及投资人。

没认清自己，不仅会增加股权融资的难度，而且即使真的能找到愿意投资你的人，你也很可能被牵着鼻子走，这里分享一家初创公司融资的经历。

■ 案例04*

未认清自己导致融资被动

背景

安宁和几位朋友合伙开了一家小众人群心理咨询平台，从新媒体渠道切入，在各大平台积累了不少粉丝。

2023年年初，业内有位"大佬"老张想投资安宁的公司，双方聊了两三轮却聊不出所以然，于是安宁临时拉着一位律师朋友陪他和老张一起沟通。

事情看起来顺理成章，老张手上有点儿闲钱，看好安宁，安宁正好缺钱，有融资需求。但他们始终没办法对合作方案进行实质性沟通，于是律师引导他们探讨了几个问题。

冲突

首先是关于融资金额、公司估值及股权比例的问题，即安宁需要多少资金，老张打算投多少资金，安宁打算给多少股权。

安宁说他没有想好，公司刚起步，很多地方需要用资金，但他不知道自己目前该融资多少，公司估值多少。

老张说："安宁公司注册资本也就10万元，这样吧，我出100万元，换安宁公司40%股权，这不过分吧？"

安宁听了觉得这个算法好像说得过去，公司前期确实没花多少资金。但100万元换40%的股权，总觉得哪里不对，而且融资100万元是多了还是少了，心里也没数。

接下来律师问老张："你投资 100 万元，是看重公司未来的分红、融资估值的增长还是其他价值？"

老张说："我其实没想太多，安宁之前和我说公司变现渠道还不明确，分红我是无所谓了，我就是看他们新媒体运营做得挺好，粉丝量很大，我自己的心理咨询公司就缺这方面经验。"

接下来是老张的角色问题，安宁说尊重老张的想法，老张马上提出，既然安宁对公司规划不太清晰，那他想和安宁一起担任 CEO，安宁发挥特长负责粉丝运营，老张负责其他运营管理，顺势借安宁的平台给自己的心理咨询公司导流。

这场探讨当场没有明确结论。和老张分开后，安宁和律师交流说自己本以为老张只是单纯做财务投资，顺带期待自己的平台给他安个响亮的头衔，方便他宣传业务，如果老张想实实在在地一起管理公司，那得再考虑考虑。

分析

事后律师和安宁一起复盘，安宁在与投资人的沟通中太被动了，为什么？

首先，公司到底需要多少资金？

安宁没做过商业规划，也没考虑过近期的创业目标是什么，所以不清楚资金需求，也不知道这些资金能用在哪里、能用多久、用出什么效果。

或许只需要 50 万元就能使公司达到现金流不错的状态，那就没必要融资 100 万元稀释那么多股权；或许他需要的是 200 万元，如此才能实现质的突破，100 万元花出去效果不明显，那这次融资可能就白做了。

正因为他没有提前思考这些问题，所以老张说投资 100 万元，他似乎只能接受，没什么继续商讨的思路。

其次，公司究竟估值多少？

安宁一开始就向老张摊牌自己前期并未付出太多资金成本，公司收入模式还不明朗，也不知道自己的公司值多少钱，老张便顺势以公司注册资本为基础来推算公司价值。

在没有成熟的运营体系和收入模式前，的确很难精准地给公司估值，但安宁不应该被动等待估值，而应该提前做好自我评估，设定估值的预期，这样在和老张谈估值时才能有进有退、游刃有余。

最后，老张究竟是什么角色？

安宁和老张对彼此的角色定位存在很大分歧。老张听了安宁不太明确的规划，主动提出想要成为合伙人，给公司出一份力。而安宁已经有固定的创业团队，也不缺心理咨询服务渠道，他真正需要的是单纯的财务投资人，并不希望老张过问具体的经营事项。

安宁的这个考虑是很明智的，但他没有提前思考清楚答案，导致和老张沟通时态度模棱两可，使事情往相反的方向发展。

早期创业者面对青睐自己的投资人往往心存感激，觉得投资人愿意投资自己，就已经很不错了，但如果没有做足准备，则很容易受制于人。只有从创业目标出发，理清自己的商业战略、资金需求，才能更理智和有效地推进股权融资，这个思考过程至少应当有以下环节：

"我要创业"→"我具体的商业战略是什么"→"为了实现商业战略，需要制订怎样的资金需求规划"→"根据资金需求规划，这些资金的来源是哪里"→"需要从外部获取资金时，我更适合去借款还是引入投资人"→"如果要引入投资人，该什么时候启动，融多少资金合适"→"市场上有各种类型的投资人，哪种类型更适合我，更匹配我的商业战略"→"怎样让投资人更愿意投资我"→"我值多少钱，给投资人多少股权比例合适"→"怎么和投资人谈条件，怎么规避风险、守住控制权"→"怎么落地真正拿到资金"→"拿到资金后还有什么注意事项，该如何与投资人相处"等。

本书接下来会按照这个思路来帮你逐渐理清股权融资规划，完成落地。

1.2 确定选择债权融资还是股权融资

假设你已经想清楚了"我是谁"，也清楚自己确实需要融资，那么接下来需要考虑的问题是，应该选择债权融资还是股权融资。

债权融资就是借款，比如向亲友借款或者向银行借款，向亲友借款的情形因人而异，不多讨论，我们主要讨论向银行借款和向投资人融资的区别。

○ **个案分析：* 选择银行的资金还是投资人的资金（上）**

靓靓公司的创始人曾和我讨论过这个问题，创始人说现在自己的公司缺点儿资金，有家银行愿意给点儿贷款，同时也有一家大公司愿意投资他们，现在不知道该怎么办，到底是要银行的资金还是要投资人的资金？

判断到底该借款还是该股权融资并不难，只要认清借款和股权融资的利弊以及思考清楚自己的核心需求，答案就清晰了。如果股权融资比借款更能满足你的需求，那就股权融资；如果股权融资弊大于利，而且你真的能借到资金，那就换成借款。我们先看两者的利弊分析，最后再回头分析这个个案。

股权融资的优势

先介绍股权融资的优势。

第一，正常情况下，融到的资金是不用还的。

这一点很重要，这不仅在于不需要承受还款压力，更在于有些创业公司的行业特点决定了早期只能选择股权融资。比如周期长、投入大的高科技行业，早期较难赢利，较难在限定期限内还款，只能靠一轮轮融资撑下去，直到多年后发展成熟、现金流稳定，才有可能考虑向银行借款。

不过股权融资的资金也不是绝对不用还，有时基于一些特殊约定，这些资金最终需要还给投资人，此中风险可能比借款还高，9.3 节会详细介绍。

第二，即使你现在一无所有，也可能获得股权融资。

这是股权融资和借款非常大的区别。正常情况下，银行既不救急也不救穷，想要从银行获得借款，首先你自己要有本事；想要从亲友获得借款，你要有家底，否则亲友不放心把钱借给你，即使碍于情面借给你，一般也借得不多。

但股权融资就不一样了，你卖的不是"我将来可以还钱"，而是"来和我一起赚钱吧"，只要你有足够的自信，让别人相信你的宏伟蓝图，哪怕现在身无分文、处于困境，也完全可能获得股权融资。

腾讯早期面临倒闭的时候，马化腾获得了 IDG 与盈科的认可，拿到了第一笔融资，解决了燃眉之急。[一]字节跳动创始人张一鸣在没有产品，没有团队，连创业想法都没完全想好的时候，约王琼在咖啡厅里见面，在一张餐巾纸上写出自己的想法，王琼就决定对张一鸣的新项目也就是后来的今日头条进行天使投资。[二]市场上不少创业公司在公司设立前就谈好了股权融资，公司一设立，还是个空壳的时候，资金就到账了。

第三，在资本的加持下，你可能获得飞速发展。

当你跑通了模式，股权融资帮你实现快速增长。

现在市场竞争越来越激烈，一旦资本介入某个行业，引入资本的公司通常会处于优势地位，更容易快速占领市场。

有些非常传统的老牌线下门店，基本靠经营收入扩张业务，发展了二三十年才有现在的规模。而最近几年新零售非常火爆，越来越多的投资人愿意投资线下项目，于是这些项目发展速度大大提升，遍地开花，用几年时间就走完了传统企业几十年的路，这就叫拿投资人的资金帮你快速做大。

[一] 吴晓波.腾讯传：1998-2016 中国互联网公司进化论 [M].杭州：浙江大学出版社，2017.

[二] 布伦南.字节跳动：从 0 到 1 的秘密 [M].刘勇军，译.长沙：湖南文艺出版社，2021.

比如，销售茶饮原本是一门普通生意，但奈雪的茶从 2015 年设立后就不断融资，陆续引入天图投资、SCGC 资本、太盟投资集团、弘晖资本等投资人，利用资本飞速扩张，开业不到 6 年总店数已经达到 500 多家，[○] 而且完成在港交所挂牌上市。喜茶作为奈雪的茶的重要竞争对手也引入了众多风险投资人，包括龙珠资本、红杉中国、腾讯、高瓴资本和蔻图资本等。[○]截至 2023 年 1 月，喜茶已在全球近 80 个城市开了超 800 家门店。[○]

理发行业亦是如此，在优剪之前，几乎没听说过理发店也能引入风险投资人。但优剪在 2015 年设立后就迅速引入投资人国金投资，此后又陆续获得广发信德、互兴资本、今日资本和经纬中国的投资。[○]在资本的帮助下，优剪扩张非常迅速，截至 2023 年已在全国拥有超过 1300 家门店。[○]

像亚马逊这样长期没有利润，即使有利润也少得可怜的公司，能成为全球市值最高的公司，其中资本的力量不可忽视。谷歌和 Facebook 也是在创立早期就引入了投资人，靠一轮轮融资支撑到可以赢利的。在中国，阿里巴巴、腾讯、字节跳动这样的明星巨头，无一例外都有诸多资本的支持。

此处介绍一个相反的案例。

■ 案例 05*

错过融资痛失机遇

在小米介入家电行业之前，扫地机器人行业还没有出现龙头企业。珠三角地区有个厂家的扫地机器人在各方面都做得不错，曾经每年有大概几千万元的利润，创始人过得非常惬意。

○ 《奈雪的茶控股有限公司招股章程》。
○ 关雪菁，估值飙升至 600 亿，喜茶配吗。
○ 喜茶官网。
○ 优剪官网。
○ 优剪官网。

因为公司确实发展得很好，曾有投资人希望投资，也有上市辅导机构建议公司上市，但创始人认为公司完全不缺资金，自己也不需要上市扩张，没必要引入投资人给自己一堆约束，因此拒绝了这些邀请。

2016年突然出现的小米扫地机器人逐渐风靡全国，2018年有调研公司做过统计，称10台扫地机器人里有8.4台是小米，扫地机器人的市场格局发生了翻天覆地的变化。

而刚才提到的这个厂家的扫地机器人销量急剧下降，从赢利逐渐转为亏损，银行也收紧了贷款额度。这时创始人着急了，开始找投资人谈融资，但市场已发生很大变化，龙头公司已经形成，这家公司在投资人心中已经失去了投资价值，因此生死存亡关头，股权融资没有着落，公司陷入困局。

这种情形不是个例，是经济的自然规律。与打车软件、团购网、共享单车等创业项目类似，一开始百花齐放，投资人疯狂投入资金，相互厮杀，最后留下一两家龙头公司，其他公司便烟消云散。

为什么其他公司会消失？因为龙头公司一旦形成，就有很大的谈判优势，供应商的价格可以往下压，账期可以往后延，成本越来越低，形成品牌优势后，采购商的价格也好谈。不管是股权融资还是银行贷款，龙头公司更容易获得资金。而其他同行的小公司，成本更高，市场更小，信誉更低，更难融资，如果不做出革命性创新，很容易被挤出市场。

因此，如果你没有引入资本，但你的竞争对手在引入资本，那么他股权融资后的优势，就是你的劣势，你需要清醒地认识到这一点。

第四，股权融资后你可能就有了导师。

投资人虽然在细节上没你更懂行业，但是投资人看过很多公司，亲历过太多兴衰，在创业某些方面的经验一定比你丰富，能给你一些指导，比如赛道的定位、人才的选择、商业模式的优化等，这对早期创业公司的创始人尤其是雪中送炭。

硅谷的 Y Combinator（后文简称"YC"）是有名的早期创业公司孵化器，YC 引入了各种创业导师，有经验丰富的创业者、专业的律师以及投资人，创业者遇到麻烦可以随时预约他们当面咨询。YC 还安排定期的聚餐活动，会有嘉宾为创业者进行非正式演讲，和创业者交流创业经历和心得体会。⊖

在国内，除了李开复的老牌孵化器创新工场，现在越来越多投资人成立了自己的孵化器帮助创业者，比如红杉的 YUE、华大智造 &IDG 资本生命健康加速营等。

当然，天下没有免费的午餐，你获得这些好处的同时也要付出一些成本，这些是后话了。

第五，股权融资后通常会获得投资人在资源上的倾斜。

股权上的合作一般是长期合作，股东有动力为创业公司考虑长期利益。一家默默无闻的小公司无论是获取流量，还是招揽人才，或是向大客户推销产品，都可能缺乏门路，这时资源广泛的投资人可以帮自己投资的小公司获取势能。比如，2014 年腾讯投资京东，获得京东约 15% 的股权，双方形成了战略合作，腾讯向京东提供微信和手机 QQ 客户端的一级入口位置及其他主要平台的支持。⊜

投资人还可以为小公司推荐非常有价值的高管，这些人靠无名小公司创始人的人脉可能很难触及。比如，2021 年至 2022 年 9 月，高瓴人才团队在接到企业需求后，发起了 120 余次"人才地图绘制"，为超过 200 家公司匹配过 2300 余次核心岗位需求，其中 350 人成功入职。⊜

甚至，一些投资人还会帮助小公司找买主，这对于那些上市艰难的公司

⊖ 斯特罗斯. YC 创业营：硅谷顶级创业孵化器如何改变世界 [M]. 苏健，译. 杭州：浙江人民出版社，2014.

⊜ 李志刚. 创京东：刘强东亲述创业之路 [M]. 北京：中信出版集团，2015.

⊜ 高瓴时间，高瓴投后人才服务笔记：找到一起要去远方的人。

尤其重要。比如，Kleiner Perkins Caufield & Byers（后文简称"KPCB"）[一]经常将自己投资的小公司推荐给同样是自己投资的太阳公司（Sun Microsystems），很多这样的小公司利用这个机会把自己卖给了太阳公司。还有谷歌收购YouTube，也是它们的投资人红杉资本牵的线。[二]越是成功的投资人，他们投资的公司中成功上市的越多，他们以后投资的公司再不济也容易被收购。

相比之下，借款的这个效果就很弱了，借贷关系一般是较为短期的合作，你将来发展得再好，债权人最多也只能赚点儿利息，他们的底线是自己绝对不能亏，所以在你发展遇到困难的时候，债权人会考虑抽贷止损，而不是投入大量时间、精力为你提供实质性的帮助。

第六，股权融资会产生明显的背书效应。

股权融资的背书效应主要体现在两方面，一是商业合作上的背书，二是股权融资上的背书。

现在大家习惯用天眼查或企查查等软件查询合作公司背后的股东是谁，如果公司的股东中有知名企业或知名投资人，那你的交易对手会更容易相信你的实力。比如，同样是生产小家电，假设我背后的股东是格力，而你背后的股东是名不见经传的几个自然人，很显然我会更容易获得销售商的认可。

■ 案例 06*

投资人对商业合作背书

极因公司是一家生物医疗公司，曾为如何让客户信任它的技术感到苦恼。

生物医疗行业的特点是投入大、周期长、专业性非常强，如果不清楚它技术的真实性，合作方一般不敢轻易与它合作。所以它每次对外谈合作都非常艰难，需要

[一] Kleiner Perkins Caufield & Byers 成立于 1972 年，是美国最大的风险基金，主要承接各大名校的校产投资业务。

[二] 吴军. 浪潮之巅 [M]. 4 版. 北京：人民邮电出版社，2019.

花大量时间向合作方解释自己的技术，影响了公司业务的拓展速度。

但自从引入几轮风险投资后，这个情况逐渐改观，创始人亲口说："因为交易对手一查股东情况，发现连 IDG、红杉中国这样的顶级投资人都投资了我们，我们的技术还能有假？所以洽谈业务合作明显容易多了，业务扩张明显加速。"

在股权融资方面，投资人的背书效果也很明显，究其原因有两点。

一是投资人之间可以相互壮胆。一家公司的商业模式和创始人到底靠不靠谱是很难说清的，事后看好像一目了然，但在当时，很多投资人并不一定思路清晰，特别是天使投资阶段，一些投资人甚至就是纯粹在碰运气。这时如果有一位投资人先投资了你，其他投资人会倾向于认为既然已经有人认可你，肯定是有缘由的，那相比其他还没人投资过的同行业公司，你应该算是不错的，所以会更有胆量投资你。

尤其你的股东是著名投资人时，这个背书效应就更强了。1999 年，阿里巴巴创始人和蔡崇信代表阿里巴巴去硅谷融资，高盛在 10 月向阿里巴巴领投了 500 万美元。⊖金额虽然不大，但是高盛的加入让阿里巴巴有了一个非常好的故事：全世界最好的投资银行看好阿里巴巴这家刚成立不到一年的公司。这是一种巨大的背书。

二是马太效应，投资人也需要相互抱团取暖。市场竞争具有很强的不确定性，一旦市场遇到大的风险，尤其是系统性风险，可能谁都躲不过，这时就看哪里能够众人拾柴火焰高了。你的投资人越多、名气越大，关键时刻获得的帮助就可能越多，这里的投资人就相对更安全，新投资人就更容易投资你。

而借贷关系能产生的背书效果相对较弱，更多在说明你是一家在银行眼中能按时还款的公司。

第七，股权融资后，你的公司就开始有了市场价值。

⊖ 胡晓军 . 马云的互联网创业哲学（图解版）[M]. 北京：人民邮电出版社，2015.

获得股权融资，你就可以开始讲资本故事了，同时你也有了市场价值，这个价值来自你股权融资时的估值，有了这个估值，你招人或"画饼"的时候就更方便了。

比如你实施员工股权激励时，员工不会反复追问公司的股权到底值多少钱，他真金白银买这些股权到底值不值，因为你已经有了市场估值。再加上股权激励的认购价格一般低于按公司正常估值计算的价格，员工能一眼看出自己的获益，激励效果更明显。如果你打算引入资源方、上下游做股东，有了市场估值，股权价格也更好确定，别人更容易认可公司真正的价值。

而且，有了这个估值，你在对外转让股权改善生活时也有了价格依据，更容易卖出好价。不少创始人就是在公司股权融资过程中顺便参照估值价格转让一点儿老股，被股权激励的员工也跟着转让一点儿，股权真的能变现，大家都开心，工作的动力也更强。

而银行借款和公司市场价值的关联没那么强，达不到以上这些效果。

第八，合伙人会更守规矩。

早期创业公司存在一个通病，那就是合伙人相互之间较难约束，经常出现合伙人不守规矩的情形，这对创业公司而言是一种内耗。如果有了外部投资人，就有了明文的规矩，有了第三方的监督，合伙人不守规矩的行为也会更加收敛。这方面最典型的案例就是新东方。

■ 案例 07

新东方引入投资人的决心[⊖]

早期新东方内部混乱，合伙人之间有各种矛盾和情感纠葛，导致新东方合伙人

⊖ 俞敏洪. 我曾走在崩溃的边缘：俞敏洪亲述新东方创业发展之路 [M]. 北京：中信出版集团，2019.

各自为政, 大家基本就盯着自己眼前的利益。用当时新东方聘请的顾问王明夫的话来讲就是, "这帮人完全是只有人文情怀, 没有头脑, 又互相纠缠不清!"

俞敏洪把普华永道请来做咨询, 普华永道做的第一件事情就是告诉俞敏洪必须引入外部投资人, 因为只有引入外部投资人, 新东方合伙人才能守规矩, 否则即便今天讲好规矩, 明天某个人不高兴, 规矩就被破坏了, 而其他人还没有任何办法。而引入外部投资人, 成立董事会, 大家就会知道什么叫规矩, 怎么守规矩。

于是, 俞敏洪开始了漫长的引入投资人之路, 也定下了走向资本市场及最终上市的方向。

而银行一般不会过多约束创业公司合伙人内部关系, 即使想约束, 也名不正言不顺, 合伙人一般也不接受。

股权融资的劣势

股权融资的优势确实非常多, 但凡事有利有弊, 我们再来看看股权融资的劣势, 便于你做出更理性的选择。

第一, 需要让出一部分股权收益。

股权收益对应的是长期利益, 假设你通过股权融资释放了 20% 的股权, 如果没有做特殊的设置, 那么这 20% 的收益就永远不归你了。公司的股权只有 100%, 有的创始人没做好融资规划, 早期释放了过多股权, 导致创始人的股权比例非常低, 收益和付出完全不匹配, 创业积极性降低, 甚至有的创始人为了实现"公平"铤而走险转移公司资产, 最终锒铛入狱。

而通过借款方式融资, 只需要在一定时间内向贷款方支付利息, 对股东的长期收益影响相对较小。

第二, 可能导致公司内部产生分歧。

你和投资人可能在公司战略上产生分歧, 这个冲突很难完全避免。比如风险投资人的目的是获益, 而且有时间要求, 他们也需要向自己的投资人交代，身不由己。因此，虽然投资人会陪你长跑，但极少有投资人愿意永远和你一起跑，他们中大部分有中途退出的需要，期待公司战略能体现中短期或中长期利益。而大多数创始人心中是有光的，希望能完成一项伟大的事业，改变社会、改变世界，更希望每个战略能有助于实现长期目标，这可能会影响投资人中短期或中长期退出的机会。此时，投资人和创始人就会产生战略分歧，9.2 节还有更多介绍。

如果你引入的是战略投资人，那么你们产生战略分歧的可能性会更大，2.3 节会详细介绍。

而在借款融资中，债权人几乎不会干涉公司长期战略，你只要照常经营就可以。

第三，需要让出公司的一部分管理权。

出让股权不仅仅是少点儿资产、少点儿分红，股权对应的表决权也转移了。除了《公司法》[⊖]明确规定的表决权，投资人往往还会给自己设置诸多特殊权利，比如一票否决权、领售权、优先认购权等，这使得关键时刻投资人可能左右创业公司的重大抉择。

而且，在股权融资中，创始团队的股权不断被稀释，不少创始团队最后的持股比例不足 50%，失去了对公司的控制权。这时创始团队就必须考虑通过其他设置来继续控制公司，否则不仅仅是创始人控制不了公司，如果投资人之间也不团结，公司就会完全失控，这是非常糟糕的。

而在借款中，一般不需要让渡任何管理权给贷款人，借款还完，双方两清。

第四，苛刻的投资协议可能会让你负债累累。

这个风险主要针对签署了严苛投资协议的公司和创始人。一些协议会

⊖ 指《中华人民共和国公司法（2023 年修正）》，于 2024 年 7 月 1 日生效，本书中简称《公司法》。

约定，若公司经营失败，公司及创始人需要连本带息向投资人归还投资款，此时相当于公司及创始人不仅没享受到股权融资的好处，还踩中了债权融资的害处。后面章节还会介绍这类案例，此处不再赘述。

第五，信息披露责任大，财务规范成本高。

如果你自己开公司，只要不违法不欠债，可以像"单身汉"一样自由自在。但如果你还有投资人股东，你就是"有家室"的人了，财务要规范，信息要披露，遇到重要事项要沟通、要表决，投资人偶尔还会派人过来查账、审计。

如果上市公司收购了你不少股权，那你相当于成了"皇亲国戚"，信息披露责任就更大了，很多人盯着你，而处理这些很耗费精力，处理得不好，还可能构成违约或欺诈。

如果你的投资人希望你将来被并购或上市，那你的财务应当更加规范，公司各项成本也会增加。

■ 案例08*

引入投资人后陷入困境

精密公司是广东的一家设备制造公司，早些年一年赢利几千万元，股东也赚得富足，2013年公司计划扩大生产，引入了投资人。

应投资人的需求，公司准备冲刺上市，开始进行财务规范，这一规范，发现利润少了一大截。在辅导上市的过程中，市场环境发生了变化，精密公司业绩开始下滑，再加上规范后的各种成本，各上市辅导机构不少的服务费，精密公司利润下降明显，已经无法满足上市要求。

公司业绩不达标，上市对赌完不成，此时投资人不满意了，于2019年要求公司创始股东按投资协议约定承担违约责任，回购投资人的股权。而此时公司正是需要补充流动资金的时候，创始股东一时挪不出这么多现金，公司一度陷入困境。

而借款融资中，公司只需要在借款前和借款期间披露信息作为贷款方放贷以及不抽贷的依据，一般不用承担额外的规范成本，还款之后两清，不会带来持续影响。

第六，股权融资不确定性大。

这里的不确定性体现在两方面，一是投资人最终会不会投资你，二是投资人具体什么时间打款给你。

向银行申请贷款，如果你符合贷款条件，经营上不存在明显的不确定性，银行一般会正常批贷，而且耗时比较可控。现在很多银行有线上产品，线上申请500万元以下的贷款一般一周能到款，500万～3000万元的贷款，正常一个月左右可以到款，3000万元以上的贷款，一般两个月内也能到款。

但股权融资的不确定性就比较大了，投资人最终是否会投资一家公司，不像银行那样有很多明确的指标，更多看是否认可你。他可能一开始认可你，后面又不认可了，或者发现了比你更好的投资标的，或者他自身情况有了变化，就不想投了，或者与你见面的投资经理认可你，但投决会其他合伙人不认可你等，投与不投，或许就是一念之间。如果把全部期望压在一个投资人身上，最后可能会等来失望的结果。

另外，股权融资耗时的不确定性也较大，一些自由投资人可能很爽快，当天就给你打款，但大部分投资人需要经历漫长的认知你的过程，才能决定是否投资，前后花费几个月时间是很正常的。股权融资的流程和耗时在1.3节还会详细介绍。

因此，如果你需要很确定的资金，股权融资不一定能满足你的需求，最好多做几手准备。比如，现在银行对民企开放了不少普惠贷款和信用贷款的申请途径，即使你确定自己更适合选择股权融资，如果银行也愿意为你提供免抵押的贷款额度，你也可以在股权融资的同时申请银行的贷款额度。如果能顺利获得贷款额度，至少有三个好处：第一，银行对你的背书和认可在投资人那里是加分项；第二，如果投资人压价或提出比较严格的条件，你更有底气去谈判；第三，贷款不一定真的提出来用，可以作为备用资金，防范股权融资不确定性的风险。

第七，你可能要彻底和优哉游哉的幸福时光告别了。

如果你引入的是风险投资人，很多事就由不得你了，投资人盼着公司快速发展，会时刻盯着你认真干活，公司必须朝着并购或上市前进，你几乎没办法偷闲透气。即使只是亲友投了你，他们也可能经常向你打探公司的情况，无形中给你带来压力。

因此，你需要认真审视一下自己是不是真的对创业有激情的人。并不是单纯抗压或者吃苦耐劳就适合创业，有的创业者天然享受创业的过程，在他们看来，这不是在抗压也不是在吃苦耐劳，而是在打游戏，肾上腺素飙升，刺激痛快，他们享受这个过程，这种人是创业者中的王者。就像王兴曾说过的："创业像是被闪电击中的感觉，非干不可。"[⊖]

如果你没有这个激情，创业不是你基因里写好了必须去做的事，打算遇到障碍随时掉头，那最好谨慎选择股权融资，尤其不要轻易引入风险投资人。

而借款融资中，贷款人一般只期待你正常经营，不会给你带来额外的创业压力。

分析完股权融资的利弊，回到本节的个案分析，这家公司到底该选择银行的资金还是投资人的资金呢？

⊖ 李志刚.九败一胜：美团创始人王兴创业十年 [M].北京：北京联合出版社，2014.

○ **个案分析：* 选择银行的资金还是投资人的资金（下）**

银行愿意贷款给靓靓公司，说明靓靓公司已经步入正轨，有稳定收入，目前看来前景还是不错的。既然银行的借款大概率还得上，创始人还在犹豫要不要做股权融资，应该是潜在投资人能给他一些资源。

创始人也承认这位投资人确实是公司的"甲方爸爸"，入股后可能会向他倾斜资源。他之所以犹豫，是因为不知道长期来看，引入"甲方爸爸"到底会有什么影响。

于是，我和他一起分析了这位投资人可以给怎样的资源，怎么去考量，以及公司经营管理决策上怎么和对方谈判，该有怎样的退出条件等，先设计出一套能尽量规避股权融资弊端的方案，再去找投资人沟通。如果沟通结果在能接受的范围内，那就做股权融资，但不妨碍根据实际需求也向银行借一些款；如果和投资人谈得不愉快，那就直接选择向银行贷款。

过了两周，结果就出来了，创始人最终拒绝了投资人，问题就出在投资人具体能向他提供什么资源上，6.3 节还会详细介绍如果融资金的同时还需要融资源该怎么办，此处不再赘述。

股权融资有利有弊，如果你决定做股权融资，那就一定要得到足够多的好处，而且把风险控制在可接受范围内。就像生病了需要吃药，这个药必须能治你的病，而且副作用可接受，否则它可能是你的毒药。

你可以对照股权融资的优劣势分析，看看：你的"病"是缺乏持续扩张的资金，还是需要解决临时的资金压力？是否有人愿意借款给你？是单纯需要资金，还是也需要资源和背书？是急着要确定的资金，还是有时间搏一搏更大的机会？如果你没什么"病"，或者你的"病"不是只有股权融资才能治，那就谨慎选择股权融资。

1.3　确定启动股权融资的时机

假设经过债权融资和股权融资的利弊分析，你已经决定选择做股权融资了，那该什么时候启动呢？

■ 案例 09*

投资人不是救世主

曾有位创业者询问能否帮他推荐投资人。他自己有一家工厂，近期因为合伙人纠纷导致经营不善，现金流紧张，他已经说服合伙人退出公司、让出经营权，也已经收购合伙人的一部分股权。现在公司急需运营资金，自己也需要现金进一步收购合伙人剩余的股权，因此他希望有投资人在两周内投资 3000 万元。

这里存在两个明显的难点：

第一，谁会在两周内就把 3000 万元打到不熟悉的公司账户上？

第二，合伙人之间有矛盾，公司处于崩溃边缘，合伙人还想全身而退，投资人为什么要投资如此危险的项目？

而这位创业者坚持认为，投资人投资他的公司肯定能赚钱，现在如果不投，这家公司就真的可能资金链断裂了，投资人一定要把握住投资机会。

但投资人不是救世主，他没有义务在你危难的时候拯救你，他们是来赚钱的，需要时间判断项目，而且只投资向上走的项目，不会投资处于危机中的项目，面对这位创业者的情况，确实很难帮他推荐投资人。

启动融资的时候，你最好处于上升期，而不是处于危难期，同时你需要花时间去找看得上你的投资人，也要给他们时间，让他们通过一些既定流程充分认识和接纳你。简单说，当你有融资打算的时候，就该尽快做好各种融资准备工作，不用担心启动太早，这种风险事实上是比较小的，但如果太晚，错过时机就麻烦了。

时机错过不再有

市场瞬息万变，你很红的时候，就该抓住机会快速推进融资，因为只有在那个节点上，人们对你才是正向的期待，认为你将来一定会更好。大把资金在账上，心里不慌，如果你磨磨蹭蹭、瞻前顾后，资金可能就"跑"了，"游戏"可能就结束了。

■ 案例10

易到错过最佳融资时机[○]

2014年投资人要投资易到3亿美元，易到只要了1亿美元。等滴滴融资到7亿美元展开补贴大战，易到才意识到自己犯了大错，想继续融资挽回，但此时市场已经发生很大变化，投资人已经不再看好易到。

迫于无奈，易到在2015年10月接受了乐视的投资，乐视以7亿美元获得易到70%的股权，易到拿着用控制权换来的资金开始疯狂补贴追赶滴滴，但事实证明这是一次失败的融资。易到很大的问题来源于乐视本身，乐视收购易到，使易到的经营有过短期的上扬，但最后的结果其实是易到被乐视拖下水。

多年后有人问周航：难道你没有提前看到可能的风险吗？为什么要接受如此危险的融资？周航反问："我有选择吗？"

易到从一开始挑投资人挑得眼花，到最后没得选只能"卖身"乐视，就是因为错过最佳融资时机。

如果现在市场很冷，而你还有比较充足的资金，也可以稍微等一等，待到市场回暖再融资可能事半功倍。但等待是有风险的，谁也不能确定最后等来的是好时机还是持续低迷。

○ 周航.重新理解创业：一个创业者的途中思考[M].北京：中信出版集团，2018.

找到认可你的投资人不是件容易的事

投资人把真金白银交给一家公司后，就只能祈祷项目成功了，但大部分项目最后被验证是失败的。因此，让投资人认可你的创业项目，真的不是件容易的事，即使是今天经过历史验证非常成功的项目，在早年融资的时候也非常艰难。

腾讯初期，马化腾曾苦于没有变现渠道，公司账上只剩 1 万元现金时，他想把公司卖掉，几个创始人四处找愿意出钱的人，起码有 6 家公司拒绝过购买腾讯的股权。以至于后来资金链几乎断裂的时候，几位创始人不得不四处找朋友借钱。有两位朋友分别借给腾讯 20 万元和 50 万元。当马化腾向他们询问，能否用腾讯的股票还债时，他们都婉转地表示了拒绝。有一位甚至慷慨地说："你真的没钱了，不还也可以，不过我不要你的股票。"⊖

2012 年，王琼亲自把张一鸣介绍给了至少 20 位从事风险投资的朋友。他们全都不看好字节跳动，张一鸣接连吃了很多闭门羹。有位投资人只谈了 15 分钟就离开了，后来还向王琼抱怨："光看这个年轻人的样子，就不符合我的投资风格。"⊜

当年爱彼迎的创始人向著名的风险投资家弗雷德·威尔森⊜寻求融资，也惨遭拒绝，弗雷德·威尔森对爱彼迎的市场潜力深表怀疑，他后来还发了一条博客："我们无法理解把放在客厅地板上的充气床垫当作酒店房间的做法，因此无法达成协议。"⊝

⊖ 吴晓波. 腾讯传：1998-2016 中国互联网公司进化论 [M]. 杭州：浙江大学出版社，2017.

⊜ 布伦南. 字节跳动：从 0 到 1 的秘密 [M]. 刘勇军，译. 长沙：湖南文艺出版社，2021.

⊜ Fred Wilson，联合广场投资公司的联合创始人。

⊝ 加拉格尔. 爱彼迎传：打造让用户热爱的产品 [M]. 唐昉，林宇星，译. 北京：中信出版集团，2019.

这些案例中既有不太有经验的自由投资人也有身经百战的专业投资人，他们当年都错过了现在已经是巨头的公司，这说明要和投资人看对眼，不是你的项目靠谱，你本人靠谱就行，有时还需要一些机缘。所以你最好早一点儿走出去接触投资人，这样才更可能等到和你看对眼的那位投资人。

股权融资周期较长，不确定性强

不少创始人认为自己三五天就能写好商业计划书，十几天就能完成融资。这种迫切心态可以理解，但投资不是"短频快"的感性决策，更像马拉松式的理性决策，有它客观的流程和时间需求，它需要投融资双方有充分相互认知的过程。除了你写商业计划书、找人推荐、路演、不断被"面试"的这段耗费时间且不确定的过程，在遇到真正中意你的投资人后，还有一系列烦琐的流程等着你。

一些自由投资人或投资非常早期项目的投资人的投资流程可能比较简单，但常规股权融资的流程少则两个月，多则几个月甚至超过半年。

由于风险投资人的投资流程比较固定和全面，因此接下来以风险投资人为例介绍投资流程及每个流程需要的大致时间，其他类型投资人的投资流程可以参考这个流程增减。风险投资人投资一家公司的大致流程如图1-2所示。

投资人对你的项目产生兴趣后，会初步立项，做一些初步商业尽调，一般需要2～3周时间。

初步商业尽调结束，投资人认为可以进一步推进，就需要正式立项和签署投资意向协议，一般需要约1～2周时间。

签署完投资意向协议，投资人会开始安排专业调查，一般是财务和法律尽调，顺带也会进一步完善商业尽调，常规项目大概需要2～4周时间。

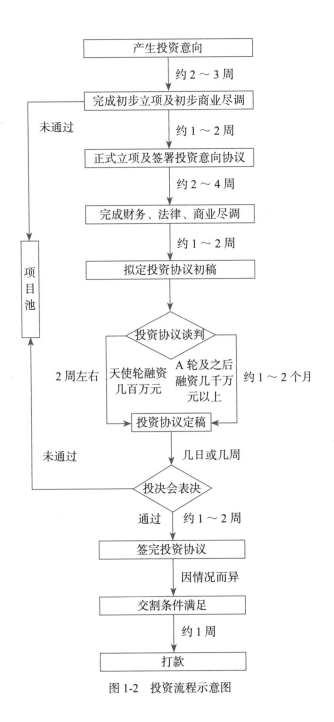

图 1-2　投资流程示意图

在尽调阶段，投资人律师一般会同步准备投资协议，尽调结束后大概1～2周时间你就可以收到投资协议初稿。收到投资协议初稿后，会开始"烧脑"的谈判过程，这个过程因公司的融资阶段、融资金额及交易架构的安排不同，耗时差异较大。如果天使轮融资几百万元，估计两周左右能谈好，如果是A轮及之后的融资，金额几千万上亿元，新老投资人均需要谈妥，谈判过程持续1～2个月很正常。

投资协议谈定后，投资人内部会根据尽调结果和投资协议开投决会，一起讨论表决是否要投资你的公司。虽然开会只需要半天时间，但投决会并不是随时能开的，一些投资人拟投项目较多，开投决会需要排队，有时需要按周来计算时间。若不巧遇到重要合伙人出国了，可能还需要等他回国，时间就更难控制了。开完会后，一般当天或次日可以出结果，但也可能遇到投资人比较纠结，等了两三周才出结果的情况。

投决会通过后，就该签投资协议了。投资人不多的时候还好，可能两三天就签完了，经过多轮融资后投资人越来越多，律师准备文件的时间会更长，任何一位投资人遇到状况签得慢一点儿，整个流程就耽误了，签署投资协议一般需要1～2周时间。

投资协议签署后，你不会马上收到投资款，还需要准备满足交割条件的证明文件。满足交割条件主要保障投资流程规范、重要风险已弥补以及公司信息披露已准确完整。如果不涉及需要花时间完成的交割条件，全部交割条件一般在投资协议签署完成的同时就全部满足，此时可以立刻把证明文件发给投资人走打款流程。如果涉及需要花时间完成的交割条件，比如需要处理一些历史遗留问题，这个时间就不太可控了。

交割条件满足后，投资人开始走打款流程，一般一周左右可以完成打款。收到投资款，这一轮融资流程就算结束了。

你看，所有流程叠加起来，前后花几个月时间是很正常的，如果你等到马上要缺钱了才去融资，大概已经来不及了。

而且在这个过程中什么糟糕的事情都可能发生，比如由于各种原因公司业绩突然下滑，这时态度本来很明确的投资人可能会变成观望态度，开始拖延。如果你有足够多的资金撑一撑，还来得及把业绩做上去，但如果你只剩支撑两三个月的资金，想先把业绩做上去再与投资人谈，很可能就来不及了。

资金紧张会导致你在谈判中更弱势

即便投资人认为你发展前景不错，愿意投资你，但如果知道你资金紧张，而且你别无选择，他们可能会压价，或者在投资协议中要求更多对自己有利的条款。

我不止一次遇到创始人私下叮嘱说："我知道你们是为我好，但我现在必须马上拿到融资，否则公司下个月就发不出工资了，所以他们要什么条款就尽量满足他们吧。"在这种情况下，只能放弃原本可以花时间帮公司及创始人争取的一些权利。

此外，创业公司被动的时候，投资人还可能要求获得更多的股权。

前面提到的易到引入乐视就是这种情况，还有当年 IDG 和盈科投资腾讯的时候，马化腾和曾李青对腾讯的估值是 550 万美元，募资 220 万美元，意味着需要出让 40% 的股权，第一次融资就出让这么多股权显然不太合理，但马上弹尽粮绝的腾讯已经没有谈判地位了。当时马化腾计算，未来一年购买服务器加发工资至少需要 1000 万元人民币，所以最后要价 200 万美元，之后又加了 20 万美元是因为还要送一些股权给中间人。最终，IDG 和盈科一共出资 220 万美元，各占腾讯 20% 股权。[⊖]

⊖ 吴晓波. 腾讯传：1998-2016 中国互联网公司进化论 [M]. 杭州：浙江大学出版社，2017.

相反，1999 年孙正义找到阿里巴巴创始人的时候提出的占股比例更多——49%。但当时阿里巴巴刚拿到高盛的投资，账上有 500 万美元，身边有蔡崇信，所以阿里巴巴创始人一点儿都不慌，直接把孙正义的 49% 砍到只剩约 30%，省下来的近 20% 股权为阿里巴巴后期的发展奠定了重要基础。[⊖]

你不要怪投资人"趁火打劫"，有好处不拿才奇怪，要怪只能怪自己没做好规划。

此外，你把融资搞得如此仓促，投资人可能会质疑你的财务管理能力：如果今天投资你，下一次融资你会不会还像这次一样规划混乱？这样的公司岂不是一直走在悬崖边？他甚至可能对你作为公司 CEO 的综合能力以及项目的可行性产生怀疑，如此，你的融资情况可能会更糟糕。

既然融资要尽早启动，那具体什么时间合适呢？罗永浩对此有自己非常鲜明的观点，他说，"你要在完成一轮融资的第二天，就启动下一轮的融资"，他说自己创业的前 5 年每次都是在上一轮融资结束半年后才开始启动新一轮融资，结果每次都搞得惊险万分。[⊜]

罗永浩根据自己的经验得出的看法仅供你参考，每家公司的情况有区别，而且创始人也需要在公司业务上投入更多时间和精力，所以不建议每家公司一定按这个节奏融资。但如果你的公司目前还没有盈利能力，处于烧钱状态，或者面临市场的各种不确定因素，那你至少要在公司资金还能维持 1 年运营的时候，就启动融资。

1.4 确定合适的融资金额

缺乏融资经验的创始人对自己该融多少资金，通常没有概念。

⊖ 胡晓军 . 马云的互联网创业哲学（图解版）[M]. 北京：人民邮电出版社，2015.
⊜ 罗永浩 . 创业在路上 [M]. 北京：中信出版集团，2018.

有的创始人会和投资人说："融资金额多少都行，100万元不嫌少，1000万元不嫌多"；或者对比其他公司的融资情况，"某某公司还不如我，都融资了1000万元，我最少也要融资800万元"。有的创始人总是拘泥于项目估值，通过能接受的释放的股权比例来倒推决定融多少资金。

如果你还处于这种状态，那融资可能就艰难了，投资人一般会认为你还处于非常"小白"的阶段，对公司的发展规划及财务规划还不清楚。想让投资人觉得你是位成熟、有准备的创始人，你需要定一个合理的融资金额，并且准备好你的理由。

可以融多少资金，不是由估值决定的，估值低，融到的资金不一定就少，估值高，也不一定能融得多。真正决定融资规模的是你的核心业务需求。融资不是单纯为了满足业务上的开支，还要考虑最坏的局面，要预见来自各方面的风险，尤其是来自竞争对手的进攻。融不融得到是能力问题，但融资的方案和目标应该为最坏的局面做准备，哪怕多出让一些股权也是可以的。

融资金额至少要从两个层面来判断，首先，确保融资金额足够，其次，在金额足够的基础上，不要轻易融过多资金。

融足够的资金

判断融资金额是否足够，要看你需要多少资金才能达到公司的下一个里程碑，也就是可以支撑你完成下一轮融资。里程碑是公司取得的重要阶段性进展，比如研发达到新的程度，推出新产品，产生收入，实现营收平衡等。只有达到新的里程碑，你才可能获得下一轮融资或者迎来公司经营的转折点。

虽然达到里程碑是目标，但融资金额不能刚好够达到里程碑，因为你随时可能遇到各种意外，需要更多资金应对风险。比如，产品开发延误导致产品不能按时上市销售，公司实现收入时点晚于预期；或者产品质量出现问题，导致市场销售状况不如预期；或者核心员工离职，人才跟不上发展需求；或者竞争对手发动猛烈攻击，你不得不花成本反击等。

■ 案例11*

融资金额太少不抗风险

深圳的美牛公司曾打算融资5000万元建一家工厂，投资人已经基本确定，就差拿着协议和投资人进一步确认签署。在准备协议的过程中，我和创始人聊到公司的商业规划，我询问5000万元的融资金额是怎么算出来的，创始人说自己估算了一下，建完工厂刚好需要5000万元，所以就定了这个数。

我提示道：建完工厂刚好需要5000万元，如果中间出什么岔子，5000万元花完，工厂还没建起来怎么办？他说：那我继续融资不就行了。

我接着分析：工厂建到一半没有资金了，那就是烂尾了，如果你是新投资人，会愿意接盘投资这个烂尾项目吗？你会怎样看待这位创始人的能力，居然让自己的项目烂尾？即使最后投资人真的愿意投，这个烂尾楼估值几何，还值5000万元吗？是不是应该折价？而且，你的老投资人会怎么看这个问题？你一开始告诉他们5000万元投进来能把工厂建好，现在资金花完了，工厂却还没建好，这个漏洞是怎么产生的？原来他们期待的是投资5000万元占这家工厂多少股权，现在你要引进新投资人，稀释老投资人的股权比例，老投资人会不会找你麻烦？会不会要求撤资呢？

创始人听完后觉得有道理，于是决定再多融一点儿资金，而且同时和银行谈好授信条件，确保工厂能在这个阶段顺利完成建设。

即使你顺利达到里程碑，融资窗口也不一定随时开着。比如2019年前后国家政策不断降杠杆，且经2016年资本热后，很多被投公司破产导致不少投资人无法顺利退出，再加上中美贸易摩擦、新冠疫情对中国经济的整体影响，很多投资人在投资项目时非常谨慎，担心自己是最后一手。而且，投资人自己的投资人也意识到风险，不太愿意将资金交给投资人管理了，导致一些机构投资人募不到资金，没钱投资。

因此，一般建议融资金额至少为你推算的达到下一轮融资里程碑所需金额的 2 倍左右，同时参考 1.3 节的内容，尽可能确保公司现金在下一轮融资款到账前不会过于紧张。

融资金额不是多多益善

既然现金在手如此重要，为什么不建议融资金额越高越好？原因是，融资金额过多也会带来很多问题。

第一个问题，容易导致急功近利。

首先，融到的资金太多，公司很难把预算和规划做细，而且容易导致部分创始人开始浮躁，公司花钱大手大脚，或者索性靠烧钱抢占市场。你不能因为滴滴、美团这样的公司靠烧钱抢占市场成功，就认为烧钱是创业成功的必经之路，这是幸存者偏差心理。烧钱抢占市场的风险是很大的，一旦遇到市场环境改变，烧钱的公司就是最先倒下的，2017 年前后大量靠烧钱起家的互联网公司纷纷关门。

其次，如果公司早期融资太多，公司管理也容易出现问题，有句俗话“欲使其灭亡，必先使其疯狂”放到这里是很合适的。

■ 案例12*

融资过度带来的危机

深圳的万联公司是一家互联网营销公司，它经营两年就宣告失败，其中一个重要原因就是融资过度。

背景

一开始，万联公司发展势头不错，第一次融资就融到了一大笔资金。创始人非常欣喜，觉得创业不就这么回事，没有想象中难，于是马上把公司迁到一个高档的写字楼，开始疯狂招人，扩张业务。那时创始人很享受这种"成功"的感觉，看着员工越来越多，自己似乎已经是成功企业家了。

冲突

但没多久，各种问题就来了。首先，公司的投入和产出完全不成正比。盲目扩张业务，再加上不断招人，导致公司成本猛增，钱花出去了，却没看到明显效果。

其次，虽然招了不少优秀的人才，但由于业务尚不成熟，内部管理也不规范，新来的人才并不清楚自己的职责是什么，不知道公司的目标是什么，久了就觉得没什么意思，开始陆陆续续离职。

更重要的是，由于公司扩张过快，原有的企业文化受到了猛烈的冲击，踏实稳重的氛围不见了，取而代之的是浮躁和务虚。

结局

投资人很快也发现了问题，开始频繁找创始人谈话，要求做出整改，但这个时候再去控制业务和裁员已经很艰难了，这个过程导致整个公司元气大伤。最后投资人也放弃了，找创始人协商把公司解散清算了。

刚创业没两年就融到大量资金，风险确实会比较大，大多数创业公司此时还没经历过考验，商业模式也尚未成熟，承受市场风险的能力还有待磨炼。但是资金到了手上，总要想办法花出去，要不然怎么和投资人解释融到资金又不用。怎么用呢？没有更好的去处那就扩张，扩张就要招人，招人容易，裁员难，扩张不见得涨士气，裁员一定伤士气，一进一出，最后发现还不如没有那笔资金。

如果公司已经度过初创期，积累到了一定程度，有了稳定的发展势头，这种情况下融资额度大一点儿的风险相对会小很多。

因此，融资金额需要和公司的发展情况及你的管理能力匹配，不是越多越好。当然，如果你是很理性、很有管理能力的人，能控制住自己乱花钱的冲动，能安抚住躁动的创业伙伴，能把资金用在刀刃上，那么多融一点儿资金是更保险的做法。

第二个问题，你会被稀释更多股权。

投资人投资金额越高，他的股权比例就越大。公司初期估值一般不会太高，过早大量融资会将创始人的股权比例稀释得过低，不但经济上不划算，还可能失去对公司的控制。本书案例 02 就属于这种情况，该公司第一次融了过多资金，释放过多股权，迫使新一轮融资估值必须明显提升，否则创始人的股权比例会低于创始人的心理预期，但是高估值又得不到新一轮投资人的认可，导致最终只能放弃新的融资。

如果你很难把握融资金额的度，我倾向于建议你融多一点儿资金。管理能力可以提升，估值稍微低一点儿也可以，只要不是让你的股权比例低得无法挽回就行，反正后面还有 B 轮、C 轮或 D 轮，或者还能向投资人争取激励股权，有资金能让公司活得更久，没什么太需要犹豫的。

如果你只想引入自由投资人或战略投资人，也没有非上市不可的目标，或者自有资金原本就比较充足，那么你的融资金额空间会相对灵活，参考本节对你有用的建议即可。

第 1 章特别提示

认清"我是谁"的三个层面：

- "我要做什么"。
- "我打算怎么做"。
- "我能做成什么样"。

在理清商业战略前不要急着到处找投资人推销自己。

股权融资的优势：

- 第一，正常情况下，融到的资金是不用还的。

- 第二，即使你现在一无所有，也可能获得股权融资。
- 第三，在资本的加持下，你可能获得飞速发展。
- 第四，股权融资后你可能就有了导师。
- 第五，股权融资后通常会获得投资人在资源上的倾斜。
- 第六，股权融资会产生明显的背书效应。
- 第七，股权融资后，你的公司就开始有了市场价值。
- 第八，合伙人会更守规矩。

股权融资的劣势：
- 第一，需要让出一部分股权收益。
- 第二，可能导致公司内部产生分歧。
- 第三，需要让出公司的一部分管理权。
- 第四，苛刻的投资协议可能会让你负债累累。
- 第五，信息披露责任大，财务规范成本高。
- 第六，股权融资不确定性大。
- 第七，你可能要彻底和优哉游哉的幸福时光告别了。

尽早启动融资的理由：
- 时机错过不再有。
- 找到认可你的投资人不是件容易的事。
- 股权融资周期较长，不确定性强。
- 资金紧张会导致你在谈判中更弱势。

一般建议融资金额至少为你推算的达到下一轮融资里程碑所需金额的 2 倍左右。

在确保融资金额充足的基础上，融资金额不能过多：
- 避免急功近利。
- 避免被稀释更多股权。

结义
选择合适的投资人

如果选错投资人，不管他给你多高估值，给你多少资金，风险都很大。选对了投资人，才有长存共赢的可能。

该如何选择投资人呢？首先需要思考清楚自己的境况，其次需要了解不同投资人的特点，明白他们投资你的目的，知己知彼，才能选对人。

理清投资人类型和特点：认清"他是谁"

你已经知道自己该融多少资金，也确定要启动股权融资了，接下来该考虑向谁融资。是不是任何投资人都可能投资你？是不是谁的资金都可以拿？当然不是，找投资人也需要"门当户对"，如果找错方向，要么投资人根本不理会你，融资无门；要么可能引入不合适的投资人，埋下隐患。

我们先看看你适合找怎样的投资人。

从不同的融资需求出发，我将投资人分为自由投资人、战略投资人和风险投资人（一般简称为"风投"），表 2-1 是我对他们特点的初步总结，让你能对他们有初步感知。

接下来会逐一分析这三类投资人的特点以及接受他们的投资时需要注意规避的风险。这些特点在实际中并不一定泾渭分明，你遇到的投资人或许是他们的混合体或偏向其中的某一类，这没关系，本书解释了每个考虑背后的原因，不管他是怎样的投资人，只要有某个特点，你有某个需求，都可以据此设计向他融资的方案。

表 2-1 不同类型投资人的特点总结

	投资人身份	主要满足的创业公司需求	主要投资阶段	投资主要目的	退出要求	投资规则及流程	对公司的控制
自由投资人	不以投资为主业的个人或企业	一般以资金为主，或许能带来部分资源	种子轮、天使轮	获益或布局等，相对比较模糊	一般无明确要求	一般灵活、宽松、不太规范	一般比较宽松，个别可能会有较多约束
战略投资人	和你的业务存在商业关联的企业	一般同时带来资金和资源	天使轮、A轮一直到上市及上市后	产业布局为主，顺带获益	无要求或被并购或上市或并购标的公司	有的非常规范，有的比较灵活	控制相对较多，根据具体情况有所不同
风险投资人	以投资为主业的企业	主要是资金，资源仅是锦上添花	天使轮、A轮一直到上市前	单纯获益	被并购或上市	非常规范	适中

由于创业公司早期最常接触也最容易接触的投资人是自由投资人，因此先介绍自由投资人。

2.1 引入自由投资人：门槛低，约束少

有一家精品服装店，1年销售额200万元左右，老板单纯想扩张店面了，询问风投能不能投资自己。风投说："等你开了五家以上的店，收入达到千万级别，商业模式能够快速复制的时候，我们才可能会感兴趣。"她反问了一句："那我还要你们的钱干什么？"

另外一位做游戏的朋友，从一家普通游戏公司离职，和几个朋友单独开发游戏，写了商业计划书拿给风投朋友。朋友看了一下，他们的游戏还没上线，正处在开发阶段，公司之前也没有任何运营数据，于是劝他们放

弃，以他们目前的情况，风投是不会投资他们的。

上面这两位朋友，找投资人的方向就错了，一位还没有可复制的商业模式，一位产品还处在开发阶段而且没有任何强有力的背书，几乎不可能有风投愿意投资。如果你和他们的处境相似，也会面临相同的问题：银行不会借款给你，风投也不愿意投资。但这不代表你的项目或公司就不赚钱或没前景，怎么办呢？

这种情况就非常适合找自由投资人，他们一般是你的亲朋好友，或者是资金充足想投资点儿副业的大老板。

比如，何柏权早期成立乐百氏的时候，很多亲朋好友给他投资，投资3000 元、5000 元的都有，这些人纯粹是为了支持他，没想到 10 年后可以获得 1000 多倍的回报。何柏权一直非常感谢这些投资人，对创业时期的他而言，这就是雪中送炭。[○]

引入自由投资人的优势

找自由投资人投资是大部分初创阶段公司的融资选择，引入自由投资人的优势主要有以下三个。

第一，自由投资人的投资要求一般不高。

自由投资人一般不期待你成为人中龙凤，也不期待你的项目能成为下一个阿里巴巴或腾讯，也不要求你将来一定要上市，只要你人靠谱，项目看起来可以赚钱、分红，他们就有可能投资你。

第二，自由投资人的投资过程一般比较简单，不会耗费你过多精力。

自由投资人通常是你的亲朋好友或生意上的熟人，他们和你有天然的信任纽带，所以投资流程一般不会太复杂，很少做严格的尽调，不会让你

○ 李晓艳. 我为什么要投资你 [M]. 北京：中国商业出版社，2012.

做过多的承诺，也不会签署太复杂的协议，他们可能会直接把款打给你，随便找协议模板就签了。

第三，自由投资人一般不会过多约束你。

自由投资人期待的一般就是分红，对于你具体是怎样赢利的，可以与谁合作，不能与谁合作，他们一般不会过多干涉，能给你充分的自由，你爱怎么发挥就怎么发挥。

但凡事都有利有弊，找自由投资人投资，也容易遇到麻烦，如果处理得不好，容易给后期发展埋下隐患。

引入自由投资人可能带来的风险

第一，他们不够专业，所以可能不能很好地理解你，容易产生分歧。

自由投资人一般缺乏投资经验，并不一定很了解你的行业，也不一定能看到长期，所以很可能与你的经营理念不一致，容易产生分歧。

■ 案例13*

自由投资人中途撤资

先居公司是广州一家新材料科技公司，早期引入了不理解它这个行业的投资人，最终投资人要求撤资。

背景

先居公司创始人因朋友引荐而向一家房地产公司融资。房地产公司刚好有些闲钱，而且对先居公司很感兴趣，最终双方谈定投资人投资2000万元，占股40%。但投资人怕投错项目，为了防止创始人滥用资金，对这2000万元做了资金监管。

冲突

房地产行业有个特点，那就是需要资金高周转，投资人已经习惯了这种商业模式，所以不到一年，投资人就频繁过问先居公司发展情况，期待尽早实现赢利、分红。

但技术研发需要时间，投资人在发现投资一年后先居公司的研发还没完成，离赢利还很远时，非常难接受，再加上自己公司也有资金周转要求，因此要求马上撤资。

投资协议已经签署，资金也到位了，是想撤就能撤的吗？原则上当然是不行的，但资金被投资人监管着，没有它签字，先居公司也用不了资金。而且先居公司一直在积极和新投资人谈融资，现在投资人拥有先居公司 40% 的股权，如果股权矛盾不能妥善解决，后面的投资人也很难投资。

结局

最后，创始人只能硬撑着与投资人签署了股权回购协议。为了凑齐回购资金，创始人不断拆东墙补西墙，这件事很长一段时间都没有解决，严重耽误了公司的正常发展，而创始人也因此背负了个人债务。

这个案例中，房地产公司在投资新兴行业方面并不专业，没有深入了解这家创业公司的行业特点，以自己的行业特点去类比，于是产生了很大的心理落差，最终为了弥补自己草率投资的错误又把这个压力转嫁给了创始人。

第二，他们可能风险承受力较低，会想各种办法防亏损。

自由投资人对投资风险的认识往往不够，有的为了获利愿意冒极大的风险，一旦投资失败，又很难冷静接受。新闻中经常报道的投资策略非常激进的投资人往往是资金不多、抗风险能力不足的个人。他们可能会采用非常规的比较极端的方式给自己止损，比如临时抽回资金，或者妨碍公司融资，处处投反对票，甚至起诉创始人等。

■ 案例 14*

自由投资人要挟其他股东回购股权

静环公司是一家承做工程项目的公司，它的大股东曾联系律师，希望能帮助解决股东之间的争议。

背景

静环公司目前经营状况不太好，恰好这时遇到了一个不错的项目机会，如果顺利承接，大概率能获得不少盈利，但公司缺乏项目启动资金，需要进行新的股权融资，所以召开股东大会表决股权融资的议案。

创始人的一位朋友在公司早期投了一些资金成了小股东，现在这位小股东无论如何都不同意融资。这就奇怪了，明明是对大家都好的事，为什么会反对呢？

冲突

这位小股东并不是不看好新项目，而是希望趁机退出，把现金握在手上，于是要求其他股东高价回购他的股权。但这时其他股东也没这么多资金，大家都不愿意回购这位小股东的股权。

创始人希望通过研究章程和相关规定，看有没有机会让这位投资人不参与表决，或者即使投反对票，也不影响公司继续融资。

结局

但很遗憾，最终并未发现法律上可以绕开那位小股东的可能性，因此只能继续找他协商解决。

除了这个案例，经常会有创始人抱怨，说有的亲友入了点儿股，本来关系还不错，但自从入股后，感觉就不对了。亲友总是隔三岔五来问公司情况，能不能回本，能不能先分点儿红，或者直接说家里遇到什么事情，急需资金，能不能退点儿股。这些事令创始人十分烦恼，有时候非常影响创始人的状态。

第三，他们大多是你的熟人，容易不讲规则。

有些话，熟人之间会碍于情面不明讲，比如，你们说好他是在做股权投资，他却觉得，你创业成功了他就是股权投资，你创业失败了他就是借钱给你，你得如数归还。持这种心态的人并不少见，我在股权纠纷的案件中时常遇到抱有这种想法的投资人。

再比如，说好了他不能干涉你的日常经营，他却经常来问：为什么你不和某某合作，导致公司少赚了钱？为什么你要花钱请财税机构管理财务，而不愿意聘请他的表妹来管财务？某个业务现在很火，为什么你不进入这个领域？等等。

甚至，如果他也是你的客户，他可能会忍不住想从公司获得一些好处，毕竟在他眼里，这也是他的公司，以他的关系，卖给他的产品自然必须是最优惠的，低于成本价也没关系，但这样可能会损害其他股东的利益。

那么，如果你准备接受自由投资人的投资，该怎样不伤感情地预防风险呢？下一节继续。

2.2 预防引入自由投资人可能带来的风险

尽管引入自由投资人可能带来一些风险，但提前做好预防工作，就能尽可能规避这些风险。本节的部分内容按道理应属于第四步避险、第五步控制及第六步落地中的内容，但考虑到自由投资人有自己明显的特点，如果将这些内容分散到各个步骤，不利于你理解和做决策，因此我将针对他们的特别建议放到了本节，其他共性建议你可以继续参考其他步骤的内容。

预防自由投资人可能带来的风险的方法主要有四个，一是选择更合适的投资人，二是做好风险提示，三是注意把控对公司的控制权，四是白纸黑字明确规则。

选择更合适的投资人

首先，尽量挑选对你的行业有一定认知的投资人。虽然自由投资人不会像风险投资人那样深入了解你的行业，但他至少要有一定的商业判断能力，知道你做的具体是什么事，这个行业有什么特点，前期投入大概是怎样的等。你可以问一些问题，听听他的看法，也听听他会问你什么问题。

如果对方完全不懂你的领域，回答和提问都比较肤浅，那么在你有其他选择的情形下，最好不要与他进行长期的股权合作，他很可能是基于对你的信任一时兴起而投资，现在的信任和投资来得越简单，将来走得可能就越突然。只有对你的行业有一定认识，经过理性思考后决定投资你，在你遇到困难时才能更理解和支持你。

其次，最好选择有钱的投资人。这不是势利，这种选择是有道理的。这里的有钱，不是指绝对有钱，而是相对有钱。比如，某位投资人，虽然他一年只有50万元的收入，但他只投资你10万元，即使亏了，这个资金对他而言并不多，他的压力不会太大，不太可能做出不理智的行为。但如果某位投资人一年挣100万元，他居然拿出1000万元来投资你，你就要谨慎了。这笔资金相当于投资人10年的收入，很可能还有一部分是借的，如果亏了，他压力会很大，很难向家人和债权人交代，所以很可能天天追问你公司的情况，想各种办法要求回本，对你而言，这就不是一位理想的投资人。

做好风险提示

自由投资人一般风险承受能力较低，你最好将可能遇到的商业风险和困难提前和他沟通清楚，打个预防针。不要只说自己多厉害，让他对你产生高预期，一旦现实和预期有落差，他就可能找你麻烦。

投资有风险这个道理看起来似乎不言而喻，但根据我的经验，如果创始人不强调这一点，有相当部分的投资人会觉得，基于大家的情谊，即使创业失败，你多少也会想办法个人给点儿补偿。而且，他们还不好意思在投资你的时候说出来，但是这个预期已经种在他们心里，是将来产生矛盾的根源之一。

你做风险提示也不一定会减分。当年腾讯快撑不下去的时候，IDG委派的王树一边翻商业计划书，一边漫不经心地问马化腾："你怎么看你们公司的未来？"马化腾沉默了好一会儿，说："我也不知道。"曾李青在一旁脸色大变。很多年后，王树回忆说，正是马化腾的这个回答让他对马化腾另眼相看："我由此判断，这是一个很实在的领导者，值得信赖和合作。"⊖

注意把控对公司的控制权

由于自由投资人对你的行业不太了解，抗风险能力一般也比较差，甚至有的还不太守规则，因此他握着你公司的表决权很可能影响你对公司的控制，这个风险需要提前防范。

在引入自由投资人时，你可以在三方面把控自己对公司的控制权，一是释放多少股权比例，二是如何做表决权设计，三是尽可能掌握对资金的使用权。

首先，向自由投资人融资时，最好不要释放超过 20% 的股权。

向自由投资人融资通常发生在公司早期阶段，那个时候，很多创业者还没有经验，不知道怎么给公司估值，对公司今后股权融资会继续释放的股权也没有概念，很容易在早期就让出大量股权。

如果在早期就释放大量股权，后面再继续融资，创始团队的股权比例越来越低，公司收益和创始团队的关系就越来越少。这里不能只看创始人中的大股东是否能接受利益变少，还要充分考虑创始团队其他成员的利益。经常会有创业公司合伙人抱怨说："你看谁谁，两年前只投了 10 万元，我

⊖ 吴晓波.腾讯传：1998-2016 中国互联网公司进化论 [M]. 杭州：浙江大学出版社，2017.

们已经又完成两轮融资了，他到现在还有我们 20% 的股权，感觉整个公司都在给他打工呀！"这种情形下，利益分配不合理，有人心里不平衡，创业的动力会下降，不利于公司长期发展。

如果形式所迫，自由投资人的股权比例一定要超过 20%，怎么办？你可以留个后手，将来合适的时候再去解决它。比如，你可以要求，将来达成某个条件的情形下，你可以买回这位投资人的一部分股权，也就是给自己设置主动回购权，这是个弥补的机会。

这个条件需要和投资人仔细谈，为了让他能接受你的条件，需要给他留足利益。比如，既然投资人是冲着赢利而来的，给你主动回购权意味着将来可能没办法长期享受公司增值的收益，那么回购价格要有吸引力，比如净资产的几倍、净利润的几倍等，这样投资人才容易接受。

另外，投资人可能觉得自己好歹在公司需要用资金的时候做出了贡献，如果全部给收回去，那现在就没必要投资了，不如放贷。所以，你可以主动提出自己只能回购一部分，剩下的股权留给他，让他有机会享受长期收益。

这个方案的重点是要充分沟通，达到双方都能接受的心理预期，彼此放心，减少将来的各种猜疑和不满。

其次，可以让自由投资人间接持股。

投资人虽然可以给创业公司提各种建议，但一般不参与公司经营决策，如果要参与公司经营决策，那他的定位到底是投资人还是合伙人，这一点需要提前确定清楚。

一般建议让自由投资人通过有限合伙企业间接持股，如图 2-1 所示，他是合伙企业的有限合伙人，你是普通合伙人，这样公司层面的表决，他就不用参与了，可以避免投资人过多干涉公司经营管理。至于这种方式为什么会产生这样的效果，在 11.1 节中还有详细介绍。

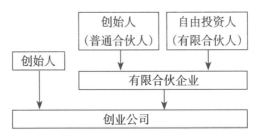

图 2-1   自由投资人间接持股示意图

不少初创公司会同时向多个投资人融资，如果这些投资人全部直接持有公司股权，这是非常糟糕的股权结构，公司每次股权变更或股东会决议都需要找他们签字，但凡有一位投资人不认可公司的某项决策，这件事情可能就很难推进，案例 14 就是这种情况。

当然，并不是所有的投资人都愿意成为间接股东，投资人可能会存在这样那样的顾虑，比如你会不会瞒着投资人做危害公司的事情，会不会恶意稀释他的股权，会不会向他隐瞒公司的经营情况等。创始人需要充分和投资人沟通，看能否通过其他约定打消投资人的顾虑，4.4 节介绍了让自由投资人更放心的一些办法，你可以参考。

如果投资人实在不同意间接持股，而你也没有其他更好的办法，那可以考虑在表决权上做特殊设计，尽可能确保与公司经营管理相关的事项由创始团队决定。关于如何设计表决权，在第五步"控制"中还会细讲，此处不再赘述。

最后，尽可能掌握对资金的使用权。

掌握对资金的使用权主要是指尽可能避免资金监管，委派创始团队能控制的财务人员，确保创业项目能随时使用资金。

自由投资人想控制资金的需求是可以理解的，他们可能也清楚自己在投资方面是不专业的，很可能看错项目投错人，假设真的投错了，如果自己还监管着资金，能挽救一点儿是一点儿，但自由投资人的这种做法确实会影响公司运营效率。

创始人可以和他们充分沟通，看是否能通过定期财务公开或允许投资人查账等方式打消他们的顾虑。

此外，除了避免资金监管，建议拒绝投资人可以随时要求回购的要求，一旦投资人要求回购，创业公司的资金链可能就断了，关于如何与投资人谈判回购权，在9.3节还会详细介绍。

白纸黑字明确规则

由于自由投资人的投资流程一般比较随意，投资人经常和创始人口头谈妥条件后就直接打款了，这种操作看起来对创业公司很友好，但在后期却很容易导致矛盾的爆发。

谈好的条件一定要写成协议签署确认。比如他提供的资金是投资款还是借款，投资人直接持股还是间接持股，公司哪些事项他可以参与表决，公司哪些事项他不能过问，你可以在什么情况下以什么价格回购他多少股权，公司怎么分红，公司信息披露的频率，如果公司解散如何分配剩余资产等。

理清这些规则的过程也是把双方的心理预期拉到一致的过程，有什么分歧提前摊出来不伤感情，等投资款到账了，再明确规则，往往会引起投资人的抵触，刺激他的自我保护意识。我不止一次遇到投资人询问："如果没有任何书面文件能证明我支付的款项属于投资款，我可不可以主张这是借款，让他还本付息？"因此，我的观点是：立场不同使然，不要轻易考验人性。

向自由投资人融资容易出现两种极端情况，一种是谈投资的时候双方和和气气，避开敏感内容，尽量保持愉快，或者一方给出协议后，另一方基本不看就签了；另一种是双方对条款的每个字都很关注，提出各种问题，不断修改。相比之下，前者看似风平浪静，实则各自都有自己的想法，容易出现纠纷，后者看似针锋相对，却道出了各自的底线，反倒彼此安心，不容易产生矛盾。

2.3　引入战略投资人：获得资源和势能

如果你在融资的同时希望引入行业资源，那么引入战略投资人是不错的选择。

战略投资人是指在某个领域具有资金、技术、管理、市场或人才等优势，并期待通过投资达到整合资源，增强公司核心竞争力或创新能力的投资人。

战略投资人在投资领域可以很专业，比如在国外类似谷歌、Facebook和亚马逊的投资公司，国内类似百度、阿里巴巴、腾讯、小米、字节跳动的投资公司，它们对行业的洞察非常领先，并且具备风险投资人在投资技术及投资心态上的特点，规范、稳定、严格。当然，也存在一些不太专业的战略投资人，比如一些中小规模企业，投资经验不像风投那么丰富，风格可能与自由投资人更相似。

同时，战略投资人的投资目的并不纯粹，这一点和风投很不一样，因为战略投资人的主营业务并不是投资，比如阿里巴巴主营电商，腾讯主营社交产品，小米主营智能硬件和电子产品，字节跳动主营互联网内容平台，它们投资一家公司不是单纯地为了赚取投资收益，而是为了助力自己的主营业务形成强大的生态系统，将未来的高收益业务"一网打尽"，避免出现新的挑战者或错过某个大趋势，甚至是为了对冲风险，基于前述压力，它们必须不断投资。

引入战略投资人的优势

引入战略投资人最显著的优势是可以让你获取资源和势能。

战略投资人掌握的资源、渠道、流量、媒介等综合势力，一般会超过其他类型的投资人，创业者很难抵御这份诱惑。战略投资人的投资也确实帮助了不少创业公司兴起。

比如腾讯投资京东后，向京东提供微信和手机 QQ 客户端的一级入口位置及其他主要平台的支持，有了腾讯的支持，京东更能与阿里巴巴在国内电商领域抗衡。腾讯投资拼多多后，拼多多也依靠腾讯的扶持在电商与社交等领域快速扩张。

■ 案例 15

小米生态链的成功

被小米投资的企业大多非常幸运。小米不仅给资金，还协助被投资企业提升管理能力、产品品质和提供供应链上的资源，更重要的是，小米生态链企业的产品可以在小米的销售平台销售，快速占领市场。

2014 年，小米投资石头科技，石头科技于 2016 年 9 月推出首款小米定制"米家智能扫地机器人"，当年便实现营收 1.83 亿元；2017 年，石头科技营收增长至 11.19 亿元，同比增幅达到 510.95%，其中大部分销售是通过小米平台实现的。[⊖]

小米在 2014 年还投资了九号机器人，2017 年～ 2019 年期间，小米向九号机器人分别贡献了 10.18 亿元、24.34 亿元和 23.99 亿元营收，占当期营收比重分别

⊖ 《北京石头世纪科技股份有限公司首次公开发行股票并在科创板上市招股说明书》。

为 73.76%、57.31% 和 52.33%。⊖继小米系的华米科技、云米科技在美国上市后，石头科技、九号机器人也完成了国内上市。

石头科技上市成功时，雷军还专门在微博发文祝贺，并表示"石头科技的上市，再次印证了小米生态链模式的成功"。

相反，一些公司也因为拒绝战略投资人的投资，最后不得不退出市场，网景公司被微软打败就是非常典型的案例。

■ 案例 16

网景拒绝微软后的衰落

背景

20 世纪 90 年代初，微软还没有推出成熟的浏览器。网景公司为了方便大家浏览网上信息，于 1994 年成功推出了图形界面的"网景浏览器"，售价为 45 美元。很快，这个软件就大受欢迎，不到一年就卖出几百万份，首年市场占有率就超过了 75%。

冲突

网景浏览器大火后微软才意识到必须夺回浏览器这个入口，否则将来在互联网上就会受制于人。

微软先礼后兵，先向网景提出了收购要约，但被网景拒绝。微软于是提出新的合作方式：微软收购网景 15% ~ 20% 的股份，优先提供网景视窗的应用程序接口，并调整系统以优化浏览器在视窗上的运行，但网景必须给微软一个董事会席位，并且网景的新产品开发要事先通知微软，网景不能开发下一代视窗上的浏览器。⊜网景还是拒绝了微软，选择和微软正面竞争。

微软只好走上对抗之路。在短短的一年里，微软投入大量资金，通过购买、兼并和开发等多种手段，迅速推出浏览器产品 IE2.0，而且免费开放，让包括网景在

⊖ 《九号有限公司公开发行存托凭证并在科创板上市招股说明书》。

⊜ 钱纲.硅谷简史：通往人工智能之路 [M].北京：机械工业出版社，2018.

内的所有公司和消费者都目瞪口呆，而且微软将 Windows 与 IE 捆绑销售，用户购买 Windows 系统自动就有了浏览器，再也不需要额外下载需要付费的网景浏览器了，微软在利用一个垄断创造另一个新的垄断。[⊖]

结局

网景就这样快速失去了市场，它唯一能做的就是上法庭起诉微软的垄断行为，但这个官司旷日持久，互联网世界风起云涌，等不及这个结果，在 2000 年判决结果出来之前，网景就已经经营不下去，被美国在线收购了。[⊖]

因此，如果你被雄心勃勃的巨头盯上了，不合作它就会成为你的正面竞争对手，如果你顶不住它在技术、资金和资源上的轮番进攻，最后的结果可能会很惨。当然，今天谈网景这个案例也是马后炮，战略投资人的橄榄枝是蜜糖还是砒霜，只有靠你拿实力和时间来说话。

引入战略投资人还有一个明显的好处，他不一定会逼你快速上市。打个不恰当的比方，你可以把战略投资人投资企业看作"传宗接代""养儿防老"，他们不图投资几年就退出以赚取暴利，而更倾向于打造自己的百年老店。因此，如果你希望投资人不着急上市，给你更多时间，让你自由发挥，那么和风投相比，引入战略投资人是个不错的选择。

引入战略投资人可能带来的风险

虽然创业公司引入战略投资人会获得各种各样的竞争优势，但获得竞争优势的背后也潜伏着各种风险，这种合作对投资人和创业公司而言，不仅是资金和股权的交换，更是各种短期和长期利益的博弈，对双方而言都可能危机四伏。

⊖ 吴军.浪潮之巅 [M].4 版.北京：人民邮电出版社，2019.

⊖ 麦卡洛.互联网进化史：从地下室革命到上帝手机 [M].桂曙光，译.北京：中信出版集团，2023.

这种博弈也体现在当年京东引入腾讯的时候，一开始双方谈判很不顺利，好几次谈崩，最激烈的时候，刘强东连打 7 个电话把正在法国滑雪的牵线人的高瓴资本张磊叫回来，说"赶紧回来，要不就黄了"。最终，张磊拉着包括马化腾和刘强东在内的双方七位顶级的高管，说谈不成今天谁也不能走。最终他们花了 4 个小时，确认了 35 个问题，包括股权和价格，微信、QQ 要给多少支持，双方在哪些领域不能相互竞争等，最终才敲定了这笔交易，[⊖]可见引入战略投资人的复杂性，这对双方来说都是谨慎之举。

引入战略投资人的风险主要体现在三点：第一，战略投资人可能成为你的竞争对手；第二，战略投资人可能会控制你的公司；第三，战略投资人可能会限制你竞争或吞并你的核心资产。

第一，战略投资人可能成为你的竞争对手。

由于战略投资人的业务与你的业务存在某些关联，因此他投资你的最终结果不一定是相互产生协同效应，还可能是彼此成为竞争对手。

■ 案例 17

ofo 与滴滴的恩怨情仇[⊖]

背景

2016 年，滴滴出于战略布局投资 ofo，希望以此实现出行业务的战略协同，对 ofo 注入了大量资金和资源。滴滴不仅前后真金白银投资了 3.5 亿美元，还为 ofo 撮合投资人，其中就包括滴滴自己的股东软银。

冲突

2017 年 7 月，为了确保 ofo 能完成软银孙正义提出的 3000 万日单的目标，顺

⊖ 李志刚.创京东：刘强东亲述创业之路 [M]. 北京：中信出版集团，2015.

⊖ 信息来源于腾讯新闻《潜望》之文章《穿越废墟：共享单车剧未终》（发表于 2021 年 6 月 21 日，作者：张珺、李思谊），作者采访了超过 20 位新旧单车创始者、高层、投资人和供应商，以复原共享单车的故事。

利获得软银号称 18 亿美元的投资，滴滴向 ofo 委派了 3 位高管和约 50 位中高层，协助 ofo 在 2017 年 10 月将日单量峰值冲到 3250 万单，但是软银最终没有投资 ofo，导致滴滴和 ofo 的关系急转直下。于是，当年 11 月，ofo 赶走了滴滴派过来的全部高管，导致了双方的决裂。

从此滴滴也认清了，凡是主赛道，通过投资解决诉求是不可能的，于是决定做自己的共享单车，快速推出了青桔单车，用的就是曾经委派去 ofo 的这批人。而且滴滴以翻倍的工资"挖人"，曾深受 ofo CEO 赏识的 ofo 北京地区负责人也立马去了滴滴，还带走了两名部下。曾经的股东和贵人如今变成了敌人，而且是对自己了如指掌的敌人。

滴滴和 ofo 都有身不由己的难处，它们都想活下去，一开始合作时的情谊肯定是真实的，后面变成竞争对手时的冷酷也是确切的，因此在引入战略投资人的那一刻就需要意识到，"百年好合"可能仅是一个美好的心愿，可遇而不可求，注意做好自我保护。

当然，也曾出现过战略投资人走错棋的情况。

■ 案例 18

新浪微博与字节跳动分道扬镳

背景

2014 年，新浪微博跟投了字节跳动的 C 轮融资。据说新浪集团董事长曹国伟在接受媒体采访时曾说："之所以投资今日头条，是因为微博与其能够产生协同效应，目前今日头条是微博上分享量最大的资讯应用。"⊖

本次投资后，新浪微博开始为字节跳动提供大量的数据。微博开放了应用程序接口，允许今日头条访问微博的用户数据和活动，比如评论。今日头条希望通过社交关系和社交互动，进一步增强用户黏性。

⊖ 深潜 atom，打败微博的不是头条和抖音，是懒惰。

冲突

社交是微博的核心优势之一，新浪微博后知后觉意识到字节跳动是它的竞争对手。随着短视频市场的火爆，双方在社交和短视频领域展开激烈竞争。最终微博关闭了接口，不再让字节跳动访问其数据，并在 2016 年年底出售了自己持有的字节跳动股权。[一]

结局

2017 年，字节跳动和新浪微博相互起诉对方，称对方涉嫌不正当竞争。最终北京高级人民法院于 2021 年 10 月 8 日做出判决，驳回了字节跳动的诉讼请求，认为新浪微博不构成不正当竞争。[二]北京市海淀区人民法院于 2021 年 5 月 17 日做出判决，认定字节跳动构成不正当竞争，需依法赔偿新浪微博经济损失 2000 万元及合理开支 115.7 万元。[三]

字节跳动在与新浪微博的一系列恩怨中似乎没吃什么大亏，但这建立在新浪微博于 2016 年出售了字节跳动全部股权的基础上。

虽不知晓新浪微博当时出售字节跳动股权背后是否有其他重要的原因，但从某些视角看，这是新浪微博的一次重大失误——如果留着字节跳动的股权，字节跳动的任何重大事项，比如融资、上市，都需要新浪微博签字，新浪微博如果想为难一下字节跳动，也不是一件难事。

即使最后没能妨碍字节跳动，持有竞争对手的股权也算是一种风险对冲，至少在微博自身隐患频出、市场份额不断下降的同时能享受字节跳动高速发展的红利，就像当年的雅虎，最后其最值钱的资产就是持有的阿里巴巴的股权。

字节跳动算是在接受新浪微博的投资后侥幸全身而退。

第二，战略投资人可能会控制你的公司。

由于战略投资人有自己产业布局的需求，因此他会希望你能在业务上

[一] 布伦南 . 字节跳动：从 0 到 1 的秘密 [M]. 刘勇军，译 . 长沙：湖南文艺出版社，2021.
[二] 北京高级人民法院（2021）京民终 281 号民事判决书。
[三] 北京市海淀区人民法院（2017）京 0108 民初 24530 号民事判决书。

配合他，扩大他的势能。即使你不愿意，他也可以利用自己的股东权利尽可能达到目的，如果他拥有足够多的表决权，甚至可能逐渐控制你。

某照明企业创始人吴某在引入战略投资人时原以为自己找了一位"帮手"，没想到最后公司却被"帮手"控制了。

■ 案例 19

"引狼入室"

背景

2012 年，因为与投资人不和，某照明企业创始人吴某辞任了董事长、执行董事及 CEO 职务，[一]但后来依靠企业经销商、供应商和高管对他的支持，[二]最终回到公司决策层。[三]

吴某吸取了教训，为了长期对抗其他几位投资人股东，决定引入"白衣骑士"——某小家电企业创始人王某。

该小家电企业当时正踏上转型 LED 之路，其创始人王某的计划是找一家渠道比较强的照明企业，强强联合。所以吴某与王某有相见恨晚之感，小家电企业买下了吴某持有的照明企业 18.6% 的股权，再加上二级市场收购的股份，累计持有超过 20% 的股权，迅速变成了照明企业第一大股东。[四]

王某也真的想办法说服了其他股东，在 2013 年 1 月的董事会上，吴某重新被任命为照明企业的 CEO，[五]但吴某再也不是第一大股东了，话语权很有限。2013 年 4 月 5 日，照明企业公告王某被选为公司董事长。[六]

冲突

此后小家电企业开始和照明企业展开深度合作，2013 年 6 月，小家电企业和

[一] https://www1.hkexnews.hk/listedco/listconews/sehk/2012/0525/ltn20120525021_c.pdf

[二] https://www1.hkexnews.hk/listedco/listconews/sehk/2012/0718/ltn20120718108_c.pdf

[三] https://www1.hkexnews.hk/listedco/listconews/sehk/2012/0904/ltn201209041374_c.pdf

[四] https://www1.hkexnews.hk/listedco/listconews/sehk/2012/1227/ltn20121227024_c.pdf

[五] https://www1.hkexnews.hk/listedco/listconews/sehk/2013/0113/ltn20130113024_c.pdf

[六] https://www1.hkexnews.hk/listedco/listconews/sehk/2013/0405/ltn20130405006_c.pdf

照明企业签署了一项商标使用许可合同，合同约定小家电企业的 LED 产品上可以使用照明企业的商标。⊖这个业务照明企业自己做也可以，这样一签约，相当于把市场直接让给了小家电企业。

接下来小家电企业看上了照明企业最有价值的渠道和品牌。通过一系列的运作，2014 年 3 月，小家电企业与照明企业全国几十家运营中心签署了区域运营中心经销协议。协议规定，2014 年度小家电企业对几十家经销商意向销售总额约为人民币 10 亿元的 LED 产品。⊜照明企业的渠道开始逐渐被小家电企业控制。

2014 年 8 月 8 日，照明企业发布公告，称基于吴某的不当行为罢免其 CEO 职务。⊜2014 年 8 月 29 日，照明企业举行临时股东大会，罢免了吴某执行董事职务。

吴某以为自己引入的是"白衣骑士"，希望借此加强对公司的控制权，没想到在这个泥潭中越陷越深，最终彻底失去了在公司的话语权。

第三，战略投资人可能会限制你竞争或吞并你的核心资产。

战略投资人非常清楚，如果不对你进行业务限制，将来你们可能会成为竞争对手。因此，为了保护自己的利益，战略投资人一般会对你进行行业务限制，一方面确保将来你不会和他正面竞争，另一方面限制你与他已有的竞争对手强强联合，或者在你抢占他市场的同时，他有权利追加认购你的股权，使你的市场变相成为他自己的市场等。

如果战略投资人与你的合作能实现互利共赢，那么即使有业务上的限制，也可以接受，但如果合作没有让你得到充足的好处，反倒限制了已有业务的发展，就可能导致你的商业目的无法实现，使你处于危险境地。

此外，如果你的核心资产很有价值，那你一定要想办法保护好核心资产，因为它们对战略投资人而言也可能非常有价值，投资人难免不会心动。

⊖　https://www1.hkexnews.hk/listedco/listconews/sehk/2013/0611/ltn20130611706_c.pdf

⊜　http://www.szse.cn/disclosure/listed/bulletinDetail/index.html?4e913ace-8e94-43f7-836a-35610116be5e

⊜　https://www1.hkexnews.hk/listedco/listconews/sehk/2014/0808/ltn20140808745_c.pdf

■ 案例20

施耐德收购某机床电器厂[⊖]

某国内机床电器厂 1995 年前后年产值近亿元，1996 年，施耐德与该机床电器厂签订合资协议，双方设立合资公司，施耐德持股 60%，该机床电器厂持股 40%。合作条件是该机床电器厂需要将设备、厂房、几百名骨干以及手中的核心生产技术投入合资公司，而且今后不得再生产和销售其核心产品。这个看起来常规的竞业限制条款最后却掐断了工厂的命脉。

1997 年，合资公司亏损，施耐德要求继续增资，该机床电器厂因合资支出过多，而且不能再生产核心产品，盈利每况愈下，没办法按比追加投资。于是施耐德单方面追加投资，取得合资公司 80% 的控股权。最后该机床电器厂没能走出困境，破产了。

这个案例中，机床电器厂原本希望通过与施耐德的合作获得最新技术，同时提升管理水平，没想到因为签署合同不谨慎，被限制竞争，导致无法继续赢利，最终无力增资而丧失了核心资产，走向破产。

施耐德的做法无可厚非，毕竟也是在依据合同行使权利，但也有一些战略投资人不够正大光明，利用自己的客观优势或便利"转移"创业公司的核心资产。

■ 案例21*

收购方"偷师"创业公司技术

光伟技术研发公司完成早期研发后打算股权融资，希望进一步将技术转化到应用领域。它的一家上游头部公司柏引公司愿意投资，光伟公司创始人看中柏引公司作为大公司的资源和背书，接受了投资。这看起来是件好事，对吗？但真实结果是，光伟公司在被投资后变得毫无价值。

⊖ 刘建.南存辉不做宗庆后 [J]. 中国企业家，2007，24.

背景

在投资协议中，柏引公司明确自己有权委派研发团队与光伟公司共同研发技术，光伟公司认为这也算是一种帮助，能加快研发速度，就同意了。

接受投资后，光伟公司研发进展很顺利，一年左右取得了阶段性里程碑，准备进行下一轮融资，新投资人给出的估值和上次融资相比翻了两倍，按道理这对创始人和柏引公司而言都是件好事。

冲突

但是，当创始人找柏引公司签字同意融资时，柏引公司居然找各种理由不同意签字。创始人十分不解，明明估值翻了两倍，怎么就不同意呢？

创始人自此多了个心眼，没过多久，他发现柏引公司已经申请了和光伟公司所研发的技术非常相似的专利。创始人这才恍然大悟，原来柏引公司醉翁之意不在酒。核心技术被抢注，光伟公司对柏引公司而言已经没有任何价值，柏引公司当然不会同意光伟公司继续融资发展。

分析

创始人推测，柏引公司在委派研发团队和光伟公司共同研发的过程中，了解了光伟公司的核心技术，接着通过一些技术上的规避，将光伟公司的核心技术变成了自己的专利。而当初投资协议在知识产权归属、商业秘密保护方面没有做好风险防范，现在即使起诉柏引公司，也不一定有胜算，而且柏引公司可以故意拖延诉讼流程，光伟公司能否撑到法院判决生效也是未知数。

更何况，即使光伟公司最终胜诉，柏引公司还是它的投资人股东，公司未来的发展依然会被处处掣肘。创始人非常后悔当初引入柏引公司时不够谨慎，留下后患。

这位创始人在融资时过于乐观，没考虑可能存在的风险，比如自己公司的核心竞争力是什么，该如何保护？投资人投资自己的真实目的是什么，如何防范相应的风险？相当于未做任何防护。

除了以上提到的三点，引入战略投资人还可能存在其他风险，比如，你期待战略投资人成为股东后能与你进行长期商业合作，但基于各种原因他最终未能与你合作，或者一段时间后就停止合作，但是他作为你的股东却一直在分红，这部分股权就失去了其应有的价值；还有的战略投资人在限制你发展的同时，自己却利用各种优势拓展上下游业务板块，最终吞掉你原有的业务。

我们不能事后诸葛亮地认为引入某些战略投资人的决策是错误的，或许在当时的情景下，这就是必然的也是最好的选择。就像罗永浩所说，"在真实的发展需求上，绝大多数平庸的公司根本没有机会面临是否该引入战略投资人的为难选择，它们面临的更多是，不拿这笔资金，可能就活不下去了"。[⊖]而且战略投资人最终能伤害到创业公司，或多或少也和创始人的疏忽有关，毕竟大多数战略投资人是在约定的规则之下执行自己的商业战略，并没有做违法违规的事，无法过于苛责。

因此，我不提倡因噎废食直接拒绝战略投资人，而建议在引入战略投资人的同时尽可能想办法规避风险，要学习京东引入腾讯时的刘强东，该谈的条件一定要谈清楚，该坚持的原则一定要坚持，最终让双方都对结果比较满意。

下一节将专门介绍如何预防引入战略投资人可能带来的风险。

2.4 预防引入战略投资人可能带来的风险

本节的部分内容按道理属于第四步"避险"及第五步"控制"中的内容，但考虑到战略投资人有自己明显的特点，如果将这些内容分散到各个步骤，不利于你理解和做决策，因此我将针对他们的特别建议放到了本节，其他共性建议你可以继续参考其他步骤的内容。

预防战略投资人可能带来的风险的方法主要有四个：一是注意保护公司的核心资产，二是如果战略投资人限制你竞争，可以附加限制竞争的条件，三是守住公司控制权，四是公司享有在特定条件下终止合作的权利。

⊖ 罗永浩.创业在路上 [M].北京：中信出版集团，2018.

注意保护公司的核心资产

核心资产主要是指公司赖以生存的经营要素，通常是指知识产权、供应商及客户信息、土地、设备、核心技术人员等，不同公司的核心资产存在差异。保护这些核心资产的方式主要有两个：一是不要主动透露或转移出去；二是严加保护，使战略投资人不能轻易获取或转移。

前文提到的机床电器厂在接受施耐德投资时，主动将自己的核心资产投入了合资公司，而且没有给自己留任何退路，导致自己效益下滑急需这些核心资产时难以挽救。该机床电器厂一开始完全可以设计分阶段的合作方式，根据合作的实际情况逐步投入核心资产，或者给自己设计一些退路，在特定条件下可以取回自己的核心资产。

而案例 21 中的公司则是过于大意，将自己的核心技术直接暴露在战略投资人眼前，战略投资人很快模仿改进抢占了先机。该公司一开始完全可以拒绝向战略投资人披露技术细节。

照明企业案例中，吴某对于保护自己和经销商之间的特殊关系也不够重视，放任小家电企业与照明企业全国几十家运营中心合作，使它们之间产生利益绑定关系，导致最后经销商不再支持自己。如果你的客户名单、供应商名单属于公司重要的商业秘密，对公司经营成败具有重要意义，你可以不披露或者做好脱密再披露，不要不加修饰地暴露出来，更不要主动推到战略投资人面前。

可以附加限制竞争的条件

限制竞争是引入战略投资人时比较常见的条件，一般是指战略投资人要求创业公司不能与战略投资人直接竞争，或者不能与战略投资人的竞争对手进行商业合作。

你可以在这个条件上附加一些合理的限制，可以这么理解：创业公司愿意引入某个战略投资人，一般是期待双方的合力可以给创业公司带来更大效益。因此，如果限制创业公司竞争，那么对应的战略投资人这边倾斜的资源应当给创业公司带来怎样的效益，如果达不到双方预期的效益，那么说明合作并不成功，限制竞争条款就应当失效或放松，使创业公司得到更充分的发展。

以前文提到的机床电器厂为例，施耐德要求成立合资公司后该机床电器厂不得再生产和销售其核心产品。反过来，该机床电器厂也可以提出，如果合资公司在一定时间内分配给自己的红利没达到一定的标准，就意味着本次合作没有达到预期，自己有权利终止本次合作或者继续生产核心产品。这样可以避免合作的项目不成功，还断了自己的后路，走进死胡同。

守住公司控制权

除非创始人本来就打算引入战略投资人后，由战略投资人来控制与经营公司，否则需要注意守住创始团队对公司的控制权。

一方面注意不要释放过多股权给战略投资人，同时约定清楚将来新增股权的规则，避免出现战略投资人低价增资稀释创始团队股权的情形。

另一方面，可以通过设计股东会、董事会表决规则来确保创始团队能控制公司。比如，尽可能避免战略投资人能独立决定创业公司的某些重大事项，尽可能确保创始团队占董事会多数席位，避免董事会随意更换公司CEO。案例19中的吴某于2014年8月被照明企业罢免CEO职务，其中一个原因就是他在董事会失去了多数席位。第五步"控制"会详细介绍如何设计控制权相关规则，此处不再赘述。

设置特定条件下终止合作的权利

终止合作的权利是指，当你发现引入某个战略投资人是错误决定后，能及时收回股权，重新来过。如果协议不明确你有这样的权利，那么要请走战略投资人是不可能的，因此需要提前商定并写入协议。

比如，一些创业公司引进上下游龙头企业作为战略投资人，是希望某天被龙头企业收购，实现成功退出的目的。但是，能不能被收购具有不确定性，即使董事长承诺将来收购，将来真正实施收购方案时也还需股东会审议。假设收购方是上市公司，如果交易方案中涉及增发股票或重大资产重组，还需要监管机构批准，并非法定代表人或者董事长做了承诺就可以实施。

如果在可以容忍的期间内没有被战略投资人收购，怎么办？战略投资人长期作为公司股东，分享红利，监督公司，甚至左右公司经营。既然不能达成交易目的，那创始人还不如把股权收回来，自己掌控公司。

还有一种情形是，战略投资人投资了你的竞争对手，他随时可能把你的商业信息透露给你的竞争对手，为了避免这种情况发生，可以在他入股时约定这种情形下可以以怎样的价格收回他的股权。届时你没有充足的资金也没关系，你可以指定第三方，比如更合适的投资人，来收购这部分股权，也能达到相似的效果。

不同公司引入战略投资人的情形是各种各样的，本节没办法一一列举情形和对策，但大方向是一致的。把本节提到的4个措施换成更通俗的表达是：

第一，创业公司需要思考清楚自己的"命脉"在哪里，一定要保护好。

第二，不管战略投资人提出的各种特殊要求看起来怎么合理，都应当有个限度，你需要找出自己的底线，在对方的要求上附加自己的底线条件，降低这些特殊要求的"杀伤力"。

第三，控制好公司，不要把决策权拱手让人。

第四，给自己留好退路，避免某些重要交易目的没达成时走进死胡同。

2.5 引入风险投资人：获得纯粹的资金，目标是并购或上市

如果你很"硬核"，充满创业激情，而且能做出一番大事业，未来目标是被并购或上市，想引入纯粹的资金，不希望受过多束缚，那么可以考虑引入风险投资人。

风险投资人，简称"风投"，也常被称为"VC"或"投资机构"，他们的主营业务就是投资企业以获取利润。与其他类型的投资人相比，风投有非常明显的特点。

先看引入风投的优势，除了1.2节中介绍的引入股权投资人的共通优势外，引入风投还有以下独有的优势。

引入风投的优势

第一，专业——他们很专业，不善变。

风投对自己投资的领域一般是非常专业的，他们会做大量的行业研究、市场调研，甚至在某些方面的洞见比创始人还深，因此比较少出现因为风投不懂行而与创始人产生严重分歧的情形。

不仅投资技术专业，他们的投资心态也很专业，投资失败对他们而言司空见惯，重要的不是投资成功率，而是能不能投中一两个明星项目，一两个明星项目就可能满足他们的整体回报预期，所以成熟的风投不太可能朝令夕改，今天投资你，明天就想撤，他们与其在不成功的项目上挣扎，不如多花心思找个更好的项目。

风投的这种专业作风能给被投资公司很大的确定性，这是被风投投资的一个明显优势。

第二，纯粹——他们的投资目的很纯粹，就是赢利，没别的心思。

面对风投，你一般不用担心他过多干涉公司经营，他们的工作重心在投中好项目，等待项目发展壮大后被并购或上市，没精力也没动力去干涉每家公司的经营，更多是给你一些建议。

而且他们自己只做投资，不做其他经营，与你的业务没有直接利益冲突，不像一些战略投资人一样，存在复杂心思。

第三，豪气——他们可以进行大金额投资。

这个优点和自由投资人相比更明显，自由投资人可能几万、几十万元地投，而风投一般是几百万元起投，几千万、上亿元的投资是家常便饭，因此如果你需要的资金量比较大，与其忙碌于众多自由投资人之间，不如好好抓住一个风投。

但引入风投也存在一些劣势，主要体现在以下几点。

引入风投的劣势

第一，挑剔——你可能不是他的"菜"。

风投不期待每年能给他分红，而是期待股权的价值爆发性地翻很多倍，因此即使你做的是挣钱的生意，但没有太大想象空间，不能给风投带来超高回报，风投一般也不会感兴趣。打个比方，虽然昆虫和羚羊都可以吃，但是狮子不会去捕食昆虫，费那么大劲儿还不够塞牙缝，不如多花点儿心思捕食羚羊，吃一只足够几天的能量。

哪些情况会让风投觉得你可能给他带来超高回报呢？比如你已经有非常成功的创业经历，或者你的商业模式在国外已经有成功融资、被并购、上市的先例，而你在国内还算头部，或者你的收入已经达到千万元而且能快速复制，或者你拥有领先的技术，比如生物技术、人工智能技术等，而且团队来自著名国内外高校。

相反，如果你名不见经传，也没有其他强有力的背书，或者市场容量太小，也没有"硬核"的技术，或者你没有太大的梦想，只想闷头赚小钱，这样的情况是不适合找风投的。不是说你的公司不好、不挣钱，而是你现在还不符合风投的口味，你可以找其他的融资渠道，哪天你符合风投口味了，可以再去找风投。

第二，高压——他可能会让你身不由己。

正因为风投一门心思想着高回报，他们会对你形成巨大的压力，他们投资你后，你的休闲生活基本就结束了。他们会推着你快速发展，一轮轮融资走下去，冲刺上市或被高价并购；为了让你专心在公司工作，他们会通过一系列严谨的条款约束你的行为。

因此，如果你并不打算公司将来上市或被高价并购，或者你判断自己并没有那么强的抗压能力，也没有浓厚的创业激情，那么建议远离风投，找周围的朋友筹钱可能是更好的选择。

第三，耗时——投资流程较长。

风投的投资流程非常规范、完善，做完一项投资少则两个月，多则半年，这一点在1.3节中已经介绍得比较详细了，不再赘述，因此如果你急着用钱，不一定能及时拿到风投的投资款。

第四，风险——投资协议条款严格。

风投出具的投资协议条款一般比较严格，会有各种投资人的特殊权利及公司和创始人的违约责任，协议至少几十页，不少创始人一看到这些协议就头疼。如果你不认真对待，可能会签下对自己非常不利的条款。风投投资协议中的常见条款在第四步"避险"和第五步"控制"中均有详细解析。

以上便是引入风投的优势和劣势。如何预防引入风投可能带来的风险是非常系统的知识，贯穿了本书后面的内容，因此本章没有用单独的一节介绍。

本章结束，你已经清楚各类投资人的特点了，结合创业项目的实际情形以及自己的创业心态，能基本判断自己适合找怎样的投资人，以及针对不同类型投资人需要特别关注的事项。

大体上看，创业早期或者做小生意、小富即安，最好找自由投资人，但是要防止他们朝令夕改和过多干涉你；想获得更多资源上的倾斜，想强强联合，不一定追求上市，可以选择战略投资人，但是注意保护好自己的核心资产，给自己留好退路；如果你充满创业激情，能做大事且想做大事，最后的目标是被并购或上市，可以看看风投愿不愿意投资你，但注意保护好自己的权益。

第 2 章特别提示

引入自由投资人的优势：

- 自由投资人的投资要求一般不高。
- 自由投资人的投资过程一般比较简单，不会耗费你过多精力。
- 自由投资人一般不会过多约束你。

引入自由投资人可能带来的风险：

- 自由投资人不够专业，所以可能不能很好地理解你，容易产生分歧。
- 自由投资人可能风险承受力较低，会想各种办法防亏损。
- 自由投资人大多是你的熟人，容易不讲规则。

向自由投资人融资的四个建议：

- 选择更合适的投资人（尽量挑选对你的行业有一定认知的投资人；最好选择

有钱的投资人）。

- 做好风险提示。
- 注意把控对公司的控制权（最好不要释放超过 20% 的股权；可以让自由投资人间接持股；尽可能掌握对资金的使用权）。
- 白纸黑字明确规则。

战略投资人所掌握的综合势力能帮助创业公司快速兴起。

引入战略投资人可能带来的风险：

- 第一，战略投资人可能成为你的竞争对手。
- 第二，战略投资人可能会控制你的公司。
- 第三，战略投资人可能会限制你竞争或吞并你的核心资产。

向战略投资人融资的四个建议：

- 第一，注意保护公司的核心资产。
- 第二，如果战略投资人限制你竞争，可以附加限制竞争的条件。
- 第三，严格守住公司控制权。
- 第四，设置特定条件下终止合作的权利。

引入风投的优势：

- 专业——他们很专业，不善变。
- 纯粹——他们的投资目的很纯粹，就是赢利，没别的心思。
- 豪气——他们可以进行大金额投资。

引入风投的劣势：

- 挑剔——你可能不是他的"菜"。
- 高压——他可能会让你身不由己。
- 耗时——投资流程较长。
- 风险——投资协议条款严格。

做好融资准备

3.1 设计合理的合伙人股权结构

创业者在融资前会主要关注自己在商业方面是否符合融资的条件，往往会忽略合伙人股权结构是否健康。

经过诸多股东纠纷导致创业失败的市场教育，现在越来越多投资人开始重视被投项目的股权结构，如果合伙人之间的股权设计不合理，容易引发矛盾，投资人在投资时会比较谨慎。因此，建议在引入投资人前先自查自己的合伙人股权结构是否健康，如果不健康，那么尽量在引入投资人之前进行调整，减小融资阻力。

合伙人股权结构是否健康的标准，按重要程度排序，首先是有没有控制人，其次是股权比例分配是否合理，这两点最重要，而且一旦犯错就很难调整，投资人一般希望在他投资之前，这两个问题已经解决好；再次是股权有没有动态调整规则，最后是有没有预留激励股权，这两点虽然也重要，但对融资的影响不会太大，如果早期确实没处理好，也可以在股权融资中一并解决。

有明确的控制人

没有经验的创始人经常会均分股权，比如5：5，或者三个人分成3.3：3.3：3.3或4：3：3，这种分配方式会导致从股权上看，创业公司没有控制人。

从股权上看不出哪位合伙人能控制公司是非常严重的股权问题，没有控制人，基本就宣告这个创业项目会失败。有的投资人曾明确讲，他投资的项目必须有控制人，如果创始人不能控制公司，他就不会投，因为虽然创始人控制公司不一定成功，但是如果失去了控制，那么失败是必然的。

没有控制人可以分为两种情形，一种情形是合伙人争夺控制权，这样的夺权案例在网上有很多信息，你可以上网查询。另一种情形是创业团队中没有人认为自己应该是控制人，比如我曾遇见六位合伙人一起创业的案例，大家能力都差不多，最后没人愿意牵头推进项目，导致"六个和尚没水喝"。

对于谁应该是创始团队的控制人，怎样从股权上确定控制人的控制地位，本书11.1节还会介绍，此处不再赘述。

股权比例分配合理

股权比例分配是否合理，主要看公司的股权比例是否按合伙人的贡献大小进行分配。注意，这里强调的是按贡献大小，而不是按出资多少，出资对大部分行业的重要性都在不断降低，而创始人的经营管理、核心技术、资源渠道等能力的重要性在不断提高。

越重要的经营要素对应的股权比例应该越高，比如某个创业项目是做高端技术产品的，高端技术这个经营要素非常难得，可遇不可求，只要技术过硬，资金不是问题。那么需要给高端技术这个经营要素分配足够高的股权比例，这是它的合理对价，如果不这样分配，高端技术这个经营要素随时可能离开这个创业项目，去到能给出更合理的股权对价的地方。这种风险，投资人看得非常清楚。

具体该如何合理分配股权，《合伙人动态股权设计：七步打好创业公司股权地基》中的第三步"妙算"用 5 章详细介绍了合理计算股权比例的逻辑和方法，流程顺序见图 3-1。

图 3-1　股权计算四环节

资料来源：何青阳.合伙人动态股权设计：七步打好创业公司股权地基 [M].广州：广东经济
出版社，2022：95.

总结起来是：通过打分的方式估算每个经营要素的重要程度，以此决定每个经营要素对应可以分配的股权比例，再根据每位合伙人对每个经营要素的贡献来决定每位合伙人应当获得多少股权，最后在此基础上预留激励股权。

这个算法不是法律规定，而是我在和创业公司的长期接触中，结合项目实操经验、商业战略和创业公司特点总结出来的方法，详细的计算过程和注意事项本书不再赘述。

有股权动态调整规则

所谓动态调整规则，是指根据合伙人对公司的实际贡献情况，不断调整股权比例的一套规则。

为什么需要设置动态调整规则？因为如果不设计动态调整规则，按公司法的规定，股权比例一旦定下来，除非股东之间协商一致同意调整，否则股权比例是不会变化的，是个死系统。但是创业环境是不断变化的，你的合伙人也是有血有肉的人，死系统并不能应对变化多端的现实，比如，你可能遇到以下情况：

- 合伙之后才发现合伙人能力不够，远达不到他自己说的那么厉害。
- 合伙人同业竞争，一边拿着创业公司的股权，一边自己出去开公司抢市场。
- 合伙人在外兼职，不能全身心投入创业公司，同时还带来各种商业风险。
- 合伙人离职不干了，却继续留着股权享受公司增长的红利。
- 合伙人离婚，他的配偶要求分割创业公司股权。
- 合伙人发生意外，股权被他不懂创业的家人继承。
- 合伙人随意转卖股权套现，导致股权系统失衡。
- 创业公司缺钱，需要合伙人增加投入，每个人该出多少，怎么调整股权比例。
- 市场不好或者战略失误，创业公司面临危机，需要重新调整利益等。

针对这些可能产生的风险，制定的届时调整的规则，就是股权动态调整规则。其存在的意义也是确保贡献更大的合伙人股权比例更多，这样公司发展潜力才更大。《合伙人动态股权设计：七步打好创业公司股权地基》中的第四步"避险"用 7 章详细介绍了设计股权动态调整规则的方法，此处不再赘述。

如果在投资人投资之前你就设置好了股权动态调整规则，这是加分项，既有利于创业项目发展，也能体现你对如何创业成功的深度思考。如果你没有来得及设置，投资人也会主动设置一个比较简单的规则，本书 10.3 节还会详细介绍投资协议中如何设置创始人的股权动态调整规则更合理。

预留了激励股权

投资人一般希望在他们投资之前，创业公司就已经预留了股权激励池，这个股权激励池一般由有限合伙企业持有，本书 11.1 节中的图 11-2 展示了通过有限合伙企业预留股权激励池的方式，此处不再赘述。

如果你还没有预留股权激励池，投资人一般会要求在他们投资前把股权激励池先搭建好，而不是他们投资完成后再搭建，因为投资完成后再搭建股权激励池，可能会稀释他们的股权。[⊖]

提前搭建好股权激励池，同时做好人才规划，展示自己长期战略规划的才能，也能让你在投资人那里获得加分。

创始团队做好合理的股权设计不仅是为了吸引投资人，更多的是满足自身发展需求，通过合理的生产关系提升创业公司的整体竞争力，打好股权基础才能走得更长远。

3.2　撰写商业计划书

找到潜在投资人后，需要将商业计划书发给他们或者当面演示，这会给投资人留下第一印象，非常重要。

商业计划书到底在传递什么信息

要写好商业计划书，首先需要明白商业计划书存在的意义是什么，它

⊖　如果股权激励池是以增资的方式获得创业公司股权，则会稀释投资人的股权。

不是因为需要给投资人看而不得不准备的一个流程性文件。投资人看你的商业计划书，听你讲故事，和你聊天，向你提问时脑子里都在思考"这个项目能不能让我赚到钱"，商业计划书只是传递这个信息的媒介而已。

既然如此，媒介具体是什么形式、有多少页、漂不漂亮并不重要，重要的是，"我能让你赚到钱"这个信息是否传递到位了。张一鸣在一张餐巾纸上向王琼展示自己的创业想法，王琼就决定投资他的项目，⊖这是因为张一鸣把信息传递到位了。不少创业者把商业计划书做得很精美，却没有投资人感兴趣，是因为他的商业计划书没有传递出"我能让你赚到钱"的信息。

因此商业计划书的一切内容都需要围绕传递有价值的信息展开，单纯的炫技和凑页数都没必要。

商业计划书的内容

商业计划书的主要内容一般包括：公司愿景或项目定位，要解决的问题，产品、服务及市场，收入及盈利模式，市场推广及营销策略，竞争分析，财务状况及财务预测，融资需求及资金用途，管理团队及股权架构等。

拟写商业计划书也是一个自我梳理的过程，可以倒逼你再次审视自己的创业项目。不少创业者的第一版商业计划书连自己团队的成员都看不懂，最后一遍遍打磨修改为大家都能看得懂的版本，创业思路也跟着越来越清晰，创业者自己的信心也逐渐增强。

如果你的商业计划书让大多数人看不懂，或者自己的创业思路越写越混乱了，那你的商业计划书就还需要打磨修改。大多数时候，写不好商业计划书的真正原因不是 PPT 技巧不行，而是创业者没理清创业思路。

⊖ 布伦南. 字节跳动：从 0 到 1 的秘密 [M]. 刘勇军，译. 长沙：湖南文艺出版社，2021.

为了帮助没写过商业计划书的创业者快速入门，本书准备了商业计划书福利包，包括可以直接修改的PPT模板、几家知名投资机构关于商业计划书的拟写要求以及几家知名公司的商业计划书，你可以添加微信QingyangGuquan领取。

怎样写好商业计划书

不同行业商业计划书的侧重点会存在差异，这里着重介绍准备商业计划书的几个共通注意事项。

第一，逻辑清晰、简单明了、重点突出。

商业计划书的内容千万不能啰唆，投资人每天要看很多商业计划书，你写得越多，他看得越累，越想把它扔在一边。

为了有效传递信息，最好从商业计划书的名称开始就带有目的性。建议不要命名为"商业计划书"或"某某公司商业计划书"，这种名称千篇一律，没有传递出任何有价值的信息，容易石沉大海。

首先，你可以考虑在商业计划书名称中直接亮出你要解决的问题，比如"解决运动损伤远程康复难题项目介绍"，这样即使投资人来不及马上看内容，也会记得有个运动康复相关的商业计划书等着他看。你也可以在名称中体现其他吸引人的亮点，比如创始人令人信服的特殊背景、项目曾获得的大奖和荣誉等，总之抓住一切机会展现自己的价值。

其次，商业计划书中需要把最重要的内容放到前面，快速解释清楚你的商业模式。据说eBay的创始人皮埃尔·奥米迪亚（Pierre Omidyar）一句话就点明了自己要做的是一个网上的跳蚤市场。如果两三分钟内讲不清楚商业模式，投资人听接下来的介绍就会很累，大概率会婉拒你。

接着，盈利模式一定要清晰易懂。有的创业者把公司的盈利模式解释得非常复杂，投资人听得云里雾里，这种情况下投资人不会觉得你牛，只会觉得要么你的创业逻辑有问题，要么你的语言表达能力太差，不管什么原因，投资你的项目都很危险。简单清晰才是美。

为了让投资人能够轻松理解你的项目，你可以多做一些类比，多采用一些可视化的展示方式，比如演示视频、流程图等。

最后，建议在商业计划书中多使用金字塔原理，金字塔原理是一项层次性、结构化的思考与沟通技术，可用于结构化的说话与写作，也是麦肯锡的经典教案。写商业计划书和路演展示尤其需要使用金字塔原理，它能让你的内容更容易被投资人理解。如果你对它不够熟悉，可以阅读芭芭拉·明托（Barbara Minto）的著作《金字塔原理：思考、表达和解决问题的逻辑》。

第二，至少准备两个版本的商业计划书。

两个版本的商业计划书，一个是直接发给投资人看的，一个用于当面向投资人演示。直接发给投资人看的商业计划书内容描述会多一点，让人能了解完整的内容，不用听你讲也能明白你想表达的意思，描述太少，投资人可能根本不知道你想表达什么。用于当面演示的商业计划书中不适合写太多字，以免在你介绍的时候，投资人忍不住分心去看字，很难专心听你介绍，效果不佳。

第三，不要介绍过多价值不大的信息或者需要保密的细节。

有的创业者喜欢在商业计划书中对公司进行360度无死角介绍，把公司厂房和办公区照片、注册资本或一些不痛不痒的奖项一一列出，这些信息对公司的长远发展没有太大意义，只能让投资人分心，让他得出你的项目很普通这一结论。

有的创业者会把产品能实现的功能一一列出，比如手机的功能，把打电话、发短信、拍照片、安装应用程序等全部解释一遍，但这些都是常识，没有价值，投资人根本不知道你的重点在哪里。可能这款手机最有特色的点在于它的保密性极高，非常适合敏感行业的人员使用，这才是你需要突出的核心价值，着重介绍这部分就行，其他内容可以不介绍或一句话带过。

有的创业者担心投资人看不懂，在商业计划书中对自己的技术做很详细的介绍，这样不仅会压过商业信息，还容易泄露商业秘密。在谈融资的过程中，你需要分享的是"蛋糕的价值"而不是"制作蛋糕的秘方"。如果投资人对你的项目感兴趣，可以接下来慢慢聊技术，即便是为了充分展示而必须披露技术的情形，你也可以控制披露节奏，在早期时尽量粗线条，随着磋商的深入，再根据情况决定披露的深度和范围。

只要你需要把商业计划书发出去，就要确保其中没有重要的保密信息，即使落到竞争对手手上也没关系，因为信息被转发就是一秒钟的事。

第四，要有可信的数据支持。

数据支持主要体现在市场分析和财务分析中。

市场分析通常包括两方面：一是你所从事行业的发展现状，二是这个行业未来的前景预期。常见的问题是没有提供使人信服或具有权威性的数据作为支撑，或者把自身所在的细分市场拓展到不太现实的领域。比如，你想解决二手房市场 C2C 领域信息不对称的问题，那么二手房市场每年有多大，有多少买家是直接向卖家购买的，有多少买家是通过中介购买的，其中又有多少是因为信息不对称而寻找中介的买家，再从中分析哪些是你的客户，不能直接笼统地把所有二手房交易都定为自己的市场，这样只会让投资人觉得你过于天真。

财务分析中需要向投资人展示自己真实的经得住推敲的数据信息。首先，历史数据信息应当清晰明了，比如服务了多少客户，存在哪些成本和哪些收入，毛利润是多少，净利润是多少，净资产是多少。其次，未来的财务规划中，客户是谁，客户量多大，单价多少，销售收入多少，与此匹配的研发费用、生产成本、营销费用、人员工资、租金水电、营销推广费用等分别是多少，不要有重大遗漏，也不要过于武断，否则投资人一追问，你可能就解释不清了。

数据上的细节不一定要写在商业计划书中，这样显得过于繁杂，但是背后的计算过程一定要提前就准备好，熟记于心，投资人一问，你就能快速回答或进行额外的展示，这样才能展现你的创业能力。

第五，不能忽视竞争对手分析。

一些商业计划书透露出一种自己没有任何竞争对手的感觉，这反倒让投资人觉得很危险，他们会觉得你还没有真正了解市场。如果用户的痛点和需求很强烈，那你一定不是独苗，肯定有或者很快就会有竞争对手来抢你的客户。

关于竞争对手的分析，可以从创业团队、技术、价格、稳定性、已有市场份额等各方面进行对比剖析，客观展现你的竞争力。除了当前已有的竞争对手外，还会有其他潜在的、准备进入的竞争对手，比如类似阿里巴巴、腾讯、字节跳动、滴滴这样的企业，如果它们也进入这个领域，你有没有"防打击"的对策。

投资人不会完全依赖你对竞争对手的分析，他们自己也会做分析，如果发现与你介绍的内容出入太大，会觉得你的商业计划书不可信，所以，最好做足功课、实话实说。

第六，创始团队介绍需突出亮点。

投资人非常看重创始团队的背景，如果你自己都不愿意详细介绍一下自己的团队，投资人也会觉得你们没自信。

但创始团队介绍不完全等于履历介绍，与常规履历相比，创始团队介绍中需要着重突出团队成员的亮点，比如描述成员曾取得的重要成就，曾师从某位获得诺贝尔奖导师的经历，曾在国外同行业头部公司工作的经历等，这样投资人能马上对你产生立体的认识，有个故事留在他心里，好过千篇一律的介绍。

我们来看一组对比：创始人某某某，2022 年毕业于某某大学。在管理、财务、技术开发、销售、团队等领域有超过 10 年的经验，负责公司的市场战略和客户关系，是团队的领军人物。

刚才这段介绍，你还记得什么内容？是不是很没有特色，没有什么亮点能给人留下深刻印象。

现在稍微修改一下：创始人某某某，拥有某某大学计算机硕士学位和某某大学的金融博士学位。在本次创业之前，是某著名公司某部门的高级副总裁，曾领导 50 人的团队，实现部门收入一年内增长 2 亿元人民币，同比增长 200%。在某年至某年期间，是某公司某业务的产品负责人，负责核心产品 X 的研发，顺利实现该部门独立运营并以 Y 估值的价格卖给行业某领先公司。

对比一下，这样的介绍有了具体的事件，更有血有肉，更容易给投资人留下印象，使他们想进一步了解这家公司。如果创始人背景实在不够强，可以考虑聘请有相关背景的人做董事或顾问，增强投资人对你的信心。

商业计划书的其他细节不再细讲，最重要的还是你真的理清了创业思路，在此基础上抓住重点、直击要害、有理有据。

■ 延伸阅读

《创业地图：商业计划书与创业行动指南》（韩树杰，机械工业出版社）

市场上有不少关于如何拟写商业计划书的书，相比之下这本书比较适合早期创业者，内容实用且通俗易懂，作者韩树杰是创业导师和天使投资人，因此比较了解创业公司的特点和需求。

这本书总结了不少具体的思考维度，比如"12379 方法论"和"936 模型"，适合早期创业者对照着优化自己的商业计划书。

第 3 章特别提示

投资人喜欢怎样的股权结构：

- 有明确的控制人。
- 股权比例分配合理。
- 有股权动态调整规则。
- 预留了激励股权。

怎样写好商业计划书

- 第一，逻辑清晰、简单明了、重点突出。
- 第二，至少准备两个版本的商业计划书。
- 第三，不要介绍过多价值不大的信息或者需要保密的细节。
- 第四，要有可信的数据支持。
- 第五，不能忽视竞争对手分析。
- 第六，创始团队介绍需突出亮点。

找到并吸引投资人

4.1 寻找投资人的途径

确定自己适合找怎样的投资人后，就该琢磨可以通过哪些途径找到他们。面临这个问题的，主要是还没有接受过风投投资的早期项目，接受过风投投资后，就算是进入资本市场了，会有不少投资人开始主动观察你，这时最重要的不是你有多少接触投资人的机会，而是怎样把自己做出价值，让看到你的投资人愿意继续投资你。对收入和利润都不错的成熟公司而言，即使还没有引入过风投，资本市场的投资人和各种中介也可能主动找上门来，因此这类公司一般也不缺少寻找投资人的途径。

因此，本节主要介绍尚未引入过风投的早期项目可以通过哪些途径寻找投资人。

寻找投资人的六类常规方法

寻找投资人的常规方式有以下六类。

第一，亲密关系推荐。

亲人、朋友、老同事、同学、校友这类关系推荐，是最原始、最普遍、成本最低廉同时也是非常有效的方式，尤其是首轮融资，大部分创业者是靠这类关系获得投资的。

比如谷歌的首轮融资，靠的是学校推荐的校友投资人；[⊖]阿里巴巴首轮融资，是蔡崇信在高盛的一个熟人的帮助下完成的；[⊜]王兴是航班管家的早期投资人之一，[⊜]航班管家的创始人是王兴的清华校友王江，王兴创办饭否和美团的时候，王江也反过来参与了早期投资。

亲密关系说起来简单，不过是否有高质量亲密关系和每个人的经历有很大关系。投资领域向来是最"卷"的地方，想入职稍有名气的投资机构，一般至少是知名高等院校硕士以上学历，最好是清华或北大的。因此，你毕业的院校越好，将有越多同学在投资圈，你创业获得投资的概率会越高。

如果你毕业的院校没那么知名也没关系，可以考虑去高质量的商业培训学院学习，把自己送到有能力投资你或为你推荐投资人的朋友面前。

第二，资本市场从业人员推荐。

由于职业关系，服务资本市场的律师、注册会计师、金融机构工作者、大公司高管在工作中会接触到很多投资人，投资人在投资项目的过程中也需要和这类人员打交道，他们之间相互推荐项目是常见的事。你也可以尝试通过这些群体寻找投资人。

第三，通过各种孵化器、培训机构或投融资活动结识投资人。

现在市场上有各种各样的创业培训机构，这些机构在传授创业知识的同时一般也会顺带向投资人推荐项目，有些投资人本来就是这些培训机构

⊖ 怀斯，摩西德.谷歌的故事 [M].朱波，钱小婷，译.北京：中信出版集团，2020.

⊜ 胡晓军.马云的互联网创业哲学（图解版）[M].北京：人民邮电出版社，2015.

⊜《深圳市活力天汇科技股份有限公司公开转让说明书》。

的讲师，他们做讲师的目的之一就是发现早期好项目。你可以去这样的培训机构学习创业知识，同时寻找进入创业投融资圈的机会。

另外，一些高校和提供投融资服务或创业服务的中介机构、行业媒体会定期举行各种各样的项目推荐会、行业论坛、创业大赛等，在这样的活动中，你也可能获得与投资人当面交流的机会。

不过需要注意，有的中介平台知道你急于融资，会打"擦边球"。比如一些不正规的网站和app，说自己平台上有多少投资人资源，让你把自己的商业计划书付费挂在它们的网站或app上，但最终实际有多少投资人浏览你的商业计划书以及这些数据的真实性很难确认。个别"野路子"的路演平台说自己有很多投资人资源，于是收取路演费，后面再以各种增值服务的名目陆陆续续地收费，一开始你可能只出了几百元，后面不知不觉可能就出了几万元。

还有一些令人感到焦虑的投融资培训班，里面的老师水平参差不齐，有的甚至连新三板、科创板和创业板都分不清，满嘴错误，你一定要留意。最好找一些正规的、获得了广大创业者认可的培训机构，否则容易被"割韭菜"。

第四，聘请财务顾问。

这里的财务顾问是指为创业公司提供融资推荐服务的个人或公司，聘请财务顾问是最直接接触投资人的方式，在商言商。

专业的财务顾问很在意自己的口碑，不会不经挑选地向投资人推荐项目，怕影响自己在投资人心中的口碑，因此如果想请比较好的财务顾问，你自己的创业项目的基础也要不错，不要认为只要请了财务顾问，就一定能融到资。

需要注意的是，与财务顾问的合作方式需要认真考虑，否则可能会被不合适的财务顾问耽误。下一节将专门介绍聘请财务顾问的注意事项。

第五，寻求互联网媒体的报道。

现在是信息时代，很多投资经理都有看投融资新闻的习惯，如果你的项目能被主流的投融资媒体曝光，比如猎云网、虎嗅网、36氪、钛媒体、雷锋网、多知网等，项目质量不错的话，也可能会有投资人主动联系你。

第六，通过公开渠道联系。

不少风投直接在官网公开自己接收商业计划书的渠道，如果你缺乏其他寻找投资人的途径，这也是个不错的选择。

寻找风投时需进一步筛选

如果你需要找风投投资，最好提前了解风投愿意投资的阶段和赛道，避免错配浪费时间。

从投资阶段看，有的风投倾向于投资天使阶段；有的更倾向于投资天使融资结束后的创业项目；有的风投只投资上市前的最后一两轮，对早期项目没有兴趣；也有一些风投愿意做全阶段的投资。

从投资赛道看，有的风投青睐文娱产业，有的青睐大消费，有的青睐智能制造，有的青睐生物医药，有的青睐新媒体等。

怎么获取这些信息呢？一些风投会直接在官网表明自己的选择，你也可以通过其他途径打听这些消息。不过这些信息不是一成不变的，风投的终极目标还是赢利，他们会根据市场变化随时改变自己的投资策略，这些信息可以参考，但不能刻舟求剑，能有风投愿意和你见面聊天，你就该开心了，免费取经的时候到了。

读者福利：风投接收商业计划书的方式汇总

我整理了几十个风投（顺序随机）的投资赛道及公开接受商业计划书的邮箱地址，供你参考。篇幅所限，没办法将搜集到的全部投资人的信息放入书中，同时我也在不定期更新和增加相关信息，你如果想获取更新更全面的信息，可以添加微信QingyangGuquan领取。

序号	投资人名称	网站链接（官网）	投资领域/行业	接收商业计划书邮箱地址
1	今日资本	http://www.capitaltoday.com	零售、消费品、医药、互联网	info@capitaltoday.com
2	红杉中国资本	https://www.sequoiacap.cn	科技、医疗、消费	bpchina@sequoiacap.com
3	IDG资本	https://cn.idgcapital.com	TMT（科技、媒体和通信）、医疗、消费和娱乐、先进制造和清洁能源	bp@idgcapital.com
4	国金投资	http://theific.com	内容、平台、应用工具、可穿戴设备、在线教育、互联网医疗及互联网金融、连锁商业、现代物流、文化传媒、医疗健康、品牌消费	bp@guojin.com
5	君联资本	https://www.legendcapital.com.cn	智能制造、科技、消费、企业服务、医疗健康	master@legendcapital.com.cn
6	联想创投	https://capital.lenovo.com	AI大数据、核心部件、机器人、企业服务云计算、AR/VR、智能物联网、智慧行业及其他	lcig@lenovo.com
7	鼎晖投资	https://www.cdhfund.com	生物科技、硬科技、大消费、新能源、工业、企业服务	cdhir@cdhfund.com
8	新疆资本	http://vistafund.com.cn	高科技、新能源、新消费	contact@vistafund.cn
9	毅达资本	http://www.addorcapital.com	清洁技术、大健康产业、文化产业、消费品与服务业、TMT、新材料、先进制造	bp@addorcapital.com
10	达晨财智	https://www.fortunevc.com	信息技术、智能制造、节能环保、医疗健康、大消费和企业服务、文化传媒、军工	fortune@fortunevc.com
11	启明创投	https://www.qimingvc.com	科技及消费（Technology and Consumer, T&C）、医疗健康	BP@qimingvc.com

12	创东方投资	http://www.cdfcn.com	大IT（AI、大数据、大健康（生物技术）、大消费（科技消费品）、新制造（新能源、新材料）等	bp@cdfcn.com
13	同创伟业	http://www.cowincapital.com	大科技、大健康、大信息、大消费	case@cowincapital.com
14	钟鼎资本	http://ebvc.com.cn	供应链创新、物流交通、零售与品牌、工业科技、企业服务	BP@ebcapital.com.cn
15	武岳峰科创	http://en.summitviewcapital.com	信息产业、智能制造、精准医疗、清洁技术、文化创意	bp@summitviewcapital.com
16	光速光合	http://www.lightspeedcp.com	绿色科技、硬科技、企业服务、医疗科技、消费	dream"at"lightspeedcp.com
17	北极光创投	https://nlvc.com.cn	新技术、医疗健康、新消费、其他	TMT：tmt@nlvc.com 先进技术：advancedtech@nlvc.com 医疗健康：healthcare@nlvc.com 其他：others@nlvc.com
18	顺为资本	www.shunwei.com	农村互联网、出海、智能硬件、深科技及智能制造、移动互联网及互联网+	deals@shunwei.com
19	礼来亚洲基金	https://cn.lillyasiaventures.com	生物医药、医疗技术、医疗器械和诊断	info@lavfund.com
20	国投创合	https://www.sdicfof.com	集成电路、网络信息安全、创新生物医药、前沿新材料、器械、高端装备等	bpch@sdic.com.cn

读者福利：风投一对一推荐

如果你的创业项目确实不错，商业计划书已经比较成熟，结合你的融资阶段和赛道，我也愿意将你的商业计划书直接推荐给相熟的合适的风投。需要这类帮助的读者，也可以添加微信 QingyangGuquan，并明确告知"希望推荐商业计划书"。

4.2 聘请财务顾问的注意事项

聘请财务顾问作为常见的引入投资人的方式，有很多市场上的通行规则。与财务顾问合作时，一定要选择适合自己当前情况的规则，否则不仅可能花冤枉钱，还可能耽误融资流程，这里总结了几个应当注意的事项。

该不该请财务顾问

首先需要明白聘请财务顾问能达到什么效果，不能达到什么效果。

一般情况下，专业的财务顾问可以帮你梳理融资故事，提炼项目优势，对接合适的投资人，协调从面谈到交割的全部流程。专业的财务顾问了解主流投资机构的口味与风格，可以帮你匹配更合适的投资人，如果他们能同时引荐几个投资人，那么你在谈判时会更有优势。由财务顾问出面撮合交易，也能在某种程度上避免你给投资人留下营销过度的形象。

以上财务顾问的众多价值中，最核心的部分在于向潜在投资人推荐你，让潜在投资人开始对你产生兴趣，想进一步了解你。

只要潜在投资人开始和你接触了，最终他是否投资你，就主要取决于项目本身的硬实力，财务顾问接下来的作用是锦上添花，但很难成为投资人投资你的决定性因素。

因此，如果你还没有潜在投资人，也缺乏接触投资人的途径，可以考虑聘请财务顾问；如果你已经有了合适的潜在投资人，他们已经对你产生了兴趣甚至已经签署投资意向协议，此时再聘请财务顾问的价值就没那么大了。不少聘请过财务顾问的创业公司发现自己聘请的财务顾问并未在融资中发挥预想的价值，有的几乎等于没价值，但是还是需要按协议支付财务顾问费，这其中的部分失望应该也源于它们一开始对财务顾问价值的过高期待。

即使你确定需要聘请财务顾问，也不要无节制地聘请，定好一两个优质的就可以了。聘请太多水平参差不齐的财务顾问，可能导致市场上的投资人从不同渠道反复收到你的商业计划书，投资人可能会觉得这是个没人要的项目，而且创始人不会规划，正在心急火燎地到处找投资人，对你的初步印象可能不会太好。

聘请专业财务顾问还是兼职财务顾问

建议尽量聘请专业的财务顾问，兼职财务顾问一般作为补充。

财务顾问是否专业不是看他是不是以专业财务顾问公司的名义为你提供服务，而是看直接服务你的人是否专业，他可能以财务顾问公司的名义服务你，也可能以个人的名义服务你。

有的财务顾问公司看起来很有名、很专业，但如果它们派来服务你的那个顾问不专业，那一切就只剩下流程上的花拳绣腿，中看不中用，而有的个人财务顾问，没那么多看起来"高大上"的流程，但能切中要害，真的能把你引荐给合适的投资人。

怎么判断一个财务顾问是否专业？除了看他是否有足够多的投资人资源，是否高情商，是否有不错的沟通谈判技巧，还要看他是否技术过硬：一是他是否足够了解你的行业，能从投资人的角度判断你的投资价值与风险，能基于创业公司目前的不足，提出改进建议，进而在行业洞察、战略、商业模式等方面提出优化意见，帮助你把故事讲得更吸引人；二是他是否懂资本市场，是否一直沉浸其中，能敏锐感知资本市场的变化和趋势，能平衡时间和价值的冲突，利用手中的信息帮你判断哪些投资人可能投资你，哪些投资人可能对你没兴趣，把控融资节奏，使其更合理。

兼职财务顾问一般对投资有点儿了解，有些资源，但没有专门做这行，较难提供附加值服务，更多的是帮你牵线搭桥，剩下的事情基本要靠你亲力亲为。他们比较适合推荐自由投资人或战略投资人，成功推荐风投的概率相对较低。兼职财务顾问可以作为你投资人资源的补充，但最好不要与他们签署排他期条款。

独家排他期多长合适

与财务顾问签署排他期条款，意味着在约定的一段时间内，你只能聘请受排他期保护的某个财务顾问（以下简称"独家财务顾问"），如果你违约，同时聘请其他财务顾问并且完成了融资，一般也视为独家财务顾问完成了工作，他有权要求你支付财务顾问费，这会导致你需要支付两笔财务顾问费，而且可能因为违约卷入诉讼。

如果能不签排他期自然是好，但有的专业财务顾问不接受没有排他期的合作，他们担心自己做了很多工作，结果却是在帮别的财务顾问铺路。如果一定要签排他期，建议不要约定太长期限，最好不超过六个月。我们时常遇到一些创业公司和财务顾问签署了一两年的排他期，结果财务顾问迟迟出不了成绩，融资进展一直被拖延，创业公司失去了不少机会。

如果强势的财务顾问基于战略合作的需求要求签署较长期限的排他期，这时可以考虑设置附加条件，比如约定财务顾问在几个月内一定要引荐投资人并促成投资意向协议的签署，或者几个月内一定要完成正式融资交易协议的签署等，如果不能达到这些条件，那么届时排他期条款自动失效，但是财务顾问合同继续有效，这时，创业公司可以开始同时聘请其他财务顾问。这样的好处是，如果强势的财务顾问证明了自己的实力，那就继续按这种方式合作，如果实际结果不理想，创业公司还有其他合作机会，避免被耽误。

该付多少财务顾问费

财务顾问费的金额主要和两个因素挂钩，一是财务顾问费的比例，二是哪些融资款算财务顾问的业绩，最终财务顾问费的金额等于财务顾问费比例乘以财务顾问为公司完成的融资款业绩金额。

财务顾问费的比例一般是 1% ～ 5%，投资款到账后才需要支付，如果财务顾问在投资款到账前要求创业公司每个月支付服务费或者提前收取财务顾问费，有可能是骗子，谨慎与他们合作。

至于哪些融资款算财务顾问的业绩，这里面的文章就比较多了，有的创业公司最后成交的投资人不是财务顾问引荐的，而是创业公司自己寻找的，但还是不得不依据协议支付不菲的财务顾问费。

那么哪些融资款算财务顾问的业绩呢？财务顾问一般会将创业公司在某轮融资中完成融资的全部金额视为其完成的业绩。首先，财务顾问引荐的投资人向公司支付的投资款金额肯定是财务顾问的业绩；其次，虽然有的投资人是公司自己找的或是其他机构推荐的或是公司原有的老投资人，但财务顾问认为，你能完成这轮融资，他的功劳很大，即使这些投资人不是他引荐的，也是基于他引荐的某个主要投资人愿意投资你，其他投资人才有信心参与这次投资，所以这轮融资就是他张罗起来的，每笔融资款都算他的业绩。财务顾问的这种考虑在特定场景下有一定的道理，但并非在所有融资场景都合理。

一般建议约定财务顾问引荐的投资人向公司支付的投资款金额才计入财务顾问的业绩，这种约定简单明了，你可以放心大胆地自己去找投资人，避免因为担心在财务顾问费上吃亏而畏首畏尾，最后耽误融资，这也是市场上非常常见的合作方案，不是在搞特殊。

如果强势的独家财务顾问不接受这个方案，可以考虑设个门槛，比如至少该轮融资的领投方是他推荐的，才算他为本轮融资做出了不小贡献，才将全部融资金额视为其完成的业绩，否则如果他只引荐了一位跟投方，就把所有融资金额算成他的业绩，太不合理了。同时也可以考虑将其他来源的投资人支付的投资款金额对应的财务顾问费比例适当调低，比如从原来的 3% 调成 1%，这样更能匹配财务顾问的实际贡献。

财务顾问与你的利益冲突

创业公司很容易忽视财务顾问与自己的利益冲突，但你想想财务顾问是靠什么赢利的，就不难明白这个道理。财务顾问的目的是促成融资，这通常和你的目标是一致的，但是他只有这一个目标，除了与你进行长期战略绑定的财务顾问，大多数财务顾问并不会太考虑你的长期战略。

比如，你的融资金额越大，他的财务顾问费就越高，所以他可能会尽可能劝你多融资，或者在你不需要融资的时候劝你融资，但是我们已经知道融资金额大不一定是好事，在什么时机融资也要看公司的实际需求。

再比如，创业公司在接受投资的同时也要接受投资协议里约定的各项义务，尤其风投投资协议中的约定一般比较严格。为了顺利达成业绩获得财务顾问费，财务顾问可能会选择性地忽略条款中某些对创业公司不利的约定，尽可能让创业公司平和地接受投资人的条款，如果你不明白条款的含义，或者没有为自己争取权益，则可能会签下对自己不利的协议。但只要你收到融资款、支付了财务顾问费，不管你将来境况如何，财务顾问都是成功的。

因此，财务顾问给你的意见可以听，但一定要自己独立判断，不要过于依赖财务顾问。同时，你也可以聘请自己的融资律师，因为律师按服务过程和服务质量收费，不按融资结果收费，所以律师更注重你签下的每个条款是否合适，他们很担心自己的疏忽导致你承担了不合理的义务，这样的事情传出去，太影响律师的口碑了。因此也建议不要轻易和律师达成收到融资款后才付律师费的合作方案，这样会硬生生把律师逼向财务顾问的位置，你的底线可能就被突破了。

4.3 规划投资人会见顺序

准备好商业计划书，和投资人搭上线后，接下来就要真刀实枪面对面地推销自己了。创业者在融资时见几十个投资人是家常便饭，为什么需要见这么多投资人？主要有两个原因。

一是有的投资人和你接触时并没有诚意，他可能只是为了保持市场敏感度而找你聊天；二是让投资人看上你不是件容易的事，多见几个投资人，就算没拿到融资款，通过交流学到东西也是有价值的。无论你从别人那里听过多少靠谱的忠告和建议，都不能替代直接与投资人打交道的收获。

要见这么多投资人，那就有讲究了，YC 创始人保罗·格雷厄姆（Paul Graham）说过："我在帮助朋友融资的时候最经常见到创业者犯的错误是，对投资人的优先级和见面顺序没有任何规划，赶上谁就见谁。这样是非常不利于自己的融资的。" ⊖

⊖ 得到 app，《商业经典案例课》（张潇雨）。

怎么规划与投资人见面的顺序呢？你可以把投资人分为 A 类投资人，B 类投资人和 C 类投资人。

A 类投资人是你最希望获得其投资的投资人。这类投资人一般有名气、有经验、规模大，对行业有很深的了解和很大的影响力，但他们不会随便投资，所以向他们融资的成功率非常低。

B 类投资人是你次之的不错选择，虽然没有 A 类投资人那么有名气和影响力，但获得他们青睐的难度也没有那么大。

C 类投资人是你的底线，他们可能是刚成立不久的投资人，还谈不上名气或影响力，虽然不一定很让你中意，但如果他们能投资你，也可以助你度过创业早期最艰难的时光。相比之下，获得他们投资的难度最低。

按怎样的顺序去见这些投资人是你的最优策略呢？你可以尽可能把所有会面安排在相对集中的时间段里，按照先见 C 类，然后见 B 类，最后见 A 类的顺序，不用特别绝对，有时能不能见到谁也看机缘，但在你可控范围内应该大致保持这个顺序，这里有两个理由。

第一个理由是，你需要积攒见投资人的经验。见投资人就像找工作面试，投资人会问你各种各样的问题，你见过的投资人越多，思考的次数就越多，对这些问题就越熟悉，投资人的反馈还能让你不断优化自己的思路。经过前面大量 C 类、B 类投资人的打磨，不论是面试技巧的熟练度，还是思考的深度，都能获得明显提升，在此情形下再去面对 A 类投资人，成功的概率会更高。

第二个理由是，可以营造投资人的竞争氛围。C 类投资人和 B 类投资人更容易投资你，一旦他们中有人和你签署了投资意向协议，你就掌握了一定程度的主动权。如果其他投资人不跟进，你可以选择接受前面的投资人，而如果其他投资人想跟进，你在价格和条款方面的谈判空间就大了不少，进可攻，退可守。这时你再去面对难度比较大的 A 类投资人时，心里就更有底气了，发挥也可能更好。

而且到手的投资意向协议可能会带来马太效应，你的融资局势可能会出现转折，原来没空见你的投资人或许又能安排见上一面了，合作和竞争都是动态发展变化的。

但是注意，即使你拿到了很好的投资意向协议，或者收到了好几份投资意向协议，掌握了主动权，也不要做得太绝太过分，尽可能保持低调谦逊，做人留一线，日后好相见。毕竟投资意向协议只是一个意向，不代表投资人必须给你打款。千万不要轮番要求投资人提价，提到自己满意为止，或者拒绝投资人的时候傲慢无礼。投资圈太小了，你是怎样的人，大家很快都会知道，而且创业本来就会起起伏伏，你今天得意，明天可能就需要别人的帮助，所以随时保持友善，大家会念你的好。

4.4 怎样让自由投资人更愿意投资你

假设你各方面表现不错，投资人对你也很认可，但他似乎就是担心亏钱，迟迟做不了投资决定，怎么办？

如果你面对的是风投，他对投资方式和规避风险的方法已经非常熟悉了，投不投资你更多还是看项目的实力。而如果你面对的是自由投资人，那么可能是因为他对灵活的投资方式和规避风险的方法不太熟悉，所以不敢贸然投资你，本节分享几个方法，或许能在引入自由投资人时帮你一把。

我有信心让你分到红

"我有信心让你分到红"的意思是，你可以通过向投资人倾斜分红的方式来降低他的投资风险，比如最近三年公司向他分红的金额不会少于多少数额，如果少于这个数，你愿意把自己的那部分分红补给他或者自己额外掏腰包补给他。

你们也可以直接约定，完成投资的一定年限内，他可以获得超过持股比例的分红比例。比如他投资后的持股比例是 10%，在他完成投资后三年内或者他累计获得多少金额的分红前，他的分红比例按 30% 来执行。

这种在短期内有利于投资人的安排，会让他对你更有信心，更愿意投资。但这类约定一定要有个期限，要么以时间为期限，要么以达到某个条件为期限，超过这个期限后，需要恢复正常的分红比例，这样你就用短期的利益换取了更大的融资空间。

如果公司经营不下去了，你先收回投资款

一家公司经营不善解散清算的时候，一般来说，全体股东按持股比例分配剩余资产。比如，公司注册资本是 100 万元，你投资了 80 万元，占股 80%，投资人投资了 40 万元（其中 20 万元计入注册资本，20 万元计入资本公积），占股 20%。解散清算时，公司只剩 50 万元了，正常情况下，他可以获得其中的 20%，也就是 10 万元。

但接受他的投资时，你们可以约定公司清算时他先收回自己的投资款，如果剩余还有资金，你再收回自己的投资款，接下来还有剩余，大家再按持股比例分配。那么，此时，50 万元中的 40 万元要先分给他，你就只有剩下的 10 万元了。

极端一点儿，如果最后公司只剩 30 万元了，那这 30 万元全部要分给他，他虽然也没收回全部本金，但是亏损比你少。相反，如果最后公司剩下的是 170 万元，那么他拿走 40 万元，你拿走 80 万元后，还剩 50 万元，这 50 万元再按股权比例分配，他拿走 10 万元，你拿走 40 万元。

这个方法换个说法就是，他优先，你劣后，这样他对于你公司经营不善的恐惧会降低，而且你把自己置于不利境地，从经济学角度看，是在通过主动将自己置于不利境地的方式释放自信的信号，他会更容易相信你，投资你。

你可以看满意了，再决定是否投资

不少自由投资人是这样的心态，他看好你，也挺想投资你，不想错过这个机会，但他还是担心亏钱，投与不投就在一念之间，怎么给他吃颗定心丸呢？

有个方法，假设你们原来商议他出 40 万元，占公司 20% 的股权，他一直犹豫不决，你可以让他先把 40 万元以借款的形式提供给公司，约定好利息和借款期限，借款到期后，如果他还是不想投资你，你就把本息还给他，这样你既获得了资金又没有释放股权。但是借款期限内，他随时可以决定将这部分借款转换为投资款，转股的时候也是按照 40 万元占股 20%来计算。

这样他就多了一种选择，相当于他先用借款锁定你，这个过程中，如果觉得你发展得不理想，他就到期收回本息，如果觉得你发展得不错，就把借款转换成投资款。这样能明显降低他的风险，对你而言，也更容易获得投资。

这个方法经常被风投使用，一般被称为"债转股"，这个方法同样适用于早期创业公司向自由投资人融资，能帮助减少股权融资的障碍。

你不希望我做的事，我就不做

2.2 节介绍过尽量不要让投资人干涉公司经营，这里为什么又要提投资人不希望你做的事，你就不做呢？这是不是在认可投资人干涉公司经营？

当然不是，日常经营事项肯定不在这个范围内，这里的"事"是指可能会明显侵害投资人利益的事。比如你让公司借钱给自己，或者低价卖货给自己；投资人溢价出资投资你的公司，你却低价增资稀释他的股权；原定公司是做化妆品贸易的，但是你突然决定公司主要业务是炒虚拟币；公司是卖茶叶的，投资人投资后，你自己又开了家新的茶叶贸易公司，和原来的公司竞争等。

这些事都会明显损害投资人的利益，针对此类事，你可以向他们承诺，如果他们不同意，你就不会做，假设你违约，须承担违约责任，比如回购他们的股权，赔偿他们的损失等，这也是增加信任的一种方式。

前面提到的四个方法，不是所有公司都适合，需要根据自己的实际情况判断，比如你的公司是重研发的，产品变现需要好几年时间，前期需要投入大量资金，那就不建议你通过债转股的方法吸引投资人，如果他在公司现金流充裕前选择让公司还本付息，公司很可能就撑不下去了，而且如果你承诺了连带还款责任，自己也可能负债。

此外，还有一个算不上方法的建议，可以让投资人更信任你，那就是自己多投资金。投资人最怕的是投资款给到创业公司后被滥用糟蹋，如果创始人自己不投资，或者投资很少，即使创业失败，对创始人而言也是不痛不痒，这种情形下投资人可能很难下决心投资你。他们会担心你花的不是自己的钱不心疼，或者你不会全力以赴，或者中途退缩。

相反，如果你将除了家庭日常开销外剩余所有的资金都投入创业项目，有激情，没有退路，这对投资人而言是一个很重要的信号，这是在用实际行动向投资人展示你对这个创业项目的执着、热情和信心，投资人会更愿意跟着你去冒险。

第 4 章特别提示

找到投资人的六个渠道：

- 第一，亲密关系推荐。
- 第二，资本市场从业人员推荐。
- 第三，通过各种孵化器、培训机构或投融资活动结识投资人。
- 第四，聘请财务顾问。
- 第五，寻求互联网媒体的报道。
- 第六，通过公开渠道联系。

聘请财务顾问注意事项：

- 如果缺乏接触投资人的途径，可以考虑聘请财务顾问。
- 建议聘请专业财务顾问为主，兼职财务顾问为辅。
- 聘请财务顾问的排他期不宜过长。
- 建议只将财务顾问引荐的投资人向公司支付的投资款金额计入财务顾问的业绩。
- 财务顾问的意见可以听，但一定要自己独立判断。

尽量先见难度低的投资人，再见难度高的投资人。

让自由投资人更愿意投资你：

- 在一定时期内向他倾斜分红比例。
- 清算的时候让他先收回本金。
- 给他时间让他把你看明白再决定给你的是借款还是投资款。
- 明确自己不会做损害他利益的事。
- 自己多投资金，表明决心。

第 5 章

都想投资你时，如何挑选投资人

看到这章的标题，你可能会疑惑，投资人愿意投资，就已经很满足了，怎么还要去挑投资人？是的，你需要挑一下投资人，第 2 章介绍了各类投资人的特点，明确了不要单纯为了资金而选择投资人，首先，需要思考这位投资人会为公司带来什么影响，尽可能寻找能理解你，与你不存在明显利益冲突，可以相互成就的投资人。其次，还需要从融资技巧上根据本章内容进一步筛选投资人，避免遇到个别特殊的投资人，导致将来被动。

5.1 识别股权融资中的骗局

创业公司急需融资时，如果有投资人表现出想投资你，你可能就像抓住救命稻草一样，容易盲目兴奋而被骗子欺骗。本节总结了一些骗子的迹象，如果遇到类似情形，需要提高警惕。

第一个迹象是，一开始就对公司过于热情。

比如你在某个场合中第一次遇见某位投资人，他热情地和你聊了没几分钟，就夸你的公司非常棒，表示愿意投资你，而且给你的公司还不错的估值。这时你需要冷静，怎么会有投资人如此积极？

真正的投资人，每天会收到很多商业计划书，如果对你的项目有兴趣，一般会给你出很多难题，比如会和你深究：为什么是你们几个人来做这件事，你们凭什么能做好？你们提供的社会价值到底是什么？你们解决的问题到底是不是真痛点？这个市场到底能有多大？如果巨头也来做你的业务，你能否胜出？等等。如果他一开始就热情地追捧你，很可能是在抛鱼饵，等着后面收杆。

第二个迹象是，让公司承担差旅费、考察费和高档消费。

投资人一般有自己的商务费，不需要你的公司承担差旅费、考察费和招待费，即使公司想尽地主之谊，也不需要太破费，商务套餐是标配。要求你支付高额差旅费、考察费和要求高档消费的投资人很可能是骗子。

第三个迹象是，要求公司找他指定的服务方优化商业计划书。

这也是很不常规的，提供给投资人的文件只要把自己的商业计划展示明白就足够了，投资人是很务实的，不那么注重形式，而且投资人本来就想看清你的真实情况，怎么还会帮着你一起粉饰商业计划书。

第四个迹象是，要求公司付费找指定第三方评估公司价值。

有的投资人说看好项目，但为了降低投资风险，需要找会计师事务所、律师事务所、资产评估事务所等联合对项目进行评估，需要几万元到几十万元。自由投资人大多没有固定的投资流程，也不一定能很好地理解评估的真实含义，提出这个需求本身就是件奇怪的事，如果他是真的不太懂投资，你可以向他解释一下，或者谨慎引入这类自由投资人；战略投资人对你的行业已经很了解了，一般也不需要再请第三方来评估；而风投是很专业的，他们自己能评估一家创业公司价值几何，也不需要听评估机构的意见。

即使真的需要对某些固定资产做评估，你也可以自己找一家有正规资质的评估机构，但早期创业公司很少遇到这种情况，将评估公司所评估的公司整体价值作为投资依据更是荒唐。这些机构大多是一伙的，你的钱一到账它们就分了，最终你得到的所谓评估报告毫无用处，最后也是融资失败。

第五个迹象是，给公司指定律师和会计师，并要求先付费。

如果名不见经传的投资人在投资之前就要求你聘请指定的律师、会计师，并要求先付费，可能他们并不是想真的投资你，而是为了赚律师和会计师的服务费。

虽然真正的投资人也会指定律师、会计师来公司做尽职调查，但一般不会让创业公司一开始就付费，即使需要先支付服务费，协议中也会明确如果最终投资人决定不投资，只要公司不存在恶意情形，这些服务费就由投资人承担。

第六个迹象是，让你先支付保证金。

有的骗子投资人要求创业者严格按照自己预先设定的程序操作，否则不往下推进，同时设置了严格的违约条款，要求创业者先缴纳一定的保证金，有多有少，一旦你交了，就会故意生事说你违反了什么条款的约定，没收你的保证金，让你吃哑巴亏。记住，没有哪个正规的投资人会要求创业公司先交保证金。

除上述迹象以外，如果创始人对投资人有疑虑，可以使用下一节提到的对投资人进行反向尽调的方式在网上进行简单查询，通过百度、基金业协会的网站、启信宝、企查查等，查一查投资人的官网以及给你递名片的合伙人，尽可能远离骗子。

重点是自己心态要正，不要相信天上会掉馅饼，也别信投资人可以帮你掩盖一些瑕疵或者帮你打通内部关系，当心竹篮打水一场空。

5.2　预判投资人是否真的有资金

可能你会疑惑，投资人专门做投资，不是"穷得只剩下钱"吗，怎么还会缺资金？

■ 案例22*

被投资人"放鸽子"

2018 年，先导公司经过两个月的洽谈，与某个小有名气的投资人签署了投资意向协议，按道理，下一步就是投资尽调了，但公司左等右等，就是不见投资人委派尽调机构进场。

创始人再三追问投资人怎么还不安排尽调，投资人被逼急了，终于说："哎呀，其实现在我们自己都没有资金，你们再去找找别的投资人吧。"创始人非常惊讶，本打算 6 个月内完成融资，居然在这个投资人身上浪费了两个月时间，公司财务压力骤增。

投资人缺资金为什么不直接告诉你，要浪费大家的时间？认真想想，这里浪费的其实只有你的时间，投资人的时间是没有被浪费的。

如果投资人觉得你的公司不错，即便他们没有资金投资，也希望看看商业计划书和路演，到处看项目本来就是他们的主要工作。这样可以使他们保持自己的项目信息源源不断，随时接触到最新的创业信息，活跃在创投圈，同时他们也能向他们背后的投资人透露自己有很多项目源。所以，投资人想看你的商业计划书，给你做路演的机会，并不表明他们一定有资金投资你。

假设你真的很不幸，签署投资意向协议后被投资人"放鸽子"，再重新找投资人行不行？行是行，不过如果你的投资意向协议约定了较长的排他期，在排他期内去与其他投资人洽谈可能需要承担违约责任，而且，如果你还和老投资人纠缠不清，新投资人也会担心辛苦一场，只是被你当"备胎"，流程推进可能也不会那么顺利。再加上融资时间紧迫，被缺资金的投资人耽误了时间，公司处境会更危险。

还有一种情况是投资人明确告诉你目前没资金，但可以在过了投决会后马上募集资金打给你，应了投融资圈的那个段子："我们立项、尽调、投决签协议，所有工作都做完了，就差募资了。"这种情况并不少见。

■ 案例 23*

投资人还没开始募资

2019 年 8 月，勇斗公司与境外一家比较有名的投资机构签署了投资协议，2019 年年底，勇斗公司已经达到了投资款的交割条件，但截至 2020 年年底，投资人仍未支付投资款。为什么会出现这种情况？

因为针对这个项目，投资人需要临时在境外向几个个人募集资金，虽然投资协议早就签署了，但是投资人自己的投资人发生了各种问题，所以资金一直没募集成功。勇斗公司本来打算在 2020 年组织五场活动，因为融资款没到位，结果只组织了两场，而且因为这笔投资款不到位，后面的投资人也不愿意继续投资，公司的经营计划被打乱。

那么怎么判断投资人到底有没有钱呢？

针对风投有个简单的方法，你可以在中国证券投资基金业协会的官网[⊖]上输入这个投资机构基金管理人的名称（一般是"某投资管理有限公司"），

⊖ https://www.amac.org.cn.

点击名称会显示这个管理人管理的基金，包括基金名称[一般是"某合伙企业（有限合伙）"]、基金成立时间和备案情况。这里所谓的基金就是你的潜在投资人股东，将来会登记在你的股东名册上，而决定是否投资你的，是这只基金的管理人，就是和你面对面沟通的这些人。

通过查询，可以知道这位管理人到底管理了多少基金，这些基金是什么时候设立的。如果这位管理人管理的基金都是五六年前设立的，那你需要谨慎，因为创投基金有自己的投资期和退出期，设立五六年的基金大概率处于退出期，而不是投资期。

你不妨直接问一下投资经理，准备用哪只基金来投资你？基金是什么时候募集的，处在投资期还是退出期？募了多少资金，投了多少项目，还剩多少资金？

你问到这份儿上，投资经理一般也会实话实说。假如投资人明说没有现成的基金来投资你，只能承诺先签好协议再募集新的基金，那你要有心理准备，可能最后并不能顺利完成融资，需要多做几手准备，或者在你比较抢手的情况下直接换一个有资金的投资人。

如果你面对的是自由投资人或战略投资人，情形会更复杂，不过至少可以在中国执行信息公开网⊖查询他是否存在失信被执行的情况，在企查查或启信宝查看投资人是否经营异常或存在重大风险。9.1节还会进一步介绍如果投资人爽约不支付投资款怎么办，本节不再赘述。

5.3 避免选中过于严格的投资人

大多数创始人对创业充满激情，眼里都是赢，但太想赢的同时可能会忘记自己也可能会输，有的创始人会说不怕输，自己光脚的不怕穿鞋的，

⊖ http://zxgk.court.gov.cn.

但真的是这样吗？

几年前，一篇关于"最惨创业者"的文章[⊖]在创投圈流传。根据作者，也就是这位"最惨创业者"的自述，故事是这样的。

■ 案例 24

"最惨创业者"的自述

背景

作者于 2009 年成立了杭州某网络技术有限公司，免费给运营商高校宽带做系统、交换客户端的运营。作者的前公司老领导看到模式不错，投资了 50 万元。那是作者的第一次创业，经验不足，另外也出于对老领导的感谢，选择了股权平分，他们各占 45%，剩下 10% 给员工。这种股权分配方式是很危险的，没有确定谁是公司控制人，也为后来老领导联合投资人把作者赶出公司埋下了伏笔。

引入投资人

2013 年，移动互联网兴起，公司拥有很大的手机流量，月营收迅速就达到几百万元的水平，不少投资人想投资这家公司，甚至有上市公司准备全资收购。这个时候，老领导提出：杭州某基金（以下简称"K 基金"）的负责人 C 某是他的同学，两个人关系很好，对方投资意愿很足，大家熟人好办事，肥水不流外人田，就让 K 基金投资吧。

作者当时有过迟疑，但还是相信投资基金是财务投资人，会保持中立甚至会倾向创始团队，同时为了尊重合伙人的意愿，最终同意了 K 基金入股。

2014 年 4 月，K 基金投资了 1300 万元获得公司 10% 的股权，同时用 1300 万元收购了作者 2.5% 的股权及老领导 7.5% 的股权，股权结构变成了作者持股 36.5%，[⊜]老领导持股 33%，K 基金持股 20%，剩下的股权由其他股东持有。

各方签署了对赌条款，明确约定若公司未能于 2017 年 12 月 31 日前上市，作者和老领导需要回购 K 基金的股权。同时投资协议约定 K 基金享有重大事项一票

⊖ 该文章原文已删除，可以参考虎嗅网、中国经济网等对该文章的转述分析。

⊜ 根据企查查数据，此时作者的持股比例应该是 36.2%。

否决权，以及创始人的股权不能随意出售。

这时，老领导与K基金合计持有公司53%的股权，已经能控制公司。

冲突

2014年5月，老领导提出要进军互联网金融业务，作者表示愿意用公司的流量资源鼎力支持，但老领导表示不只要公司的资源，还要一半的员工，作者不同意，此后有了戏剧性的一幕。按作者的原话，同月趁作者出差，K基金通过一系列操作，导致作者这个总经理有名无实，所有的协议都要经过K基金，严重影响了创始人的经营决策。

作者一开始认为是老领导在和自己针锋相对，于是想办法联系了一家上市公司，想让上市公司收购老领导的股权，却被K基金以创始人股权不能随意出售为由拒绝。

紧接着，在2014年11月的董事会上，老领导和K基金突然联合要求作者辞去总经理职务，由老领导担任总经理一职。由于他们掌握了控股权，万般无奈下，作者辞去了总经理职务。老领导和K基金同时要求作者将股权转让给老领导，K基金的代表C某口头告诉作者，转让股权后对赌条款就与他无关了，最终作者同意以净资产的价格将股权全部转让给老领导。

作者本来想让C某安排签署一份纸面协议，明确今后对赌和自己无关，C某说："我们都书面同意你把股权全部转让掉，你都没有股权了，我们怎么会要求你回购，凭什么要求你回购，不用如此麻烦……"由于当时也有其他人在场，作者也觉得如此，所以就没再强烈要求。

至此，作者以为自己和亲手辛苦做起来的公司彻底断绝了所有关系，没想到，四年之后，2019年1月，作者的银行卡被冻结了，房子被查封了。

结局

原来K基金在2018年年底以公司未在2017年年底完成上市为由起诉，要求作者和老领导回购股权。

作者的第一反应是：天底下还有这等笑话，我和公司早就没关系了，而且当初C某还亲口说了对赌和我没关系了，不会起诉我，居然这件事就这样发生了。

作者非常愤怒，认为投资经理C某出尔反尔，缺乏诚信，于是给C某发短信责怪了他，C 某的回应是："你去宣传，正好说明了我们在尽最大努力挽回 LP⊖的损失。"

此后作者认真翻看了协议，认为 K 基金当年在协议上给自己埋了很多雷。

最终经法院审理，一审判决 K 基金胜诉，作者应承担 3800 万元的股权回购义务，作者提起了上诉，但二审维持了原判。

有些创始人认为自己和某位投资经理相处得非常愉快，所以想着将他们引入作为股东后，关系一定很融洽。但不管你和投资经理关系有多好，投资人的目标始终是赢利，他们也要对得起自己的投资人。他们口头和你说"放心，即使真的发生这种事情，我们也不会计较"，但又在协议里把你的责任写得清清楚楚时，你千万不要抱着侥幸心态，想降低自己的风险就必须在协议中写明确，否则总有你睡不着觉的那天。更何况当初和你关系好的投资经理完全可能跳槽去其他投资公司。

不过不同的投资人对待创始人的态度确实存在差异，有的投资人比较温和，不会花太多精力追究创始人的责任，他们也担心把创始人逼得太紧，影响自己在投融圈的形象，因此即使触发了回购条款，也可能协商了结。而有的投资人会比较严格，协议怎么约定就怎么执行。因此在你有条件选择的情形下，可以尽量挑选对创始人更友好的投资人。

怎么判断投资人的态度呢？有几个小诀窍，虽然做不到万无一失，但可以帮你避开明显对创始人比较严苛的投资人。

第一个诀窍是，可以查询与投资人相关的网上舆论。很热门的案例通常能在网络上直接搜到，相关投资人的信息也可以搜到，比如"最惨创业者"案例中的 K 基金，在网络上就能查到其相关信息。律师也经常通过网上舆论帮公司调查潜在投资人。

⊖ 此处 LP 指 K 基金自己的投资人。

■ 案例25*

发现舆论不佳的投资人

嘉豪公司是一家传统制造业公司，为了将来能被上市公司并购，打算引入一家上市公司的关联基金作为投资人。投资人提供的投资协议内容非常详细和严苛，约定了嘉豪公司和创始人的各种违约责任，还明确了自己有权利派财务人员、销售人员到公司任职。创始人看着协议内容，总觉得不太踏实。

投资经理一直口头安慰创始人，说："不用担心，即使真的有什么小违约，大家也都理解，绝对不会为难你们。"

创始人还是有很多顾虑，找我们帮忙一起判断。我们随后对这只基金进行了简单的背调，发现网络上有不少关于这只基金的信息，一位接受这只基金投资的公司创始人在网上埋怨说：这只基金的投资经理在投前表现出什么事都好商量的姿态，但投后开始对公司严加控制，严重影响创始人的决策，而且态度非常恶劣，双方经常发生口角，导致双方的矛盾越来越深。

我们将这些信息告知了创始人，他或许闻到了一丝危险气息，当机立断要求对方删除严苛的条款，否则拒绝接受投资。最终，双方谈判无果，创始人放弃了这次股权融资。

投资人的合法权益理应得到保护，只是客观上不同投资人的风格确实存在差异，如果网络上频繁出现某个投资人与创始人闹矛盾的消息，在你有选择权的情形下，可以尽量回避这样的投资人。

第二个诀窍是，可以通过中国裁判文书网⊖查询与投资人相关的司法案例。在这个网站中输入投资人或其管理人的名称，可以查询到与他们相关的案件，你可以看到他们是否经常起诉创业公司或创始人，通过判决书中描述的案情也能窥见投资人的风格。不过，投资纠纷一般约定由仲裁院管辖，仲裁裁决不公开，只有起诉到法院的案件才能查到判决书，"最惨创业

⊖ https://wenshu.court.gov.cn.

者"案例中投资协议约定的是法院管辖，因此能查到判决情况。

第三个诀窍是，可以用企查查、天眼查、启信宝等工具查看投资人背后的股东。你会发现有的投资人的股东大多是自然人或私企，有的大多是国资背景的企业，例如国企、央企或政府投资公司。

背后股东大多是国资背景的投资人的作风会相对严谨，如果投资协议约定了回购条款，而你确实触发了回购条款，那么这个条款大概率会被严格执行。因为投资人放弃行使回购权可能涉嫌侵害国有资产。

■ 案例26*

政府基金投资经理的口头承诺

多能公司是深圳的一家医疗器械公司，准备引入某政府基金作为股东，创始人不接受签署回购条款，但投资经理说这是格式条款，必须签，等资金到位了，再签署补充协议解除回购条款就行了。当时创始人急着早日收到投资款，就答应了这个方案。

投资款到位后，创始人去找投资经理签署补充协议，没想到投资经理找了各种理由一拖再拖，始终签不下来。创始人无可奈何，也只能作罢。

不幸的是，多能公司后期发展遇到了困难，触发了回购条款，投资人申请仲裁，要求创始人承担回购义务。创始人觉得非常委屈，投资人明明一开始答应解除回购条款，现在居然真的要行使回购权，于是聘请了经验丰富的律师，但最终仲裁庭裁定创始人应当承担回购义务。

这个案例中，创始人对投资人的内部决策机制不了解，尤其忽略了国资背景投资人内部决策的规范性，抱有侥幸心态，认为某位投资经理的口头承诺能轻易实现，最终导致自己背上了沉重的负债。

引入国资背景的投资人有很多独有优势，比如特殊的信用背书或资源倾斜，但其风控一般也比其他投资人更严格，最好能根据自己的实际情况权衡利弊决定是否引入此类投资人。不过现在不少国资背景投资人的运作越来越市场化，逐渐留给创业公司和创始人更多灵活空间。

第四个诀窍是，直接询问。找投资圈里的朋友或者接受过他们投资的创业者了解情况，甚至可以直接问你的投资经理，如果真的发生项目失败的情况，他们会怎么对你，看他是马上告诉你他们的鲜明态度，并告诉你他们内部决策机构对此的看法，还是含糊其词，不断以无法落地的言语来安慰你，这些信息都有参考价值，你可以自行判断。

白纸黑字写得清清楚楚的条款，签署了，被执行了，再说这个协议显失公平、重大误解或者有人逼迫你，对投资人而言也是不公平的。不理解清楚协议内容就签署，谁的责任更大？因此，要想降低风险，最核心的还是谨慎对待投资协议中的每个条款，守住底线，不要抱有侥幸心态。

第 5 章特别提示

这类投资人很可能是骗子：

- 一开始就对公司过于热情。
- 让公司承担差旅费、考察费和高档消费。
- 要求公司找他指定的服务方优化商业计划书。
- 要求公司付费找指定第三方评估公司价值。
- 给公司指定律师和会计师，并要求先付费。
- 让你先支付保证金。

如何了解投资人是否真的有资金：

- 根据中国证券投资基金业协会网站上的信息简单推论。
- 直接询问投资人。

- 通过中国执行信息公开网、企查查、启信宝等查询。

判断投资人对创始人风格的办法：

- 查询与投资人相关的网上舆论。

- 通过中国裁判文书网查询与投资人相关的司法案例。

- 用企查查、天眼查、启信宝等工具查看投资人背后的股东。

- 直接询问。

第三步

妙算
释放合理的股权比例

你的公司到底值多少钱，只是表面问题，更深层次的问题还是你的商业规划是什么，释放多少股权比例才不会影响你的商业战略和股权战略。

你的公司值多少钱

6.1 如何确定公司估值

选好投资人以后，就该和投资人确定自己的公司值多少钱了，这样才能计算投资人投资特定金额后，能获得多少股权。在确定公司估值之前，我们先看看投资人的股权比例是如何计算的。

投资人的股权比例是怎么计算的

投资人的股权比例 = 投资金额 / 公司投后估值，即明确了投资人的投资金额以及公司的投前估值后，就可以计算出投资人应当获得的股权比例。

○ 演算案例

比如公司投前估值是 2000 万元，A 投资人打算投资 500 万元，那么公司的投后估值是 2000 万元加上 500 万元，等于 2500 万元，A 投资人的股权比例等于 500 万元 /2500 万元 =20%。

在这种情况下，投资人越多，投资的金额越多，公司的投后估值就越高，每个投资人获得的股权比例就越低。

○ **演算案例**

继续前面的案例，假设新增了 B 投资人投资 100 万元，以及 C 投资人和 D 投资人各投资 200 万元，那么该公司的投后估值从 2500 万元增加到了 3000 万元，A 投资人的股权比例会变成 500 万元 /3000 万元 =16.67%。

这里需要注意一个估值陷阱，我曾看到有业内人士建议创业公司在和一个投资人谈定投后估值后，约定不管新加入的投资人投资多少金额，公司的投后估值都不变化，即锁定投后估值。这样，根据前面提到的公式，每个投资人在投资金额确定的情形下，获得的公司股权比例不会因为有新投资人的加入而变化。

○ **演算案例**

还是继续前面的案例，假设创始人和投资人商议锁定公司投后估值 2500 万元，那么 A 投资人持股比例 20% 不变，B 投资人持股比例为 100 万元 / 2500 万元 = 4%，C 投资人和 D 投资人的持股比例分别为 200 万元 /2500 万元 = 8%，合计 16%，本次融资中创始人的持股比例将被稀释 40%。

这位业内人士的理由是：随着投资人数量的增多，投资金额也会增加，这样每个投资人可以获得的股权比例都会降低，投资人就容易与公司产生纠纷。这个观点我并不认可，因为公司收到的投资款越多，公司的净资产就越高，公司自然更值钱，虽然公司估值增加会导致投资人的持股比例降低，但这部分股权对应的公司价值并不会变化。而且，如果锁定投前估值 2000 万元，前面演算案例中本次融资中创始人被稀释的股权比例是 1000

万元 /3000 万元 = 33.33%，这中间相差了 6.67%！

为了一个本可以提前说清楚的道理而让创始人稀释更多股权，变相降低公司估值，这是本末倒置的做法。

因此，建议你和投资人商洽的时候锁定投前估值，这样如果还有更多投资人想投资你，不会变相降低公司的估值，你能保留更多的股权比例。而且你不用担心容易产生纠纷，锁定投前估值是非常常见的做法，只要和投资人谈清楚就可以。

常见的估值方式

不少创始人头疼于公司到底估值多少，如果你执迷于得到一个准确估值，结果可能会令你失望，因为世界上不存在准确估值，估值归根结底是由市场决定的。

即使如此，也还是先介绍市场上常见的五种估值方式：

（1）盈利倍数法，俗称 PE（price earnings ratio），即年盈利乘以一个倍数，既可以是历史盈利的倍数，也可以是预测盈利的倍数。比如一家公司预估下一年度盈利 200 万元，按 15 倍 PE 计算，公司的投前估值是 3000 万元。这种估值方式只适用于有盈利的公司，对没有盈利的公司没有意义。

（2）收入倍数法，俗称 PS（price to sales），即年营业额乘以一个倍数。比如一家公司上一年度的营业额是 200 万元，按 10 倍 PS 计算，公司的投前估值是 2000 万元。这种方式一般适用于有收入但暂时没有利润或利润不稳定的公司。

（3）资产价值法，即将值钱的东西加在一起看价值几何。比如一家公司的房产值 1000 万元，5 个发明专利值 500 万元，10 台设备值 200 万元，3 个核心成员值 500 万元，加在一起就是公司的估值 2200 万元。这种方式一般适用于重资产行业，比如制造业、房地产行业、运输业等。

（4）市场比较法，这里的比较可以是和上一轮融资估值比较，可以是和同时期同行业其他公司融资估值比较，也可以是和类似行业已经上市公司的市值比较。这种估值会受到市场行情波动的影响，比如，横向看某个行业的估值历史，一个新行业一般会先经历一段低估值时期，这时投资人还不能确定这个行业未来是有前景的；接下来会经历估值的上浮，这时该行业的市场前景已经比较明朗；接着很快会进入估值泡沫时期，投资人都争相投资；再往后又会进入估值回落或泡沫破裂时期，经过市场的"洗礼"，投资人又开始恢复理智，此后这个行业的估值一般就趋于平稳了。这个方式比较适合新兴行业，没有太多历史数据，融资方和投资人都在参考整个市场行情确定估值。

（5）历史成本法，即根据一家公司发展到融资时已经产生的各种资金成本来确定估值。背后的逻辑是，任何一个理性人对某项资产支付的价格都不会高于重置或者购买相同用途替代品的价格。这种方式比较适合传统的重资产行业，或者某些研发投入较高的行业。

此外，还有一些因素会影响公司估值，比如，行业越热门，业务阶段越成熟，团队越优秀，市场机会越大，技术壁垒越高，吸引的投资人越多，以至于供不应求，投资人越愿意给更高的估值，反之估值会降低。

虽然看起来可选择的估值方法很多，但不少早期的新兴行业创业公司可能既没有利润，也没有收入，更没有资产，连可类比的公司都很少，怎么办？这就引出了我真正想分享的内容：早期创业公司的估值其实是根据商业规划需求人为设定的。

早期创业项目估值的逻辑

融资的目的无非是让公司获得更快的发展，公司想要获得更快的发展，一方面需要持续的资金，因此你需要的可能不是一轮融资，而是好几轮融资。那么，你需要做个规划，不能单次融资释放过多股权比例，否则如果投资人的股权比例不匹配他在公司的贡献，就会影响整体的股权战略，不利于公司长期发展。另一方面，公司需要创始团队努力工作，应在股权利益上激励创始团队，如果在融资中释放太多股权，导致创始团队股权比例过低，会影响大家的创业积极性，即使估值再准确，也没什么意义，公司始终很难发展壮大。

因此创业公司的估值其实是融资方案确定后的结果，而不是融资方案的源头。

怎么理解？在设计融资方案的过程中需要考虑公司的发展规划，需要达到哪些里程碑，达到每个里程碑需要多少资金，什么时候融资，打算释放多少股权比例，发展到成熟状态时，公司的股权比例大致是怎样的。有了整体规划，再倒推当下这轮融资，你需要多少资金，最多释放多少股权比例，此外再结合你投入的成本以及现有资产的市场价值等，可以推算出当下公司估值的合理区间。

前面提到的五种常见的估值方式，也是建立在商业规划能顺利达成的基础之上的，如果一味追求估值的准确性，而忽略公司的发展需求，就舍本逐末了。

比如，有的创始人是这样做的，先估算达到下个里程碑大概需要多少资金，再根据 1.4 节中的方法确定需要融资的金额，假设是 100 万元。接着，他再估算为了获得这么多资金，愿意给投资人多少股权。假设是 10%，那么公司投后估值就是 100 万元除以 10%，等于 1000 万元。最后，他拿市场上各种计算估值的方法往自己头上套，哪个好用，就用各种办法说服投资人自己的估值应当按这种方式计算。只要投资人认可了，这个估值就成了。

如果投资人不认可，他可以想办法再找其他投资人。实在没其他机会，才考虑多让出一点儿股权，但是要确保剩下的股权对自己还有足够的吸引力。

融资金额、估值和释放给投资人的股权比例可以理解为是一个鸡生蛋蛋生鸡的问题，没有规定必须先确定其中某两个数，才能算出来下一个数，你完全可以根据自己的实际情况定好自己的不变量，以此推出最后一个数。

待你的公司度过早期阶段，有了收入或盈利，或者有了更多可以对标的公司，公司的估值方式将会越来越趋近于常见的估值方式。

通过贡献权重推算估值的方法

针对非常早期的公司，比如种子轮融资的公司，本书再推荐一种估值方法：把创业早期需要的全部资金定义为启动资金，再判断启动资金对这个项目的启动能产生多大价值，计算出一个贡献权重，这样也能变相算出早期公司的估值。这个方法我在《合伙人动态股权设计：七步打好创业公司股权地基》中有详细介绍，此处简单介绍一下。

比如开一家理发店需要启动资金 120 万元、手艺技术和运营管理三个要素。你通过打分的方式评估，这三个要素的贡献权重分别是 31.82%、22.73% 和 45.45%，如表 6-1 所示。

表 6-1 理发店经营要素权重示意表

经营要素	权重分（分）	权重占比（%）
启动资金 120 万元	7	31.82
手艺技术	5	22.73
运营管理	10	45.45
合计	22	100

资料来源：何青阳.合伙人动态股权设计：七步打好创业公司股权地基 [M]. 广州：广东经济出版社，2022：99.

那么 120 万元出资对应的股权比例就是 31.82%，用 120 万元除以 31.82% 就可以得出这家理发店的投后估值差不多是 377 万元。

最后再谈点儿虚的，现在的很多巨头公司在早期融资时，也被很多投资界的大佬拒绝过，所以估值能有多少，也看和投资人投不投缘，主观空间还是挺大的。

6.2 估值过高的风险

大多数创业者都希望自己公司的估值高一点儿、再高一点儿，这样出让相同股权可以获得更多资金，而且高估值令人炫目，媒体报道、客户道贺、同行羡慕、团队亢奋……有什么比一夜之间公司股权估值翻几倍更让人狂喜？创业团队都是有血有肉的普通人，连续多年加班熬夜也是需要点儿激励的。

但估值过高也存在隐患，主要体现在两点：一是下一轮融资通常会变得困难；二是可能导致公司背负巨大的经营压力。

下一轮融资困难

高估值不是凭空产生的，一般是公司做了高目标的承诺，投资人才愿意接受高估值。如果你承诺 12 个月后做到的业绩目标过高，这就埋下了一颗定时炸弹，这颗炸弹会在下一轮融资时准点引爆。12 个月后，如果业绩目标没有达成，而资金已经用得差不多，就会陷入不得不开始下一轮融资，但当前业绩又不足以得到更高估值的尴尬境地。

新一轮融资中向投资人报的估值一定比上一轮估值高，如果你上一轮的估值已经明显偏高了，现在的业绩又不足以支持更高的估值，新投资人很可能会嫌你估值太高。但公司必须融资"续命"，你可能不得不在下一轮融资中降低估值，这样大家又会觉得公司经营出了问题，容易失去信心，投资人、高管和员工都会士气大减。而且，降低估值融资会触发反稀释条款，导致创始团队股权比例明显降低，9.4 节会详细介绍反稀释条款，此处不再赘述。

由此可见，估值过高可能会形成恶性循环，上一轮估值太高，下一轮融资困难，降价融资会影响士气同时触发反稀释条款，不降价，公司融不到资会面临经营困境。

带来巨大的经营压力

投资人愿意出高价投资你，意味着市场对公司业绩的期望也非常高，拿了高价的融资款，就必须承受巨大的市场压力，如果公司本身实力不能匹配这样的高估值，就有可能会把自己逼上险路。

■ 案例 27

高估值给小米带来的危机[一]

2014 年 12 月 29 日，雷军发出公开信，正式宣布小米融资 11 亿美元，估值达到 450 亿美元。这个消息让整个风投界和产业界大为震惊。融资结束一个月之后，雷军忽然意识到，进行这轮估值为 450 亿美元的融资其实是个巨大的错误。他说："所有的人都膨胀了，包括我在内。"

市场给小米的估值和小米自身实力之间是存在差距的。这次融资之后，小米出现了一系列问题，比如供应商忽然倒闭、高通芯片的不稳定和发热问题以及用户开始抱怨的质量问题等，这些连续出现的问题暴露出小米技术沉淀不够、组织结构不完整、系统性不足，团队能力已经不足以支撑市场的发展速度。

而小米内部还充盈着一种过于乐观的情绪，一些人把估值当作一种认可，认为

　　[一]　范海涛.一往无前 [M].北京：中信出版集团，2020.

小米在市场上是无敌的。整个公司，尤其是手机团队充斥着一种"我是王者"的心态。这种盲目乐观的心态又加剧了小米面临的危机，它同时在全球 7 个国家和地区设立办公室，准备在国际市场"攻城略地"。

然而，2015 年 4 月，"小米手机 4"在印度已经囤积了 50 万部库存，按照每部 2000 元的成本计算，库存的总额就是 10 亿元，这种危机让雷军在开会时当场暴跳如雷，他不得不想尽各种办法，用自己的实际行动去弥补这次估值 450 亿美元融资的错误。

这次高估值融资除了给小米自身带来了问题，还引发了资本对互联网手机的狂热追捧，让热钱盲目地进入了这个领域，这些热钱为小米扶起一个个强劲的竞争对手，让整个市场陷入疯狂状态，而小米其实又没有足够的实力和资金去抗衡，只能陷入苦战。

雷军认为，这次融资是他这个创业老兵自从创立小米以来，犯的唯一一个战略性错误。

虽然小米最后艰难突出重围，但还有更多你看不见的公司在高估值后陷入泥潭销声匿迹。

估值只是一个数字，并不代表公司就值这么多钱，更不等于你有这么多钱。创业者常常觉得估值低会吃亏，但其实只要把业务做好，就还有机会，不要盲目被估值操控了。易到当年 C 轮融资没敢要太多钱，有一个原因就是担心估值不够高[⊖]，没想到在随后的网约车补贴大战中失去了领先地位。

在市场疯狂的时候保持冷静、克制虚荣，确实不是件容易的事，再加上你的竞争对手可能也在融资，因此权衡利弊，进行长远布局，是个不小的挑战。

6.3 投资人用资源换股该怎么计算股权

有时你融资的目的除了寻找资金，还包括锁定投资人的某些资源，比如希望投资人能介绍潜在客户进行业务合作，或者能帮忙解决下一轮融资，

⊖ 周航 . 重新理解创业：一个创业者的途中思考 [M]. 北京：中信出版集团，2018.

或者能给你引流增加用户数量等。资金上的交易市场规则非常清晰，都体现在投资款和股权比例上了，但资源这部分该不该体现，怎么体现呢？

给你一个简单的标准，如果投资人按照正常的估值投资你，只是顺带给你介绍资源，那这部分资源上的需求不体现在协议中是可以的；但如果投资人因为给你资源而要求在投资估值上有点儿折扣，或者直接用资源换股权，那就需要在协议中约定清楚规则，否则将来产生争议，吃亏的一般是创始团队。

■ 案例28*

投资人是"空手套白狼"吗

背景

璞璞公司是一家技术服务公司，在2021年股权融资时引入了一个战略投资人，战略投资人没有支付任何现金，而是通过导入资源的方式交换股权，双方认定战略投资人导入的资源价值1000万元，公司投后估值5000万元，战略投资人对应获得璞璞公司20%股权。

同时，双方还约定了业绩对赌条款，约定如果璞璞公司在两年内没有达到约定的业绩，则公司或创始人须按投资款本金加利息的金额回购战略投资人的股权。

冲突

本次融资完成后，创始人发现战略投资人导入的资源和之前大家商议的标准存在很大差异，这些资源对公司基本没有用，创始人对此提出了疑义，但战略投资人总是含含糊糊，不给明确说法。考虑到股权已经完成工商变更，而且战略投资人在行业内处于龙头地位，给自己也增加了背书，将来的业务还有仰仗它的地方，创始人就没再计较。

没想到两年后璞璞公司业绩没有完成，战略投资人要求公司和创始人回购股权，回购金额是1000万元加利息。创始人被这一做法震惊了：投资人实际上一分钱没出，该给的资源也没给，糊弄了我们两年，现在居然让我们赔1000多万元。

创始人坚决不接受如此无理的要求，于是战略投资人起诉了创始人及公司，并查封了公司账户，导致公司经营中断。

结局

战略投资人向法院提供了按投资协议约定为璞璞公司提供资源的各种证据，创始人指出这些资源并不是大家一开始商议的资源，但是找不到明确的证据支撑自己的观点。最后法院还是支持了战略投资人的诉讼请求，要求创始人和璞璞公司承担回购义务。

这个案例中，创业公司没有在投资协议中对于战略投资人要导入的资源进行明确界定，具体怎样的资源价值 1000 万元，导致最后损失惨重。

资源换股的情形一般发生在引入自由投资人或战略投资人的时候，风投通常不会和创业公司发生明确的资源上的交易。

那么在融资源的时候，该怎样理清思路、约定清晰呢？这里至少有三个问题要考虑，如图 6-1 所示。

图 6-1　融资源需要思考的三个问题

第一个问题：你要融的到底是什么资源？

不少创业公司没想清楚自己要融的是什么资源，只知道"我想要政府补助""我希望你给我介绍客户""你能不能给我引流"。但没思考清楚具体是什么政府补助，是否要求落地；介绍怎样的客户，介绍多少；引什么样的流，要多少量级的引流。

想理清公司融的到底是什么资源，就需要有具体化、标准化的过程，让这些资源可以量化，如果不能量化，将来发生矛盾就很难评判到底是谁的问题。

比如如果让投资人帮创业公司争取政府补助，100万元是补助，1000万元也是补助，这其中差异很大。而且，如果这些补助最终没有落地，这个资源还算不算数？如果五年都没获得政府补助，是否还要再等五年？

如果是介绍业务，是不是投资人发几个电话号码给创业公司就算资源到位，还是说一定要介绍成功？如果以介绍成功为标准，那么创业公司希望投资人介绍怎样的客户？多少数量？最后完成多少营业额？需要在什么期限内完成？

如果需要投资人引流，那么创业公司需要的是有哪些标签的流量？在什么平台引流？需要达到什么数量级？要有怎样的转化率？

对于介绍投资人而言，融资期限、估值和金额都是可以量化的标准，因为创业公司不可能无期限地等下去，也不可能随意接受任何条件的投资。

就专家或有影响力人员的背书而言，能否官方代言，能发几次微博，能发几次小视频，也可以量化。

量化的标准都需要在协议中明确，避免出现案例28中的情形，战略投资人认为自己完成了义务，而创始人认为没完成。

当然，有些资源可能没办法量化，比如，人脉资源和经验资源，怎么办呢？这时候，你需要问自己一句，如果无法量化的资源最终没到位，这个结果是否能接受。如果能接受，比如你看中的就是资金那部分，资源最后真的能到位是锦上添花，没到位影响也不大，那这个融资还是可以继续的；如果没办法接受，比如没这个资源，项目就很难推进，而且股权损失难以接受，那这次的融资方案就需要再推敲了。

　　不要认为一定是投资人刻意敷衍创业公司，我们在帮交易双方谈判时经常发现：很多时候投资人自己也没想好能给创业公司的资源具体是怎样的，只是表态自己有这些资源，愿意给公司介绍而已。投资人一表达这个想法，不少创业公司由于对资源的渴望，往往主动表态愿意多给股权，投资人也很开心地接受了，这就埋下了隐患，其实双方都没把事情谈透彻。

　　第二个问题：投资人带来的这些资源到底值多少股权？

　　投资人用资源换股权的本质是什么？用不严谨的话来解释，你可以理解为换股就是投资人先把他的资源卖给公司，公司向投资人支付合理对价，投资人再用这部分对价来投资公司。这其实是两笔交易，卖资源和买股权，现在表面上被合并了，所以很多人就糊涂了，但实际上还是需要一笔一笔算清楚。

　　因此，首先需要判断量化好的资源到底值多少钱？

　　最简单的方法就是和市场价做类比。比如帮公司争取政府补助，这个事情别人能不能做，找别人做的对价是多少？如果是进行业务合作，公司到底能从合作项目中获益多少，正常该付多少中介费？如果是解决下一轮融资，那可以和市场上财务顾问的价格做个对比。如果是有影响力的投资人站台，那么找有这种影响力的人在自媒体上做一次推广的市场价是多少？

　　这样一类比就有了参考价，接着根据公司的估值，就可以把投资人带来的资源折算到投资款中换算成股权比例了。

　　第三个问题：如果资源没到位，公司有没有退路？

■ 案例 29*

资源不到位却无法追究投资人违约责任

背景

从事农业设备研发的佳旺公司在初创阶段引入了一位自由投资人，投资人出资金购买了公司 5% 的股权，又用政府补助资源换取了 5% 的股权，一共获得 10% 的股权。但两年过去，佳旺公司没有获得过一次政府补助，于是请律师查看协议，判断是否有办法收回投资人用资源换取的 5% 的股权。

律师发现投资协议里确实提到了"投资人应当帮公司维护政府资源，协助公司申请政府补助"。那么，约定的这句话能让这位投资人退回 5% 的股权吗？答案是，这种情况下走法律途径几乎是不可能的。

分析

为什么？主要有三个原因：

第一，协议中未明确其中 5% 的股权是和引入资源的义务挂钩的，如果创始人不解释，从字面上看，一般会认为投资人是因为支付投资款获得了公司 10% 的股权。

第二，协议中未对投资人需要引入的资源进行量化，只约定投资人有维护和协助义务，并不要求一定要完成补助的申请，更谈不上完成申请的时间和最终公司能获得的金额。

第三，协议中未明确资源不到位的违约责任，比如投资人是否应该补充投资资金或者退还股权，以及该补充多少资金或者按什么价格退还股权。

结局

基于上述判断，最终创始人只能与投资人协商，用资金买回一部分股权。

你可能会有疑虑，如果一开始就把投资人的违约责任说到这份儿上，投资人可能就不投资我了，怎么办？大家合作靠的是信任，这样显得连基本的信任都没有，还怎么合作？

这其实不是真正的问题，如果认真沟通后他最终不愿意投资你，大概率有两种可能：一是他对自己的资源其实没有信心，不敢给你承诺，或者他没认真思考过一定要帮你获得资源，只是随口说说，能成就成，不成就算了，但你却当真了；二是你的项目本身对他没有足够的吸引力，如果他真的对你的项目很有兴趣，即使资源部分谈不拢，资金投资这部分还是不会轻易放弃的。

并且，把丑话说在前，不是说一定要死盯着资源不放，导致最后和投资人不欢而散。大家能合作就合作，不能合作还是朋友，总比合作之后闹得不欢而散好。重点是，通过沟通的过程，你就知道了对方的底线，心里就清楚了这些资源最后能不能到位，而不是别人说什么全当真了，甚至因此调整公司的经营规划，最后害了公司。

比如有人和你说赶紧把生产线建起来，生产线一建起来，结合他的技术，马上就能生产大量非常好销售的产品。于是你卖给他 10% 的股权，投入了几百万元把生产线建好。快到生产的时候，你发现他居然把技术转给了别人，自己的生产线刚建好就闲置了，岂不傻眼。

第 6 章特别提示

投资人的股权比例 = 投资金额 / 公司投后估值。

常见的估值方式：盈利倍数法、收入倍数法、资产价值法、市场比较法、历史成本法。

创业公司的估值其实是融资方案敲定后的结果，而不是融资方案的源头。

可以通过资金贡献权重推算早期公司估值。

估值过高可能带来的风险：

- 下一轮融资困难。
- 带来巨大的经营压力。

融资源时需要想清楚的三个问题：

- 你要融的到底是什么资源，需要量化。
- 投资人带来的这些资源到底值多少股权，需要清晰定价。
- 如果资源没到位，公司有什么退路，需要约定清楚。

避险
守好创业风险底线

一旦投资人成为股东，你们就被投资协议中的各种权利义务绑定在一起了，将长期共处。

协议可能在短短的一两周内就签好了，但你是否思考过它对你们长期关系的影响？

为了实现合作共赢或好聚好散，守住自己创业的风险底线，需要认真对待协议中的每句话，拿钱的时候也要看看背后是否就是深渊。

融资中的各种利害关系

遇上了相互心仪的投资人，双方也谈好了融资金额和估值，接下来就会进入实质性的融资阶段，将面临各种错综复杂的关系。在此之前，你有必要先了解融资中的各种利害关系，以便在遇到冲突的时候能知道问题到底出在哪里，快速找到应对方式，而不是一脸茫然、不知所措。同时，了解了这些关系，在面临困难时你才不会片面地认为有人要"害你"，或故意和你敌对，才能更心平气和地解决困难。

7.1 理性看待你与投资人的关系

有的创始人认为投资人永远是自己的朋友，双方不会产生矛盾，而有的创始人却认为只要投资人已经支付了投资款，那他们就成了碍事的人，要时刻提防，这些想法都是片面的。真正了解你和投资人之间的关系可能经历哪些变化后，你才能更宠辱不惊、有礼有节，更明白如何维护与投资人之间的关系，让关系形成良性循环，而不是走进死胡同。

投资人与创始人之间的关系发展，主要可以分为三个阶段，一开始是蜜月期，接着是漫长的摩擦期，最后是成败期，这一切变化都是基于利益关系的变化发生的。

蜜月期

先说蜜月期，融资过程中和刚完成融资的时候是投资人与创始人的蜜月期。这时候双方看对方都很顺眼，投资人觉得这个创业项目是真心好，你也是位不错的创始人，还给了他投资的机会；你觉得投资人真给力，给了你发展的资金，而且还给你很多鼓励和各种建议，自己像是多了个靠山。

投资人满心期待你带领公司走向辉煌，经常给你打电话了解情况、联络感情；你在迷茫的时候也会第一时间想起投资人，找他讨论事情，让他给你点儿建议或对接点儿资源。

这是段相互扶持、你侬我侬的岁月。

摩擦期

路遥知马力，日久见人心，等你逐渐引入了更多投资人，自己也在商场中经受了各种磨砺后，你会觉得好像把对方看得更清楚了，心态可能就逐渐变了。

比如你的学习能力很强，公司价值提升很快，获得了更多投资人的青睐，你的认知能力和自信心都会得到提升。这时，你可能会发现从某位投资人那里已经无法获得更多有价值的建议了，如果这位投资人经常提建议，而你自己又不去实施，就会很尴尬，再加上实在太忙了，可能会逐渐疏远这位投资人。投资人心里当然会有些不痛快，但只要你还保持着基本的礼节，也没有刻意隐瞒重要信息或者损害他的利益，就没什么大问题。

但如果你自己心里不平衡，觉得这位投资人当年没投多少资金，带来的价值也不大，心痛被他分享了利益，从而派生出不该有的举动，例如对投资人隐瞒重要信息，甚至直接损害他的利益等。投资人一旦察觉到，一定会想办法牵制你，加强对你的约束和监督，甚至在关键时刻反对你，这会成为你创业路上的地雷。所以这些事千万不要做。

还有的创业者成熟之后发现自己引入了不合适的投资人，为了挽回损失与投资人产生了一系列的摩擦。

■ 案例30*

与不合适的投资人产生摩擦

果赖公司是一家跨境电商，2019年，为了得到资本市场的助力，引入了几位投资人，融资金额约2000万元。

经营两年后，创始人发现，有投资人股东存在，实在是太束手束脚了。一些重大决策需要花时间说服投资人，投资人时常会来公司查账，而且那2000万元的投资款意义也不大，公司本身的现金流还不错，当时引入投资人主要是期待从投资人处获得更多资源，但实际结果并不理想。

后来创始人想，与其处处被牵制，还不如把股权全部收回来，于是和投资人开始了漫长的股权回购谈判，其间双方产生了诸多不愉快。

有时也会发生投资人觉得创始人不合适，想办法请走创始人的情形。比如1983年苹果公司发布新产品后经营困难，董事会认为乔布斯应当对此负责，1985年4月苹果公司董事会决议撤销了乔布斯对苹果公司的经营权。[一]再比如2.3节的案例19，吴某因为与投资人不和，于2012年5月辞去公司CEO职务，2013年1月又被重新任命为CEO，但于2014年8月又

[一] 艾萨克森.史蒂夫·乔布斯传：修订版[M].管延圻，魏群，余倩，等译.北京：中信出版集团，2014.

被罢免 CEO 职务。

还有一些摩擦是创始人未处理好投资人之间的关系导致的，7.3 节还会详细介绍创始人如何尽可能团结投资人，避免在投资人之间制造矛盾，因为投资人之间的矛盾会反过来牵制创业公司，产生更多摩擦。

成败期

根据创业结果的差异，创始人与投资人在创业成败期有可能实现共赢，有可能好聚好散江湖再见，但也可能彻底决裂。

如果创业公司以不错的价格被并购或者上市了，那投资人和你就实现了互利共赢，皆大欢喜。

如果公司最后被并购的价格并不理想，或者公司直接解散清算了，大家按照股东协议的约定分配剩余资产，没有其他矛盾，那也算好聚好散了。这种情况并不意味着你和投资人之间的关系就结束了，如果他们依然很认可你的人品和能力，完全可能继续与你合作，比如把你推荐给其他创业公司的合伙人，或者给你推荐一些高管的职位，甚至邀请你加入他们的投资机构一起判断项目，或者在你发起新项目的时候继续投资你。因此，投资人关系是可以长期维护的，不要在自己意气风发的时候恃才傲物，给投资人留下不好合作的印象，这样可能会断送将来的不少机会。

最糟糕的结果，是投资人和创始人彻底决裂，这对双方而言都不是好事。哪些情况会导致这种结果呢？比如案例 24 中的"最惨创业者"，他被投资人"请"出了公司，股权也一并被收回，时隔三年还被投资人起诉要求承担 3000 多万元的回购义务。也存在有的投资人以创始人侵占公司资产或挪用资金等刑事罪名向公安机关报案的情形。

彻底决裂主要有三种原因：一是创始人签合同时不谨慎，给予投资人过多权利，投资人也只是依协议办事，但这对创始人而言则是沉重的负担；二是创始人本身行为就不够正当，确实在创业过程中存在侵害投资人利益的情形，投资人只能翻脸维护自己的合法权益；三是一些投资人比较难接受自己投资失败的结果，再加上创始人或多或少有些行为让投资人生疑，于是投资人拿着放大镜来创业公司找问题，如果创始人平时就粗线条不注重自我保护，这时很可能真的被投资人发现一些污点证据。

因此，为了避免和投资人决裂，首先，建议认真对待与投资人签订的协议，不要抱有侥幸心态签下让自己懊悔终身的条款；其次，自己的行为一定要诚信，不要侵害投资人的利益，同时对于一些可能引起争议的事情尽量提前和投资人书面沟通清楚，避免留下隐患。如果你真的对投资人有什么不满，不妨直说，想办法共同解决问题，投资人也不希望你一直带着怨气创业，但不要耍小聪明，聪明反被聪明误。

创始人该有的坚定

最后聊一聊贯穿前述三个阶段的一个问题，在公司经营决策中，创始人和投资人究竟是怎样的关系？

创业公司融资越多，接触的投资人就越多，投资人可能会提供各种建议，不同投资人的观点通常也不一样，有时甚至会完全相反。有的创始人在这种情形下很容易丧失自己，不知道该听自己的还是听投资人的，听这位投资人的还是听那位投资人的。

实际上，投资人是在岸上看创业，真正运营公司的创始人是在水下操作，水下操作的人可以听岸上人的建议，但是不用围着他们转，也没有必要以他们的节奏为核心。

比如，公司的一个战略规划在董事会被投资人否定了，表面上看起来似乎是投资人否定的，但根源上很可能是因为创始人自己没想清楚，不够坚决，多少抱着让投资人替自己做决策的想法，所以自己气场就不足，更是很难说服投资人。如果创始人思考得足够清楚，也足够坚定，投资人一般不会拦你，因为他们知道拦也拦不住。

大多数投资人都不愿意替创始人做决定，他们更希望被创始人影响，希望创始人告诉他们，某件事该不该做或者为什么投资人的观点是错误的，即使创始人的观点不一定总是正确的。创业中偶尔犯错是很正常的，反倒如果创始人总是被不同的投资人左右，在战略上反反复复，不够坚定，才是创业中的大忌。

7.2　如何与投资人律师打交道

在股权融资中，投资人律师的角色不可忽略，因为你需要频繁地与他们打交道，而且你将来需要承担的义务也是他们首先设计的。要理解投资人律师在股权融资中的利害关系，首先需要明白他们的立场和角色地位。

投资人律师的立场

先讲个小故事，我们曾服务过的一家公司打算进行股权融资，于是我们主动联系创始人询问是否考虑委托我们作为融资律师，协助公司完成融资。这位创始人很疑惑，问道："我为什么需要委托律师？投资人不是自己会请律师吗？那位律师不是会把所有该签的文件都准备好吗？难道有投资人的律师还不够，我自己还得花钱再请一个？"

这是一个常见的误解，不少人以为律师是中立的，不管由谁出面请律师，效果都一样。然而，事实并非如此，律师的第一职责是维护委托人的合法权益，而不是维护公平，否则人家花钱请律师图什么？

投资人的律师收了服务费，会尽可能全面地帮投资人规避风险，以免被投资人认为不尽职。因此他们准备协议时不会太多考虑你的利益，如果你懵懂地认为投资人律师准备的协议一定会很"漂亮得体"，稀里糊涂就签协议，很可能把自己"卖"了也不知道。

为什么投资人律师总挡在投资人前面

融资过程中你可能会发现，和投资协议相关的问题，投资人通常会让你直接和他的律师沟通，而不会直接和你沟通，为什么？这里有几点原因。

第一，这是专业分工的需求。投资人主要对公司进行商业判断，而投资协议的条款并不需要投资人投入大量时间去关注，其中的大部分工作由他们聘请的律师直接处理，这样能节省投资人的时间，而且律师作为专业法律从业者，在法律风险把控方面能处理得更完美。

第二，这是一种谈判策略。投资人律师挡在投资人前面唱的是黑脸，律师长期参与交易谈判，非常有经验，能尽可能回绝来自公司的各种需求，但又不影响具体的某位投资经理与创始人之间的关系。如果投资经理直接出面和创始人谈判，要么投资经理可能抹不开面子，松动做出各种退让，要么投资经理和创始人的关系在谈判中变得不再和谐，这是投资人不愿意看到的情形。

第三，这可以让投资经理在一定程度上免责。律师对法律风险的判断是专业的，如果律师在协议上松口，将来发生风险，那是律师的问题，不是投资经理的问题。不少企业规定每份协议必须经过律师的同意后才能签署，是一样的道理，大家都不想担责。

投资人律师为什么这么难沟通

理解了你不得不和投资人律师沟通的原因，进一步你会发现，投资人律师好难沟通啊！

比如，当你提出某个条款太严苛了，能不能修改一下，投资人律师一般会说："这是投资人的标准条款，投资人投资的其他项目也是这样的，你不能搞特殊。"投资人律师讲得头头是道，好像这个条款一改，你就拿不到投资款一样。

你如果继续追问："为什么公司受到行政处罚，我个人要承担这么大的违约责任？"投资人律师一般会说："您看，投资款给了公司，就在您的掌控下了，投资人要求公司合规经营也是符合常理的。如果经营不合规，受到了处罚，您作为公司的实际控制人，自然需要赔偿投资人。再说了，您只要合规经营，就不会被处罚，自然没必要担心有多少违约金。难道公司已经有违规经营的情形或打算？"

这样一听，好像也很有道理，你本来也没打算违规经营，实在不行就**接受条款**。但是记住，过于严苛的条款会带来风险，而且一定是可以修改的，为什么投资人律师不同意你修改，是因为你没给出充分理由让他不得不改。

作为创业者，你可能是第一次遇到投资协议中的条款，而且你也不是律师，很难一眼看清其中的关键点，因此难以下手。但投资人律师可是整天琢磨这些内容，身经百战，早就准备好了一百个理由来说服你。

投资人律师为什么这么较真呢？前面介绍了，首先，这是投资人律师的立场决定的。其次，投资人内部也有自己的风控机制，投资人律师还需要向投资人的风控部门汇报，风控再向投委会汇报，投委会是集体决策机制，这么多双眼睛盯着，律师哪敢轻易松口。最重要的是，大多数时候融资方都处于谈判劣势地位，投资人律师心里也非常清楚自己处于优势地位，因此，让他们松口是真的很艰难。

聊到这里，你可能觉得股权融资太不容易了，好不容易让投资人看上自己，怎么还需要应对这么麻烦的投资人律师。不过你放心，投资人律师也是有软肋的，并不是坚不可摧。

投资人律师的"软肋"

大多数律师都有一个"软肋"，那就是他们是讲逻辑的，而这个逻辑，就是你给投资人律师找的修改条款的一个台阶。正所谓秀才遇到兵，有理说不清，但是秀才遇到秀才，那就说得清了。

■ 案例 31*

帮投资人律师找到台阶

背景

2021 年，我们参与了一家物流创业公司的股权融资，那次融资交割有个前提条件，公司必须先完成股权架构的调整。

协议中有个条款约定股权架构调整必须合规，且基于合规操作产生的几十万元费用，需要创始人承担。而事实上，这笔合规费用已经发生了，是公司承担的，协议中的约定明显和事实不符，将来投资人可以要求创始人向公司支付这笔合规费用。

而大多数创始人早期都很艰苦，只有普通的薪酬收入，难以支付高昂的合规费用，这个条款对创始人而言是一个明显的风险，于是我们向投资人律师提出希望修改条款，写明由公司承担这笔费用。

冲突

投资人律师自然没有轻易答应，他们指出这是投资人的标准条款，必须保留。

我们询问："既然费用已经发生了，而且公司也已经承担了，难道投资人的意思是将来需要创始人再额外向公司补偿这笔费用吗？"话说到这个份上就很直白了，现在不是在讨论这个条款合不合理，我们就想要一个明确答复，投资人是不是真的想让创始人承担这笔开支？

这种明摆着会给创始人直接增加负担的情形，如果直接承认，那矛盾就摆上了桌面，而且也显得投资人比较计较，投资人律师需要承受不小的心理压力，因此他们表示投资人肯定不是这个意思，但是基于投资人的合规要求，协议必须这么写，这个内容必须保留。

聊到这里，其中关键点就显露出来了。我们马上提出了新方案："如果投资人并不打算将来要创始人承担这笔合规费用，那条款上这么约定就是没必要的。但是投资人又对公司有合规要求，那是否可以保留公司必须合规的内容，但是删除这笔费用需要创始人承担的表述，也不用明确写需要公司承担。这样就不存在条款和事实不符的情形，同时又能满足投资人的合规要求。"

听到这里，投资人律师沉默了几秒，然后表示需要内部再确认一下。

结局

一天后，投资人律师表示同意公司的意见，对条款进行了修改。

其实这样修改，就相当于大家默认这笔合规费用的承担主体是公司，公司也没有依据再向创始人要求补偿或赔偿，谈判效果已经达到了。

你看，律师是讲逻辑的，如果你觉得条款不合理，若言之有据，投资人律师也会本着讲逻辑、合情合理又不违背投资人利益的原则，对条款进行调整。只要你抓住了诀窍，投资人律师有时比投资人更好沟通，因为投资人可以不讲究逻辑，但律师心里真的很难过"逻辑关"。这样不仅给了投资人律师修改条款的理由，也顺便让他们在投资人面前有台阶下。

想象一下，如果刚才这个案例中的修改内容已经超出了投资人律师可以决定的范畴，律师就只能去找投资人沟通，可能会产生这样的一段对话。

律师说："您看，对方律师提出的这个理由，好像也说得通，他们要求修改的方式，确实也没对我们造成什么影响，我们确实也没打算真的向创始人要那笔费用，对吧？要不我们同意他们的修改意见？"

投资人回复："既然你也觉得合理，那就同意吧。"

这个对话是不是很有意思，他们双方都给自己免责了。站在投资人律师的角度，他们是在获得投资人认可后修改的条款，而投资人内部汇报时，可以提出律师也认为这么做合理，并不是有人在擅作主张修改，这样大家都有台阶下，皆大欢喜。

这就是帮投资人律师找到修改理由的好处。千万不要期待投资人律师会主动帮你在投资人内部解释说，"这个条款对创业公司及创始人而言不合理，我们改一改吧"，除非这位律师今后不想继续和投资人合作了。

7.3 如何平衡投资人股东之间的关系

不少创业者认为所有投资人都希望能从公司增值中获益，所以他们是利益共同体，在一定程度上确实可以这么理解，但并不全然如此。了解投资人之间错综复杂的关系后，你才能更好地判断自己在融资中的决策是否恰当，不至于不小心引起投资人不满或者激起投资人之间的矛盾，给公司发展带来不稳定因素。

投资人之间的关系很类似大草原上狮群中雄狮之间的关系：一个狮群一般会有两只或更多雄狮，雄狮之间有共同利益，整个狮群的战斗力越强则集体利益越大，每只雄狮平均分得的利益也越大。但狮群的资源是有限的，比如食物以及和母狮的交配权，在分配资源的问题上，雄狮之间也存在竞争关系，因此有时为了给自己争取更多利益，同一个狮群内的雄狮之间也会产生争夺，甚至失败的就必须离开这个狮群。

投资人之间的战斗友谊

不得不说大部分时候投资人之间的关系是挺不错的，他们会相互推荐项目，共同投资公司，给彼此增加安全感，尤其是在被投公司的关键时刻，如果新投资人继续投资，那公司成功的概率会大大增加，老投资人账面盈利增多，新投资人也抓住了一个成功概率不错的项目，皆大欢喜、其乐融融。

当被投项目出现问题时，比如市场变动，创始团队发生变故，上市遇到一些障碍等，投资人也会共同探讨接下来怎么应对，尽可能保住创业项目。

但有些客观因素决定了，投资人绝对不是完全的利益共同体，他们之间也存在一些利益冲突。

投资人之间的利益冲突

投资人之间存在哪些利益冲突呢？

第一，投资人可能会争抢创业公司股权。

公司股权比例只有100%，如果多位投资人都很看好一家公司，自然都想拿更多股权，免不了发生争夺。

■ 案例32*

投资人争夺创业公司股权

背景

康康公司是一家医疗器械创业公司，市场普遍认为其前景非常不错，创始人在B轮融资中愿意稀释的股权有限，所以B轮新投资人打算在增资的同时，再受让一位老投资人的部分股权（以下简称"老股"），以增加自己的持股比例，而且老股一般会比当轮增资的新股略便宜，也能降低新投资人购买股权的平均成本。

新投资人和卖老股的老投资人以及康康公司把股权转让的细节和协议谈定后，将这些协议连同当轮公司增资的协议一并发给全体股东确认签署。

冲突

这时，其他老投资人发现居然还有人卖老股，这种好事怎么能少了自己呢？于是纷纷表示要行使优先购买权。但是，如果其他老投资人行使优先购买权，那新投资人就不能按预先设想的价格获得足额股权了，所以新投资人不愿意放弃这部分老股份额，让创始人去和其他老投资人协调。创始人很心急，因为这件事不早日谈定会影响融资进展及公司财务状况。

新投资人与想购买老股的老投资人之间就这件事展开了拉锯战，各自派出律师分析法律规定和协议约定，判断在这种情形下老投资人到底有没有优先购买权，并且双方都在技术上给对方设置了各种法律障碍，细节涉及太多专业法律问题，就不细述了。

结局

最终在创始人的不懈协调下，新老投资人各退了一步，达成共识，不过康康公司的融资进程被拖慢了两周。

第二，投资人可能会抢夺各种特殊权利。

投资人一般会在创业公司享有各种特殊股东权利，但不同轮次的投资人，或者不同地位的投资人享有的股东权利是存在差异的，这就导致了投资人之间会存在一定的利益冲突。

比如新投资人可能会要求更高的优先分红金额或者更高倍数的优先清算金额，同时按照惯例，越新的投资人获得各种利益分配的权利是越优先的，比如 C 轮投资人先获得经济利益的分配，C 轮投资人分完是 B 轮投资人分配，B 轮投资人分完再是 A 轮投资人分配，天使投资人最后优先分配。而创业公司的价值是有限的，新投资人要的越多，老投资人可分配的就越少。因此时常出现老投资人对新投资人的利益条款不满意，要求把新投资人的利益往下调整的情形。

偶尔也会出现投资人在投资时用力过猛，最后误伤自己的情形。

上一节介绍过，投资人律师都有给自己免责的冲动，所以会尽可能给投资人多争取权益，但是当公司有了更新的投资人，原来的投资人就成了老投资人。新投资人进来的时候，会查看公司历史上的融资协议，如果发现老投资人要了很多权益，自己当然也一个不能落下，于是把老投资人的权益全部复制给自己。

这时当初的老投资人可能就着急了，因为越新的投资人获得的权益是越优先的，因为自己当初要太多，现在新投资人在自己的基础上要到更优先的权益，岂不是留给自己的就少了？

所以有时可以趁机促成老投资人把当初自己设定得不太合理的权益取消掉，老投资人不要了，新投资人也别要，大家都理性一点。

第三，投资人的退出需求不同。

不同轮次投资人的投资估值和投资时间不同，因此退出需求也不同。

比如天使轮投资人投资时估值较低，一般持股比例较大，而且投资时间较早，基金的退出期更近，在确保全体投资人优先清算金额都能被满足的前提下，公司任何时候卖，他们都能赚钱。但是后面轮次的投资人就不同了，他们对公司的估值更高、投的钱更多、持股比例更低，且其退出期一般更远，因此面对卖掉创业公司的机会，他们会衡量对自己是否有利或有必要，若无利可图也不急着退出，则不急于卖掉公司，等待能更高价卖出的机会。因此投资人对于是否在某个时机以某个价格卖掉创业公司的需求是不一致的。

第四，投资人的战略需求不同。

对于公司的发展规划，投资人之间可能因为各自的战略需求不同而产生分歧，比如公司应当在境内上市还是境外上市，有的投资人没有境外基金，不能跟着公司搭建海外架构，如果公司在境外上市，那么他只能出局。公司面临转型时，应该选择 A 方向还是 B 方向？公司有被并购的机会时，是抓住机会被并购还是继续熬一熬自己上市？如果选择被并购，该寻求被 A 公司并购还是被 B 公司并购？尤其当你的投资人中有不少战略投资人时，这些分歧将会更加明显。

正因为投资人之间也存在利益冲突，有时一个项目开电话会可能会有一群律师上线，分别代表不同的投资人发表自己的意见，甚至在电话会中因意见不一致而发生激烈争执。

如何平衡投资人之间的关系

既然投资人之间的关系既有团结的一面也有冲突的一面，创业公司该如何平衡这些关系？

第一，团结投资人，避免内耗。

大的原则肯定是尽可能团结投资人，不内耗，这对大家而言都是好事。

具体而言，你在做任何与融资相关的决定时都要周全考虑，避免引起投资人之间的矛盾，有句话叫不患寡而患不均。

比如，同一轮投资人，如果不存在领投和跟投的区别，按道理大家的权利是一致的，你如果答应给某位投资人特殊的权利，其他投资人会不愉快：凭什么他有这个权利而我却没有，是那位投资人在使坏，还是创始人太没能力经不住别人的说教？而且没要到这个权利的投资经理很难向自己的投委会解释，这时只能要求创业公司也给自己一样的权利，或者取消其他投资人的特殊权利。这种情形多了，会导致你两边都不讨喜，而且投资人之间也可能心生芥蒂。

再比如，如果新股东要求在原有投资人特殊权利的基础上新增特殊权利，你要么回绝，要么尽快征求老投资人的意见。因为新投资人新增的权利很可能会压缩老投资人的利益，如果你已经答应新投资人这个条件了，最后签字时才去找老投资人商量，老投资人很可能会不满，不愿意签字。这时你再去找新投资人商量取消新增的权利，新投资人也会不愉快。

另外，注意不要为了让自己脱离矛盾，而故意在投资人之间制造矛盾，一方面如果你成功制造了矛盾，对公司长期的股东团结是不利的。另一方面，投资人之间也可能会相互沟通，一旦知道你在故意制造矛盾，对你的信任也会降低。

第二，融资流程尽量规范，避免落下口实。

融资流程尽量规范，该提前通知的要通知，该留下书面痕迹的都要留下书证。比如案例 32 提到投资人之间争抢投资额度，公司为了避免发生这种情形，可以提前向老投资人发送关于优先购买权的通知，要求他们及时回函，否则视为放弃该权利，这样能提前确认好老投资人的意向。或者也可以考虑提前在章程中明确排除投资人转让股权时其他投资人股东的优先购买权。如此，创始人在和新投资人确认交易方案时才能更安心，避免和新投资人谈好方案却引起老投资人的不满。

第三，顺应规律，实现公司整体利益最大化。

投资人之间这种亦敌亦友的关系，你偶尔也可以顺应，以实现公司整体利益最大化。比如，当新投资人提出不合理要求时，你可以和老投资人一同想办法说服新投资人；当老投资人对公司的限制过大时，你也可以和新投资人一起说服老投资人做一些让步。毕竟只有公司发展好，大家的共同利益才大，这里是有商量空间的，尽量用巧劲，不要硬碰硬。

第四，做好制度设计，避免因投资人矛盾而被牵连。

引入投资人后，创业公司议事规则的设计变得非常重要，规则设计得合理，即使股东之间真的存在不可调和的矛盾，你也能在夹缝中生存，这点在第五步"守住控制权"中还会详细介绍。

7.4　是否需要找律师协助

在融资过程中，聘请律师肯定比没聘请律师强，但聘请律师是有成本的，律师的作用是否能匹配支付的律师费？怎么判断某位律师在股权融资方面是否有丰富经验，是否值得聘请？

要知道第一个问题的答案，首先要了解律师在股权融资中可以带来什么价值。以融资经验丰富的律师为例，价值至少体现在三方面，一是为公司及创始人规避风险，二是加速推进融资流程，三是尽可能将创始人从融资的繁杂事项中解放出来。

融资律师的价值

第一，为公司及创始人规避风险。

为公司及创始人规避风险是融资律师最基本的价值。比如，如果融资方案不合理，可能威胁到创始人的控制权或者导致股东和公司之间的利益冲突，融资律师会提醒你调整；在挑选投资人阶段，融资律师可以主动对投资人做反向尽调，包括 5.2 节及 5.3 节中提到的通过各种查询方式确定投资人的基本面没有大问题；如果创业公司的主营业务涉及外商限入或禁入的行业，融资律师还会查询投资人背后的股东身份，避免引入股东导致公司业务不合规。

在与投资人谈判的过程中，融资律师首先会确保守住风险底线。比如，如果本次创业失败，创始人承担责任的限度是什么，将创业失败的风险控制在可接受范围内，创始人就没有太大的后顾之忧，在其他条件的谈判上也能更游刃有余。

除了风险底线，融资律师会逐项关注交易模式、支付安排、经营管理权的保护、业绩对赌、特殊股东权利、退出机制、创始人的承诺保证等条款，确保每句话每个词都是合适的表述。

相同的条款内容在公司发展不同阶段产生的效果是不一样的，因此每个条款在每次融资中都需要重新被审视。经验丰富的融资律师一般习惯随时记录在今后轮次融资时需要持续跟进和调整的条款，这样在推进新一轮融资时能马上确定至少有哪些条款是需要找新投资人沟通修改的。

既然融资中整体的法律风险是律师在把控，因此建议所有与风险相关的约定都先汇总到律师这里来讨论，意思是，你尽量不要自行答应投资人的条件。有时投资人会跳过自己的律师及融资律师，直接找你沟通一些重大约定，如果你经验不足，糊涂答应了，即使事后融资律师发现你答应的条款对公司不利，再去找投资人沟通也已经处于劣势。

因此，如果投资人直接找你商量重要条件，你可以表示理解他们的意思，接下来会和其他合伙人以及律师沟通一下，然后尽早把这个情况告诉律师，共同讨论能否接受。

第二，加速推进融资流程。

融资拿钱一定要快，每一步都是在和创业公司的生命赛跑，一旦融资金额和估值谈定，融资律师就开始成为公司融资推进的总舵手。

协议谈判自然是最花时间的地方，投资人律师拟好几十上百页的协议，发给融资律师，融资律师改完再发给投资人律师，你来我往至少好几次。融资律师一方面需要尽快查看投资人律师的反馈，快速做出决定，另一方面需要主动跟进投资人律师的反馈进展，定期催促。

谈判中很考验融资律师经验的一点在于，对投资人之间可能产生的拉扯保持敏感。因为融资中一般是先和新投资人中的领投方沟通协议，再与跟投方沟通，最后发给老投资人确认。所以融资律师在和领投方沟通的过程中，需尽可能确保达成的共识不会引起跟投方以及老投资人的不满，从而引起后期与多方的反复沟通，这样会消耗大量时间。

此外融资律师非常熟悉整个融资流程，哪些事情该做在前，哪些事情该做在后，都会全盘考虑。

举个非常细节的例子，常规商事交易中，律师一般会在协议条款谈定后，才开始考虑协议签署的细节，但在股权融资中，参与协议签署的主体可能会非常多，经验丰富的律师会提前与每位投资人确认联系方式、需要的每份文件原件份数以及签署方式，协议一旦定稿，就可以同步发出签署指引，每位投资人可以马上推进自己的内部签署流程，不耽误时间。

第三，解放创始人。

解放创始人是融资律师的第三个价值。必须承认，创始人永远躲不开股权融资的核心工作，你不能期待聘请财务顾问或者融资律师后，自己能彻底解放。但融资律师作为公司融资推进的总舵手确实能在一定程度上解放创始人，前面两点已经提到一些相关内容，这里再做一些补充。

一方面，融资律师可以完成大部分谈判工作。

除非涉及确实只能由创始人亲自出面与投资人沟通的事项，其他事项都可以由融资律师完成。比如，纯粹的法律问题，只要是对公司有利的修改，融资律师一般可以自行决定；涉及商业问题时，融资律师会提前告知创始人自己的策略，获得创始人认可后，也可以由律师先出面沟通。

创始人不需要亲自和投资人律师进行沟通，因为双方位置不对等，创始人是做商业决策的，投资人律师是做风控的，沟通起来经常风马牛不相及。况且创始人对投融资中的一些道理和逻辑本来就没有律师清楚，在沟通过程中较难应变，容易说错话，同时也浪费了本该投入公司经营的时间。

创始人出面沟通的对象应当是投资人的投资经理或合伙人，而且融资律师也会协助提前列好沟通要点清单，确保创始人的沟通效率以及沟通结果可控。

如此，融资律师能完成绝大部分谈判工作，极大地节省创始人的时间。

另一方面，融资律师可以完成融资流程中除尽调外的绝大部分对接工作，不需要创始人过多参与对接。

创始人只需要拉个群让投资人和融资律师相互认识，再安排一名行政人员协助律师整理资料，接下来融资律师可以把流程一直跟进到投资人打款为止，比如确认各种繁杂的信息、催促投资人律师出协议、谈判、安排签署、检查签署成果、准备交割文件、工商变更跟进、安排寄送文件原件、催促投资人打款等。

如何判断该不该聘请律师

了解融资律师的价值后就可以进一步判断是否该聘请律师了，这主要看公司的实际需求，每家公司每次融资的情况都不一样，以下是我按常规情形总结的建议，供你参考。

如果你引入的是自由投资人，投资协议也非常简单，没有任何特殊约定，而且你认为不存在本书前面章节提到的各种风险或需要律师进行特殊的交易设计的情形，那么不请律师问题不会太大。

如果你引入的是战略投资人，协议中涉及各种商业安排和特殊权利义务，建议还是聘请律师把把关。

如果你引入的是风投，融资金额不低、协议复杂，这种情况需要聘请专业融资律师，而且投融圈有个惯例，那就是融资结束后，投资人聘请的律师、会计师服务费由创业公司承担，这些服务费一般高于创业公司自己聘请融资律师的服务费。你都花钱帮投资人请律师了，难道不能花钱聘请保护自己权益的律师？

如果你认为应当聘请律师，但公司确实资金紧张，可以和律师商量分期付款，或者早期少收或不收，等融资结束后再支付律师费。或者你自己来完成繁杂的流程性工作，只找律师计时咨询解决重要问题，这样好过直接暴露在风险里。

如何判断律师的融资服务经验

如果确定要聘请律师，还需要进一步甄别谁是更合适的律师。

律师行业有个显著特点——术业有专攻，这和医生差不多。不同方向的律师有各自的专长，比如婚姻家事律师、刑事律师、破产律师、股权律师等。经验丰富的股权融资律师一般主要承办投融资类的项目，这样才能有丰富的资本市场经验，能更好地理解融资中的各种条款并针对条款进行谈判，比如某个约定是否可能对公司下一次融资形成障碍，或者影响公司上市等。

因此不少公司虽然已经有自己的常年顾问律师或诉讼律师，但在股权融资时还是会专门聘请投融资经验丰富的律师。

怎么判断聘请的律师是否具有丰富的股权融资经验呢，有三条建议。

第一，可以通过该律师的业绩来判断，如果他承办的项目主要是投融资类的，那么股权融资经验一般会比较丰富，如果他承办的项目大多是民商事诉讼，那么股权融资经验一般比较匮乏。

第二，可以直接问他一些相关问题，看他的回答是否成熟。比如他怎么看待你的融资金额，引入自由投资人可能存在哪些风险，怎么处理老投资人、新投资人之间的关系，他提供的股权融资服务内容和流程有哪些，他准备怎么开始这项服务等。

第三，看他是以律师团队为你服务，还是自己单独为你服务。成熟的投融资律师通常以团队形式提供服务，因为投融资服务非常繁杂，需要多人分工协作，才能优化人效及输出稳定的高质量服务。如果他是一个人提供服务，说明他服务的投融资项目还不够多，没有倒逼他建立自己的团队。

截至本章，股权融资中的商业规划、投资人选择、融资金额及估值以及其中的各种利害关系就介绍完了，下一章开始，我们将正面与投资人"谈婚论嫁"，这是融资中非常重要和耗时的环节，其中也充满各种博弈的趣味。

第 7 章特别提示

投资人与创始人之间一般会经历蜜月期、摩擦期和成败期。

避免和投资人决裂：

- 谨慎对待投资协议条款。

- 诚实守信。

创始人可以听取投资人的建议，但要有自己坚定的立场。

律师的第一职责是维护委托人的合法权益，而不是维护公平。

为什么投资人律师总挡在投资人前面：

- 这是专业分工的需求。

- 这是一种谈判策略。

- 这可以让投资经理在一定程度上免责。

投资人律师的"软肋"是讲逻辑，你需要在逻辑上帮他找到台阶下。

创业公司如何平衡投资人之间的关系：

- 团结投资人，避免内耗。

- 融资流程尽量规范，避免落下口实。

- 顺应规律，实现公司整体利益最大化。

- 做好制度设计，避免因投资人矛盾而被牵连。

融资律师的价值：

- 为公司及创始人规避风险。

- 加速推进融资流程。

- 解放创始人。

判断律师的股权融资服务经验：

- 看业绩。

- 提问考验。

- 看是否以团队提供服务。

投资意向协议和尽职调查

与投资人正式"谈婚论嫁"一般有以下几个阶段，先签署投资意向协议，然后投资人正式开始尽职调查（一般简称"尽调"），接着投资人根据尽调情况发出正式协议，双方开始谈判，达成共识后签字交割。前面章节提到的可能存在的各种风险，均需要在这个环节中妥善处理。本章先介绍投资意向协议签署和尽调。

8.1 投资意向协议重点关注内容

签署投资意向协议并不是股权融资中的必经环节，接受自由投资人投资时比较少有这个流程，但风投一般都会有这个流程，为什么会这样？

因为自由投资人的投资流程一般比较随意，可能一上来就谈正式协议，能谈成就投资，谈不成就算了，他们的前期成本不会太高。

但风投的投资流程非常规范，他们需要聘请律师、会计师做尽调，聘请律师出协议及谈判，内部也有一系列的风控和决策流程要走，前期需要投入不少金钱和时间成本。保险起见先签个框架协议，判断和创业公司在大的原则上是否能达成共识，如果框架协议谈不定，就没必要走后面的步骤了，这对大家都好，不浪费时间。

投资人的意向协议有的会很简单，有的会比较复杂。市场上最有名的应该是真格基金的"一页纸投资意向书"，对早期创业者非常友善，只写几个大的原则，比如投资金额和估值，加上一两句话表述几个投资人的基本权利，就结束了。但也有投资人拟定的意向协议很复杂，我见过近十页的意向协议，将各种投资人权利详细写了一遍，这种意向书令人头疼，相当于把正式协议的流程提前了，需要花大量时间修改沟通后才能签署并继续推进后面的流程。

有的创业公司已经融资好几轮了，协议中的重要条款基本已经确定，一般不会在新的融资中再做大调整，这种阶段的创业公司可以定制自己的意向协议，谈融资的时候主动将自己的意向协议发给投资人，展示自己和已有投资人的重要约定，也是在提示投资人不要调整已有的重要条款，不要再另外发新版本，有什么意见就在这个版本上修改，这样能明显提高双方效率，消除一些不必要的误会。

为什么要认真对待意向条款

你可能会有疑问，既然是意向协议，那就没什么法律效力，简单或是复杂有什么区别，大概看看就可以签，为什么需要重点关注某些内容？理论上可以这么理解，但在现实中却不能这么办，意向协议的内容其实非常重要。

虽然很多条款没有法律效力，但意向协议中会把将来正式协议及章程中的重要条款都罗列出来，比如各种优先权利、对创始人的限制等，一旦签订，后期正式协议会基于意向协议的内容进行细化，如果一方在正式协议谈判阶段对意向协议中已经明确的重要条款不认可，要求删除或进行重大调整，就会有失信誉，增加自己的谈判难度。

■ 案例 33*

在意向协议中获得优势谈判地位

背景

2018 年，我们参与了健健公司的股权融资，当时投资人拟定的意向协议中约定创始人对健健公司经营失败承担无限连带责任，我们将这个条款改成了创始人以持有的公司资产为限承担有限责任，投资人接受了修改意见，签署了这份意向协议。

冲突

收到正式协议后，我们发现正式协议还是约定了创始人的无限连带责任，于是再次对此进行修改，但投资人律师不接受，说这是标准条款，绝对不能改。

于是我们找出意向协议前后修改的几个版本，发给投资人律师并解释："你看，投资人在第一个版本确实要求创始人承担无限连带责任，但经过沟通，投资人同意了公司的意见，把创始人的责任改成了有限责任，并签署了意向协议，说明投资人已经特许认可了这个原则，因此不能再因为是标准条款就必须这样约定了，如果你坚持标准条款，也是违背了投资人的初衷。"

结局

投资人律师看了几个版本，发现确实能说明投资人曾经同意降低创始人责任，于是只好表态再和投资人商量一下。最终结果是，投资人同意在这个条款上做让步。

这个案例中，当初在修改意向协议时并没有遇到太多阻力，可能是投资人自己没太在意意向协议的内容，但健健公司却因此获得了有利谈判地位。即使事后投资人真的后悔，也不好意思全面推翻意向协议中的约定，或多或少都会做些让步。

　　反之亦然，如果创始人草草对待意向协议，到了签署正式协议的阶段，才提出不能接受意向协议中已有的一些约定，这会让大家很难堪，给投资人留下出尔反尔的印象，甚至会让人怀疑创始人处理事情的能力。而且推翻意向协议中已有的重要约定可能会导致有的投资人需要重新走风控或投决流程，拖慢融资进度，此时有的创始人为了快速谈定融资，不得不妥协。

　　至于该如何理解意向协议中的分红权、清算权、回购权、领售权等各种听起来很高深的权利，下一章会逐个详细介绍，本节不再赘述。

排他期

　　意向协议中还有些条款是明确有效的，第一个需要关注的是排他期约定。

　　意向协议签署后，投资人就需要投入大量精力了解这家公司，同时聘请律师、会计师对公司进行调查，如果这段时间公司还和其他投资人密切接触，投资人会非常没有安全感。因此，有的意向协议会约定排他期，排他期内创业公司不能和其他投资人接触，否则需要承担违约责任。

　　站在创业公司的角度，排他期越短对公司是越有利的，一般不超过60天，如果有很多投资人争着投资你，你也可以直接拒绝约定排他期。如果排他期约定过长，投资人最终决定放弃投资，创业公司就很被动了，可能会错过最佳融资窗口期。

费用承担

　　第二个需要关注的是费用承担条款。

　　费用承担条款一般约定，如果顺利完成融资，投资人聘请律师、会计师的服务费需要创业公司承担，这种情况建议确定创业公司承担服务费的最高限额。如果投资人完全不承担这些服务费，会比较少考虑中介服务的性价比，如果与律师、会计师约定了比较高的服务费，会给创业公司带来不小负担。

最高限额根据具体的融资金额和融资阶段确定，一般建议早期融资可以将投资人方中介机构服务费控制在 20 万元以内，如果后期融资金额提高，服务费可以上浮，考虑到市场行情的变化，届时可以寻求熟悉的第三方机构的建议。底线是，创业公司最后收到融资款了才有义务承担这笔服务费，没收到款，则无须付费。

此外，如果创业公司在融资过程中存在明显过错，比如向投资人提供了虚假信息，投资人调查后发现了问题决定不再投资，这种情况一般由创业公司承担服务费作为惩罚。

8.2 尽职调查都在做什么，代持该不该披露

签署完投资意向协议，投资人会开始对创业公司进行尽调，以进一步了解公司真实情况，如果尽调情况基本满意，那么投资可以继续推进，如果尽调结果明显不如预期，那么投资一般会终止。

第一次融资的公司会对尽调有点紧张，不知道该怎么提供资料，担心真实毫无保留地提供资料，把瑕疵露出来会不会影响投资人的投资决定，或者会不会导致泄密。尽调到底是怎样进行的，创业公司在被做尽调的过程中需要注意哪些问题呢？

尽调的内容

我们先看看业务尽调、财务尽调和法律尽调分别在调查什么内容。

先说业务尽调，业务尽调一般由投资人自行完成，投资人在签署框架协议前已经对创业公司的业务情况有了大致了解，意向协议签署后，他们

可能会进一步调查，主要围绕公司业务基本情况、核心团队、产品／服务和市场、融资用途、风险分析等。比如，根据国内外经济形势、行业发展趋势、市场竞争状况判断公司盈利预测假设的合理性；对比以前年度计划与实际完成情况，参照公司发展趋势、市场情况，评价公司预测期间经营计划、投资计划和融资计划安排是否得当；了解核心成员的教育经历、专业资格、从业经历、主要业绩以及在公司担任的职务与职责，股权分配是否合理；调查核心成员的能力、品质、之前任职公司的运作情况及本公司的经营情况，分析核心成员管理公司的能力等。

财务尽调一般由投资人聘请的会计师进行。对于业务比较成熟的公司，财务尽调结果非常重要，是一家公司有没有被投价值的重要依据。但针对早期创业公司或财务数据相对简单的公司也可能不做财务尽调，或由投资人自己简单收集一下财务资料。财务尽调主要是确认公司披露的财务信息是否真实，财务管理是否规范，财务状况是否健康。如果财务信息严重失真，投资人一般是不会投资的；如果财务管理不够规范，投资人可以要求公司在被投资后逐步规范。财务状况是否健康和公司本身的业务模式有很大关系，如果是业务模式导致的财务状况非常不健康则可能影响融资。

法律尽调由投资人聘请的律师进行，主要确认公司在法律方面是否存在重大问题，比如公司历史上是否存在出资不实、股权纠纷、资产不完整、知识产权存在争议、业务资质不齐备等之类的重大瑕疵，商业运作是否存在重大争议或潜在纠纷，是否存在重大债务，环保、消防、生产、劳动是否合规等。调查出来的问题如果暂时不会对公司发展带来明显影响，一般会在正式协议中约定哪些问题在打款前弥补，哪些问题在打款后规范，调查出来的问题如果比较严重，则投资人可能放弃投资。

■ 案例 34*

尽调发现创业公司的高风险

一位投资人曾委托我们对一家估值十几亿元的创业公司做法律尽调，尽调中我们发现这家公司的商业合同存在明显的法律风险。

这家公司有大量的应收账款，公司自认为是完全可以收回的，但我们在查阅公司的商业合同后发现，合同中对这类应收账款的表述含混不清，一旦走到诉讼阶段，公司很可能得不到法院支持。

当时我们建议公司修改商业合同，与各位采购商重新签署，明确应收账款的性质。但公司不同意，说公司的商业模式决定了这个合同是无法修改的，如果修改成我们建议的那样，业务可能就谈不下来了。会计师在财务尽调中也同样发现了这个问题。后来投资人衡量再三，放弃了这次投资。

尽调后不到一年，果然有新闻报道那家公司被卷入了很多诉讼纠纷，收不回"应收账款"，导致资金链断裂。

尽调中是否该有所保留

创业公司是否要在尽调中有所保留呢？

从大方向上看，创业公司不用太紧张，因为尽调也是在帮助你提前排雷。比如，会计师在财务尽调中可能发现公司的业务流程内控做得不好，会影响收入的确认，你根据会计师的意见进行流程优化，可以提高业务管理水平；律师在法律尽调中可能发现公司的核心知识产权还登记在某位创始人名下，建议该创始人将知识产权转移到公司，这对全体创始人而言也是好事，避免将来发生争议。

创业公司最常见也是最棘手的问题一般是股权争议，初创阶段为了团结创始人，引进上下游资源，引入资金或对员工进行股权绑定，容易产生很多不规范的股权操作，比如代持、许诺期权、诸多小股东直接持股等。

这些情况最好如实告诉律师，可以趁着大家都期盼能成功融资的心境，顺带按律师的建议将这些潜在争议妥善解决。蛋糕还没有做大时，什么都好商量，等蛋糕做大了再来解决，代价就非常高了。

不少创始人对于代持该不该披露始终很纠结，其实不仅是融资中，上市过程中也要求披露及解决代持问题。除非你有十足把握这个代持永远不会被其他人知道，你的隐名股东永远不会和你产生矛盾，否则，还是建议将代持情况如实告知投资人或上市辅导机构，该披露的披露，该显名的显名。上市申报期间一旦显名股东和隐名股东闹矛盾或者代持情况被举报，都可能导致公司上市失败，同时你还可能需要向投资人承担高额违约金。

虽然尽调可以帮助创业公司发现风险，但有的创始人担心自己随时可能被投资人压价或者放弃。压价的情况确实有可能发生，但只要问题不是很大，风投比较少这样做，尤其是有多家投资人想投资你的情况下，他们也害怕失去投资机会。如果你确实担心被压价，那可以让自己的律师或会计师先帮助自查一下，该规范的提前规范。

如果创业公司真的存在很严重的问题并故意隐瞒，将来被投资人发现，很可能导致两败俱伤。但对投资人而言，只是一个项目投资失败，而创始人可能会付出更沉重的代价。

■ 案例 35

"女版乔布斯"的骗局[○]

2015 年曾出现一个轰动全球的丑闻，美国血液检测公司 Theranos 被知名调查记者报道是一个骗局。

○ 卡雷鲁 . 坏血：一个硅谷巨头的秘密与谎言 [M]. 成起宏，译 . 北京：北京联合出版公司，2019.

背景

案例的主人公是伊丽莎白·霍姆斯（Elizabeth Holmes），她基本复制了乔布斯和比尔·盖茨的职业生涯，号称研发的快速检测仪器可以改变整个医学检测方式，不用大针头，不用扎胳膊，不用抽好几管血，轻轻扎一下手指，一两滴血能测出几百项生理指标。

有了这样的仪器，所有医院的检验科都要关门。因此 Theranos 受到了资本热捧，鼎盛时期估值达到 90 亿美元。虽然一直有质疑声，但投资人选择性相信 Theranos 是一家值得投资的公司，生怕自己掉队。

结局

直到美国食品药品监督管理局（FDA）介入和员工爆料，这个独角兽才终于被大家认识到是"有毒"的。2018 年 6 月 14 日，霍姆斯受到了投资人的集体起诉及司法部门对其两项串通诈骗罪名和九项诈骗罪名的指控。2022 年 11 月 18 日，美国广播电视新闻网报道，霍姆斯因欺诈投资者罪名获刑 11 年零 3 个月。

如果当年霍姆斯在 Theranos 被做尽调时能诚恳一些，投资人也认真和冷静一些，可能早就发现这家公司主推的产品在技术上是无法实现的，如果 Theranos 融不到资，霍姆斯或许会创业失败，但她可以考虑再换个方向或工作。以她展现的能力，换个领域取得成功并不难，不用因自己的一次谎言而不得不一直圆谎，谎言像雪球一样越滚越大，最后身败名裂失去自由。

因此，如果创业公司拼尽全力最后也得不到投资，可能是你的创业方向真的有问题，可以调整一下方向，或者你的融资时机不对，可以再等等合适的时机，但不要为了融资而弄虚作假或隐瞒重要事项，否则最后的结局可能会超出你的承受范围。

■ 延伸阅读

《坏血：一个硅谷巨头的秘密与谎言》（[美] 约翰·卡雷鲁）

作者依据与 150 多人的数百次访谈而写成本书，其中包括 60 位 Theranos

公司的前雇员。为了得到最完整、最详细的事实，作者同意给提供信息的一些人赋予化名。作者称自己对所引用的任何电子邮件、文档均根据原始文件逐字核对过。部分章节内容基于法律程序中的记录，例如作证时的证词等，作者在本书正文后的注释中都详细列出了相关记录。

通过本书，你可以从细节窥探到一位被称为"女版乔布斯"的创业者是如何一步步走向深渊的。

8.3 如何在尽职调查中保护商业秘密

虽然鼓励大家在被做尽调时尽量坦诚，但有些信息属于创业公司的商业秘密，把这些信息毫无保留地披露给投资人是不合适的，尤其当你的投资人是战略投资人时，你们之间本来就存在潜在竞争关系，如果在尽调中披露了自己的商业秘密，很可能是在培养竞争对手。

■ 案例 36*

疑似被投资人偷师

实华公司是一家从事企业内控管理和信息系统建设的公司，2022 年，有位采购商表示很看好他们，愿意投资，同时也能进行业务合作，亲上加亲。实华公司本来也打算融资，所以欣然开始和这家采购商商洽融资事宜。

采购商很快启动了尽调，把自己公司的核心高管派驻到实华公司现场，他们向创始人询问了业务的各种细节。创始人非常坦诚，解答了采购商的全部疑问并做了详细展示。

数日后，采购商派来的高管终于撤场，说回去汇报尽调情况，但从那之后采购商就开始推三阻四、拖延进度，最后索性报出实华公司完全无法接受的投资条件，实华公司只能放弃这次融资。

数月后实华公司创始人发现，那位采购商已经完成了自己的内控管理和信息系统建设，而且和实华公司的产品很相似，创始人高度怀疑之前采购商表面上是来做尽调的，实际上醉翁之意不在酒，并且这位采购商将来也可能会进入自己的业务领域。从那之后，这位创始人在面对投资人时不敢再如此"坦诚"了。

市场竞争向来激烈，2023 年甚至出现某头部风投在创业公司线上路演时邀请其投资过的同行竞品创始人参会的情形，这对融资的创业公司而言是不小的打击。

那么在提供尽调资料时该如何保护自己的商业秘密？

核实尽调者身份

如果是通过可信度不高的渠道接触的投资人前来做尽调，建议简单核实尽调者身份，比如是否有名片，是否有工作邮箱，其信息是否在其机构官网可查询。

进行涉及保密信息的路演时，建议逐一确认观看你路演的人的身份，必要时可当场单独签署保密声明。如果是线上路演，则会议链接尽量采用主持人邀请制，避免会议链接被任意转发。这些方法不能确保万无一失，但可规避一些明显的风险。

签署保密协议

虽然意向协议中也有保密条款，但还是建议与投资人及他们聘请的尽调机构分别签署保密协议。可能会有人说保密协议的作用并不大，因为很难取证投资人泄露或非法利用了创业公司的商业秘密，以及投资人的这种行为到底给创业公司造成了多少损失，即使真的能找到证据，起诉了投资人，创业公司也要付出大量时间、精力和律师费，最后获得的结果也不一定理想。

但签署保密协议还是有意义的，这是在向投资人及尽调机构郑重表明：

公司非常重视保护商业秘密，请不要轻易违反保密义务，一旦违反，公司将随时采取法律手段维护自身合法权益。这样至少能提高他们的保密意识，减少无心之过。如果在保密协议中能约定明确金额的违约金，比如10万元、50万元，这样的震慑效果会更好。如果你自己都不通过这些方式表明自己的态度，就不要奢求其他人会认真对待。

指定专人提供尽调资料

有的创业公司会安排助理、财务、行政、人事多人对接尽调机构。这是非常忌讳的，不但容易导致相互推诿、效率低下，扩大公司信息的传播范围，而且提供资料的人对于保密重要性的认识程度不同，容易导致保密信息的泄露。建议创业公司安排一位专人对外提供资料，并对他进行一定的指导，避免上述问题。

提供资料讲究技巧

对于不必要的资料，可以拒绝提供。尽调机构在做尽调时基于专业性考虑，发出的尽调清单会非常详尽，其中难免会涉及商业秘密的内容。如果你不清楚为什么需要提供某些资料，可以直接询问尽调机构，如果他们无法给出合理的解释，可以拒绝提供。

披露的保密资料可以在文件名称中及正文水印中标记"某公司保密信息，外传必究"，甚至可以标记这份文件是提交给了某具体机构。这也是在提醒尽调机构不要泄密，有这样标记的文件他们自己也不好意思泄露出去，否则就是昭告他们不守诚信。

合理的必须要披露的信息，可以灵活处理、适当脱密。对于尚未公开的技术或配方，可由投资人确认技术或配方的结果，但并不披露技术的详细信息；要求尽调机构出具尽调报告时，只体现部分可公开的信息以及对结果发表的意见，但不能把敏感信息全部写在报告中；对于部分机密文件，可以由投资人现场查看原件，但不能复印带走；对于文件中涉及商业秘密的信息，可以脱密后再发给尽调机构；对于供应商、客户的详细信息等，不要直接全部提供，可以和尽调方沟通是否可以挑其中一部分名单并且只披露一部分信息，如果需要现场抽查，可以由公司的人陪同去现场；中高管名单和联系方式也不要毫无保留地提供，可以先询问尽调机构要这部分信息的目的，可否通过其他方式实现相同的尽调效果，避免中高管信息泄露到猎头手中。

创业公司也需要注意不要矫枉过正，只有真的算得上很重要的商业信息才有必要如此谨慎，如果对大部分资料甚至通过公开渠道就能获取的资料进行过分保护，很可能耽误融资进度，而且扭扭捏捏反倒容易让投资人觉得你可能有猫腻。

通过工作邮箱交接电子材料，做到留痕。不少创业公司为了便利，通过个人微信、QQ向尽调机构提供文件，不少公司的信息就是通过这些"便利"途径泄露的，而且将来发生争议时，也较难举证公司向尽调机构提供了这些材料。

无论是日常工作中，还是股权融资中，传送资料时都应当注意留痕，通过自己的工作邮箱发送到对方的工作邮箱。如果对方提供的收件邮箱是个人邮箱，应当要求对方提供工作邮箱地址，一方面可以核实对方身份，另一方面可以避免将来举证困难。

此外，邮件正文中除必要的工作礼仪性问候外，建议对附件文件的性质和保密要求做出必要提示。

项目终止后要求返还或销毁保密资料

保密协议中可以约定项目终止后，尽调机构及投资人需要返还或销毁全部保密资料，但也有部分投资人基于自身风控规定，会要求保留一份副本。在此情形下，创业公司可以在项目终止时向尽调机构及投资人发出书面通知，要求其返还或销毁保密信息，同时要求对方提供一份声明，除投资人可依据保密协议保留一份副本外（如果保密协议同意其保留一份副本），其他材料已经全部进行了返还或销毁。

即使该措施不能保证对方一定返还或销毁保密资料，但只要创业公司按约发出通知，对方出具了声明，一旦发生纠纷，这些通知和声明也都将成为对创业公司有利的证据。

保密措施和融资效率之间有时是存在冲突的，但商业秘密这一底线不能随意拉低。要解决这里的冲突，是一项需要长期积累的工作，比如在公司内部建立文件保密机制，对常用的尽调材料进行脱密和分类整理，建立完善的资料库，需要的时候能高效调取。

第 8 章特别提示

认真对待意向协议，避免在正式协议谈判中处于被动地位。

意向协议中需要关注两个重要条款：

- 排他期不宜过长。
- 投资人方中介的服务费应控制在合理区间，创业公司未收到投资款则无须支付相关服务费。

投资尽调可以帮助创业公司规范管理。

尽调过程中尽量坦诚，不要做重大隐瞒。

核实尽调者身份。

尽调中签署好保密协议。

指定专人提供尽调资料。

向尽调机构提供资料时讲究技巧：

- 对于不必要的资料，可以拒绝提供。
- 披露的保密资料可以在文件名称中及正文水印中标记好保密提示。
- 涉及合理的必须要披露的信息，可以灵活处理、适当脱密。
- 通过工作邮箱交接电子材料，做到留痕。

项目终止后要求返还或销毁保密资料。

在投资条款中为自己守好底线

投资人做完尽调会发给你正式协议,本章开始进入正式协议的谈判环节。

自由投资人的投资协议一般比较简单;战略投资人的投资协议有的比较简单,有的比较复杂;风投的投资协议一般是最复杂和稳定的,因此本书以风投的投资协议为基础介绍。清楚怎么和风投谈判后,就知道该怎么与自由投资人和战略投资人谈判了。

一收到风投发来的正式协议,大多数创始人就愁眉苦脸。协议冗长且晦涩难懂,正常会有几十页的篇幅。明明所有的字都认识,但怎么看也看不明白,看了后面忘前面,更别说理清前后勾稽关系了。不过这也是市场博弈的结果,历史上的投资人踩过很多坑,他们在协议中将这些坑一个个填补上,日积月累,协议看起来就像是"天罗地网"了。

除了个别投资人外,正常投资人都不会带着恶意投资你,他们都希望你的公司发展好,大家实现共赢。但你需要理解协议中的条款到底在讲什么,投资人为什么会这样设置条款,背后的逻辑是什么,对你又意味着什么，只有理清这些关系，你才能找到自己和投资人都能接受的平衡点。

有的投资人会把正式协议分成投资协议和股东协议，投资协议主要约定和投资相关的权利义务，股东协议主要约定投资完成后股东之间的权利义务，为了方便表述和理解，接下来都统称为投资协议。

投资协议的内容主要分为四大类。

- 第一类是与投资直接相关的内容，比如付款条件、解约条件，以及公司和创始人对此做出的承诺保证等。
- 第二类是投资人的各种特殊权利，比如优先分红权、优先清算权、回购权等。
- 第三类是公司经营决策规则，比如股东会规则和董事会规则等。
- 第四类是对公司及创始人的各种限制，比如公司必须合规经营，创始人必须全职和禁止竞业等。

第一类主要是关于融资如何推进的约定，融资结束后一般就不重要了。

第二类和第三类内容比较特殊，实操中，为了满足公司上市需求，在公司申请上市时，第二类约定会被取消，第三类约定需要按照上市规则重新调整，但如果最终公司上市失败，第二类和第三类约定一般会自动恢复。

至于第四类合规经营，上市公司本身也要遵守，创始人作为公司高管，全职和竞业禁止义务也会有相应的证券规则约束。

因此，你可以理解为，一般只要上市成功，公司和创始人就可以不再受严苛的投资条款约束了，只需要遵守相关证券规则。

因此本书关于投资协议条款的分析，都基于未上市情形下这些条款会对你产生的影响，同时，这些条款本身是否合理也在一定程度上影响你最终能否成功上市，是攻守结合的分析。

接下来会以通俗的方式让你理解协议中的各种重要条款，[⊖]让你知其然且知其所以然，并且明白谈判的方向和要点。如果你聘请了融资经验丰富的律师，他们可以帮你解决其中大部分问题，但你自己理解这些内容后，可以更好地向律师提出自己的需求，听懂律师谈判后的反馈，做出更明智的决策。

9.1　投资人爽约不支付投资款怎么办

正式投资协议中第一个要弄清楚的问题不是各种高深的特殊权利，而是最直接的——投资人到底什么时候能把钱给你。

一定要记住，口头承诺的钱都不是钱，协议里签署好要付给你的钱也不是钱，只有银行卡里到账了的钱，才是真的钱。最近十几年创业大潮热火朝天，投资人签完投资协议，在最后付款时出现意外，导致创业失败的例子并不少见。

■ 案例 37

电商公司少到账的 1900 万元

2017 年，重庆一家电商公司创始人与自己的投资人在网上展开了隔空对骂，创始人指责投资人没有把应投的 4500 万元资金全部支付到账，还差 1900 万元，导致公司商业安排推进艰难，许多事情做不下去，造成公司很大损失。投资人也在网上指责创始人花公司的钱给自己进行奢侈消费，通过亲友逐渐转移公司资产等劣迹。

⊖　基于大部分创业公司处在有限责任公司的状态，因此，除有特别指明针对股份有限公司的介绍外，本书中对于各种重要条款的解读均默认创业公司为有限责任公司。虽然有限责任公司与股份有限公司的规则存在一定的区别，但是股权融资的商业逻辑是不变的，因此这些区别不会明显影响你的决策，可以让你的律师根据不同规则对个别条款内容略做调整即可。

一开始舆论指责投资人出尔反尔，后来投资人律师澄清说，各方在签署投资协议几个月后又签署了补充协议，将投资款调整为 2600 万元，而这笔款已经支付了，所以投资人并没有违约。

这家创业公司此后一蹶不振，最终退出了市场。

我们可以从三个角度理清投资人付款中的利害关系：第一，投资人付款的前提是什么，怎样让他尽快支付？第二，如果投资人违约不付款，你能怎么办？第三，为了降低投资人不付款带来的风险，你可以提前做什么？接下来一一分析。

付款前提

投资人并不是签了协议就会打款，投资协议中会约定一系列的付款前提，一般被称为"交割条件"，这些交割条件全都达成了，投资人才会打款。

投资协议中的交割条件主要包括以下几方面：第一，投资人做尽调后，对结果表示满意；第二，最终的法律文件已经全部签署，比如投资协议、股东协议、章程等；第三，公司内部已经完成了同意本次融资的审批，比如董事会决议、股东会决议；第四，完成本次融资所需的资质认证、证照及其他政府审批文件已经获得；第五，公司管理层核心人员已经签署令投资人满意的劳动合同；第六，在投资人正式付款前，公司及创始人没有违反协议中的各种承诺或者发生重大变化；第七，尽调中发现的需要在交割前解决的问题已经得到妥善解决。

如果投资人希望尽快完成投资，且他们有较高的风险承受能力，那么交割条件会设定得比较简单，早期创业公司的交割条件一般都不会太复杂；如果投资人追求低风险，会倾向于设定较为复杂的交割条件，尤其针对比较成熟的公司，这种情况下，公司需要费点功夫才能真正收到投资款。

如果投资人要求的某个交割条件可操作性较低，或者会产生巨大的交易成本，或者需要耗费大量时间，建议和投资人协商删除或调整这个交割条件，或者将它变成投资完成后履行的义务，让交割条件能够尽快达成。现在很多跟投方都等着领投方付款后才敢付款，如果领投方拖太久，跟投方都处于观望状态，容易夜长梦多。再加上交割条件满足后，投资人内部付款流程也需要几天时间，这都会增加不确定性，你很难改变投资人的内部付款流程，所以至少可以在付款前提上多下功夫。

比如有的投资人要求创始人先注销他以前设立的一个空壳公司，但是注销公司的流程非常复杂，涉及工商税务的各种烦琐手续，没有几个月很难完成，而且空壳公司的存在对项目公司的经营并没有实质影响，注销它也只是履行流程，这样的条件最好放到投后义务中，不要作为交割条件。

再比如有的投资人要求先完成工商变更再打款。工商变更登记只是一个公示流程，并不影响协议的效力，但是这个流程很花时间，短则需要一周，长则需要十几天，而且一旦股权登记到投资人名下，投资人最后不打款，创业公司会非常被动。如果你足够强势，可以要求投资人先付款，公司再做工商变更，如果你没那么强势，至少可以要求投资人的付款流程和公司的工商变更手续同时进行。

预防投资人违约

有时也会遇到交割条件已经满足了，投资人就是不打款的情形。罗永浩曾透露，他在2016年经历过一次融资，对方签署协议后拖了很久，既没说取消，也没说继续。对方的影响力很大，他们不付款导致跟投机构都不敢付款，都在观望。这样拖了足足半年，公司的资金断链快坚持不下去了，罗永浩一度计划把公司低价出售[注]。

其中的原因是复杂的，比如可能投资人没钱了，或者市场行情确实发生了重大变化。

遇到这种情况，当务之急是了解清楚情况后，快速做出决断，接下来怎么解决危机。因此，投资协议中一定要约定明确的投资款支付时间，如果投资人拖延一定时间不付款，公司可以解除协议，这样你可以没有顾虑地赶紧去想其他办法，不用担心去找了其他投资人，前面这位拖延付款的投资人反过来追究你的违约责任。

另外尽量不要约定分期付款，分期付款的尾款并不一定能到账，案例37就是这种情形。如果一定要约定分期付款，那么尾款的付款条件需要写得非常明确，最好单纯以时间作为条件，如果还附带其他经营条件，需要约定可以明确衡量的标准，比如注册用户数或合同签署的交易金额这类相对比较好统计的标准，而市场占有量、产品研发程度就比较模糊、难以衡量，将来容易引发争议。

最后，建议根据投资人已经支付投资款的比例来逐步完成工商登记，不要一次性做全部登记。如果你遇到的投资人不太厚道，他违约后不一定会积极配合你做工商变更把股权还给你，而且如果需要通过减资来解决这个问题，会耗费很多时间和精力，也可能影响下一次融资。

提前防范商业风险

既然投资人可能因为各种原因不付款，那么你需要有所准备，至少以下几点可以在一定程度上帮你降低风险。

第一，启动融资的时间不要太晚，尽快推进融资流程。不管是提高自

[注] 罗永浩. 创业在路上 [M]. 北京：中信出版集团，2018.

己的效率还是聘请有经验的财务顾问及律师，尽量多预留时间，这样即使发生意外你也还能撑一撑。

第二，做好反向尽调，判断投资人到底有没有资金。这点在 5.2 节有详细介绍，虽不能确保万无一失，但至少可以避免一些明显的失误。

第三，和备选投资人保持联系。在投资款真正到账之前，不要拒绝正在洽谈的其他机构，免得两头都没着落。

第四，财务计划不能太激进。建议收到多少款做多少安排，案例 37 中的电商公司创始人可能缺乏财务经验，他按照全部投资款到位的情形给公司做了比较激进的经营计划，没有考虑投资款不到位或者没全部到位情况下的财务风险，因此当投资人决定少投资 1900 万元时，公司的经营计划已经无法回头，不可避免地产生了重大损失。

9.2　对赌条款：动作变形的开始

对赌条款在创业公司种子轮融资或天使轮融资中比较少见，但在之后的融资中就逐渐常见了，这个条款对创业公司及创始人的影响是多维度的，不仅会影响公司既有的经济利益分配，还会影响公司的战略决策，可能导致公司的经营动作变形。对赌条款也通常和回购权相关联，因此在介绍回购权之前，需要先深入了解对赌条款。

概念

对赌条款是投资人与创业公司在达成投资协议时针对公司未来的不确定性进行的一种约定，如果约定的情形没有发生，投资人可以行使一种提前约定好的权利；如果约定的情形发生了，投资人就不能行使这种权利。

未来的不确定性主要包括在某个期间内公司的业绩能不能达到某个标

准，能不能成功上市等。投资人可以行使的权利主要包括要求创始人回购股权，或者调整公司估值，回购的后果将在 9.3 节介绍，调整公司估值的后果是，创始人向投资人补足相当于估值差额的现金，或者公司及创始人向投资人进行股权补偿。

某著名影视演员就和华谊签过对赌协议。

■ 案例 38

某影视演员与华谊兄弟的对赌

2013 年，某影视演员设立了影视制作有限公司，想进军电影行业，但是缺少资金，这时候华谊兄弟的影业投资公司找上他，想用 2.52 亿元收购其 70% 的股权，但需要签一份五年的对赌协议，对赌的内容是该影视公司第一年净利润要达到 3000 万元，此后每一年还要按照一定的比例递增，如果达不到这个业绩，创始人就需要自掏腰包补上这笔钱。[一]

那个时候影视圈业绩还不错，创始人没有太强的风险意识，觉得很正常，就签了这个对赌协议。

之后三年，该影视公司都如约完成了业绩，但根据华谊兄弟 2016 年年度报告，该影视公司 2016 年没有完成业绩，当年的业绩目标为"不低于 2015 年税后净利润 3779.50 万元"，但是，2016 年该影视公司的税后净利润只有 2500.13 万元，相差 1279.37 万元[二]。而这部分差额就需要创始人自己出资填补，这就是现金补偿。

存在的原因

对赌条款为什么会存在呢？其存在的目的是解决投融资中的障碍，让

[一] 参见《华谊兄弟传媒股份有限公司：关于投资控股浙江常升影视制作有限公司的公告》《华谊兄弟传媒股份有限公司：关于投资浙江常升影视制作有限公司项目的说明》。

[二] 参见《华谊兄弟传媒股份有限公司 2016 年年度报告》。

投资人早日下定决心投资创业公司，这是市场博弈的结果。怎么理解？我们先看投融资中普遍存在的几个难题。

第一，投融资双方对创业公司的估值一般都存在分歧。受创始人水平、公司经营模式、市场环境、国家政策等各因素的影响，公司未来具有极大的不确定性，投融资双方都没办法对公司未来做出精准判断，而且双方立场不同，对公司估值的期待也不同。创业公司希望获得更多资金，往往高估自己的价值；投资人为了降低风险和提高收益，往往在公司估值上比较保守，双方难以达成共识。

第二，投融资双方存在信息不对称的问题。投资人作为外人，很难对创业公司的真实情况有及时全面的了解。而创业公司为了吸引到投资人，容易夸大公司的价值和未来前景，或在某些情况下不披露甚至伪造部分信息；作为信息劣势方的投资人则担心被蒙骗，往往小心翼翼，不敢轻易做出投资决定。

第三，创业公司所有权与经营权分离。投资人投资创业公司后往往不参与具体的经营管理事务，再加上信息不对称，很难对创业公司进行有效监管，这可能导致创始人为追求自己利益最大化而损害投资人利益。而且，创始人能力水平参差不齐，投资人在事前难以做出准确判断，难免"遇人不淑"。

对赌条款刚好可以在一定程度上解决以上几个问题，投资人愿意通过对赌条款激励和约束创始团队，让创始团队对公司的价值和未来成长做出稳健可靠的预判。即使公司发展达不到预期目标，投资人无法取得预期投资收益，也可以通过对赌约定获得一定的赔偿。对于创业公司而言，在投资人犹豫不决的时候，对赌条款可以帮助打消投资人的疑虑，使创业公司尽早获得融资，也是有正面意义的。

分析

虽然对赌条款有其存在的合理性，但还是建议创业公司不要轻易签对赌条款，尤其是早期公司，因为早期公司还在商业模式摸索阶段，不确定性非常强，可能今天觉得用户注册数重要，明天就觉得平台建设更重要了。如果签了对赌条款，比如承诺了用户注册数，但是后期战略发生变化就很难办了，如果继续去完成对赌，就是浪费钱走弯路，如果不去完成对赌，就会违约。这样很容易导致创业公司动作变形，不得不放弃长期战略，全力去达成短期对赌目标。

这样的结果是，就算完成了任务，也可能为将来的发展埋下隐患。

■ 案例 39

羽毛之殇

以案例 38 的影视演员和华谊兄弟的对赌为例，为了补偿业绩对赌的窟窿，如约完成业绩，该演员只能增加工作量，接了许多戏。

虽然如此，但还是很难堵上对赌的大窟窿。于是，他开始不断接代言，奶粉、理财产品、食用油、服饰等，由于被代言产品的各种争议，他在网络上也不断受到各种质疑。

该演员也顾不得身份了，除了广告，还开始参加真人秀综艺节目。参加真人秀综艺节目一般都很辛苦，一群年轻人在户外爬上爬下，他一把年纪也跟着折腾。

该演员自己也在一次活动中公开讲："自从我扛上这个对赌协议后，我就变得不从容了，拍戏不能像以前那样说等一个我喜欢的剧本和角色再拍。过去什么活动，给多少钱我都不去，觉得不好的广告，给多少钱也不接。后来我变得，这一切都没门槛了。我起码得守住一点，我要做个诚信的人，守契约，我要给人家完成对赌的那个份额，用什么方式都要把这个钱给人填上。"⊖

⊖ 来自主题演讲：中国影视行业的趋势和机会。

从上述案例可以看出，对赌协议会改变长期战略，让人只注重眼前任务，最后伤害自己的羽毛。

不少签过对赌协议的创始人都曾表示，为了完成对赌，他们或多或少都改变过自己的战略目标，明明知道当下去实现对赌目标会导致没办法执行更有价值的长期规划，但也不得不去做，或者为了继续执行自己的长期目标而不得不冒风险在短期内欺骗投资人。

建议

你可能会有疑惑，前面介绍了对赌条款存在的合理性，现在又劝你不要轻易签对赌协议，这不矛盾吗？

当然不矛盾，我们从两个层面来看，首先，不是所有的投融资场景都适合签署对赌条款，其次，如果一定要签对赌条款，也有很多尺度可以把控。我们对业绩对赌和上市对赌分别进行分析。

业绩对赌

一般经营已经比较成熟的公司才适合业绩对赌，比如一些公司准备启动上市计划，公司营收和盈利水平比较稳定，打算引入投资人扩大生产经营，投资人也期待公司几年后能上市，业绩必须有保障，那就签个对赌条款明确一下。对创始人而言，公司经营这么多年了，这些业绩能不能完成，心里是比较有数的，只要业绩额度合理，签了也无妨。

但对早期的创业公司而言，如果商业模式还不稳定，市场还没摸透，甚至就是刚设立的新公司，什么都没有，这时候去承诺业绩，就过于冒进了。尤其是一些高科技行业、生物医药行业的早期创业公司，就更谈不上业绩对赌了，研发周期长、不确定性高，如果约定业绩目标，很可能达不到。如果你的投资人不理解你，一定要签署业绩对赌条款，说明他可能不懂你的行业，最好是换一个懂行业的投资人，避免将来产生矛盾。

假设经过前面的分析，你认为你的公司和投资人签署业绩对赌是合适的，那么首先，不要盲目追求高估值而设定可能达不到的目标，一旦对赌失败，损失将是巨大的。

其次，业绩标准务必清晰明确，不仅你觉得没问题，还要你的律师和会计师都认为没问题才能签，因为业绩目标涉及法律和会计上的各种术语和认定方式，你可能会因为专业领域知识不足而给自己留坑。

再次，可以给业绩标准设置一个可以浮动的区间，比如下浮不超过10%也算完成绩效，给自己争取更多灵活空间。

最后，一些强势的创业公司还会和投资人约定反对赌条款，比如投资人要求没达到怎样的业绩目标，公司估值需要下调，创业公司反过来约定如果公司达到了超出预期的目标，那么公司估值需要上调，创始人有权利低价获得更多股权。

上市对赌

做上市承诺是非常危险的，"上市难，难于上青天"，一点都不夸张，中国有几千万家公司，还不包括历史上已经解散了的难以统计的无数家公司，而成功上市的公司就只有几千家。

困难的不仅是公司能否达到上市的盈利要求，即使能达到，也可能因为各种原因被否，比如知识产权瑕疵、财务真实性难以核查、股东被卷入离婚纠纷、行业前景不明等，都可能导致上市失败。

再加上上市成败还受政策影响，在A股历史上，上市审核曾有多次暂停，如果你刚好卡在这个时间，回购条件被触发，真的是很可惜。所以上市能否成功一定程度上和运气相关，怎么能把自己的命运和运气挂钩得这么紧？如果是非常成熟的公司还好，能尽早提交申报材料，反正公司有资金，真的上市失败还是有能力回购的，但是不少新兴行业的早期创业公司，第一次引进融资时就承诺上市，还没学会走路，就已经承诺自己会飞了。

因此，不要忽视各种不可控风险，尽量不要同意上市对赌。如果投资人一定要求上市对赌条款，可以考虑多做一些限制，比如，可以承诺在约定上市的期限内公司满足上市申报的几项硬性指标，并向证监会或交易所提交申报材料，至于申报后的结果，不做承诺；或者因为上市暂停等政策原因，导致公司无法申报或申报后不能被审核的，公司和创始人也不承担责任，总之，多给自己设计几道合理的防火墙。

在刚才提到的这些限制条件下，创始人也算兢兢业业达到了自己的最好状态，至少使公司满足了上市申报的硬性指标，但创始人能做的也仅限于此，如果是因为其他原因上市失败，就不能过于苛责创始人。

关于对赌失败，投资人要求公司或创始人回购股权怎么办，9.3节会详细分析"回购权"，此处不再赘述。

最后，想要避免不合理的业绩对赌，首先自己要诚实，公司实力怎样就是怎样，自己有几分能力就说几分，不要夸大其词，否则就不要怪投资人给自己定业绩目标，最后让自己下不了台。

9.3　回购权：会导致倾家荡产吗

回购权是投资人所有特殊权利中最令创始人胆战心惊的一项，其他权利大不了让创始人"净身出户"，而这个权利可能让创始人倾家荡产，是最接近底线的条款，5.3节提到的"最惨创业者"就是被回购权带入了深渊。因此，这个条款是你和投资人谈判的重点。

只要回购权的风险被控制在了可接受范围内，你融资创业的风险就基本被控制在底线以上了。如果你只能记住本书的一个知识点，那就请记住本节的知识点。

概念

回购权是指如果发生特定的对创业公司不利的事件，投资人可以要求公司或创始人按其投资价款本金加上利息的金额购买投资人持有的公司股权。市场上至少一半的创业公司会和投资人签署回购条款，尤其是经历过A轮以上融资的创业公司。

回购触发的条件一般包括业绩对赌未完成，上市对赌未完成，特定的重大事项未完成，公司或创始人严重违约，其他投资人要求行使回购权等。

业绩对赌和上市对赌在9.2节已经介绍过了，此处不再赘述。

特定的重大事项根据每个创业公司的情况确定，比如有的公司引入了政府基金，答应今后在政府基金所在地区完成一定金额的返投资，如果没完成，那么政府基金可以行使回购权；或者有的创业公司需要完成资产重组，将核心资产全部转移到上市主体，如果在约定时间内未完成重组，投资人也可以行使回购权。

公司或创始人严重违约主要包括公司违约违规经营，创始人违法犯罪、离职或同业竞争等严重侵害投资人利益的情形。

其他投资人要求行使回购权是指，任何一位投资人要求行使回购权，其他投资人就可以跟着行使回购权。

存在的原因

投资人为什么想要回购权呢？投资人一是害怕自己看错了公司；二是

害怕创始人制造虚假信息欺骗自己；三是为了刺激创始人加紧发展；四是为自己退出保留一条后路。其中，最核心的需求就是退出，因为投资人投资你的目的就是等着退出，**即使被投公司出了各种严重问题，如果投资人最后能实现退出，情况就不算太糟**。

投资人最理想的退出方式，首先，肯定是公司上市，比如阿里巴巴上市，软银集团赚了上千倍；其次，还可以被并购，运气好一点，也能赚不少，比如腾讯以 86 亿美元收购了 Supercell，⊖Supercell 的投资人也赚翻了；再次是将股权出售给后面轮次的投资人，一些保守的投资人通常会在 C 轮前撤退，虽然赚钱不多，但至少风险可控，比如 ofo 的某位投资人就早早退出了，赚了个稳妥；最差的，就是公司清算了，那个时候大家基本上没什么可分，属于亏光的状态。

而回购是处于将股权出售和清算之间的选择，因为回购价格一般是投资款总额加上利息，虽然没有高收益，但至少能收回本息。因此，回购条款对投资人而言相当于定心丸。

分析

但彼之蜜糖，吾之毒药，对创始人而言，当公司发展不好时，自己大概率是没钱履行回购义务的。部分投资人可能会起诉创始人，投资款少则几十上百万元，多则几千万上亿元，普通家庭一般承受不了这么多负债。创始人如果没有资金回购，最后可能会被列为失信被执行人，被限制高消费，征信报告也会有污点，成为大家所谓的"老赖"。而且将来任何时候赚到钱，钱在自己卡上随时都可能被划走，如果一辈子还不完，那就一辈子

⊖　参见腾讯控股于 2016 年 6 月 21 日发布的《有关腾讯参与财团收购 SUPERCELL OY 大部分股权的须予披露交易》公告。

是这种状态。[⊖]

但居然大部分创始人无条件接受了这个要命的条款，是创始人看不懂吗？不见得，回购条款并不复杂，算是投资人特殊条款中很好理解的。

据我的经验，其中有很多原因：

有的是因为公司实在太需要钱了，创始人顾不上关注未来的风险，先把眼前这关过了再说。

还有的是创始人过于乐观，根本就不觉得公司将来发展会遇到困难，幻想着一轮轮融资最后就并购上市了，看不到风险。

有一类最不应该的是，创始人已经意识到了风险，但是投资人做了口头承诺，说到时候即使发生需要回购的情形，也不会真正行使这个权利，创始人在没有任何文件支持的情形下就相信了，我们时常遇到抱有这种侥幸心态的创始人。

郑重地提醒各位创始人，千万不要抱有侥幸心态，一定要认真对待回购条款，避免将来追悔莫及。

建议

首先，如果你的项目还处于早期，或者你比较强势，可以考虑拒绝回购条款，或者只同意在公司或创始人存在严重违约的情形下才承担回购责任，不要过多将回购与经营成果挂钩。回购条款并不是融资必需条款，比如在接受每日经济新闻记者采访时，奈雪创始人彭心提道："我们做了两轮融资，非常快，每一次谈大概也就半个小时。找投资人的时候，我们当时的要求是没有上市计划、店数的经营要求、对赌协议，不参与经营管理。

⊖　由于深圳市颁布了《深圳经济特区个人破产条例》，因此深圳的创业者遇到这种情况，通过司法程序可能争取到不用终生背负此类债务。

我们把要求列出来，谁最快，跟谁签。当时天图就很快，不到半个小时，就把所有东西都谈完了。"⊖

如果投资人一定要回购权，那你需要想办法把控具体的约定，让这个条款变得更加温和。如图 9-1 所示，你可以从回购条件、对价、期限和支付方式这四个维度来把控。其中最核心的两个谈判要点是回购条件和回购对价，这两点从根本上决定了回购条款威力的大小。

图 9-1　把控回购条款的四个维度

回购条件

回购条件是指投资人可以行使回购权的情形。设定回购条件的重要原则是回购条件一定是可以从根本上影响公司成败的事件，投资人之间以及投资人和创业公司之间的隐形契约是：每位投资人都会陪着创业公司走到最后被并购或上市，如果中间有投资人等不了了，可以把股权转让给其他投资人，但是不能轻易向公司或创始人行使回购权。因为一旦有投资人行使回购权，创始人无法承担，就会引起连环不利后果，这家公司基本就走入绝境了，其他投资人的利益也会受损。

因此回购条件一定是重大的，能从根本上影响公司成败的事件，不能是一些鸡毛蒜皮的小事，否则某些投资人可能会利用可乘之机，为了满足自己的特殊需求把整个公司拖下水。理解了这个原则，就可以看看如何设定条件了。

9.2 节已经介绍了如何设置业绩对赌和上市对赌，此处不再赘述。需要注意的是，上市对赌和回购挂钩是比较常见的，但是业绩对赌不一定要和

⊖ 每日经济新闻，专访奈雪的茶创始人彭心：两轮融资都只用了一个盒饭的功夫，核心就两点。

回购挂钩。如果你的公司是早期创业公司，业绩没完成并不意味着你创业就失败了，还有很多机会，大不了赔点钱、赔点股权，但不一定要给投资人回购权。一些非常成熟的公司在临近上市时引入投资人，这时候约定的业绩很可能是直接和上市标准挂钩的，如果业绩达不成，投资人要求公司或创始人回购是可以理解的。

关于完成特定的重大事项的条件该如何设置，因公司情况而异，原则是不能从根本上影响公司成败的事项尽量不要作为回购条件。

公司或创始人严重违约主要包括公司违约违规经营，创始人违法犯罪、离职或竞业等严重侵害投资人利益的情形。

如果创始人涉嫌欺诈、侵占、挪用资金等刑事罪名，投资人确实会很难接受，创始人想要撇清责任是不太可能的。要注意的是，不要以为这些罪名离大家很遥远，后面 13.2 节中还会详细分析。

虚假陈述、不合规经营和违反章程之类的事项作为回购条件，听起来比较合理，但也要遵循前面那个原则，必须是重大的违约才能作为回购条件。怎样判断重大违约呢？常见办法是直接罗列几个事项，明确只有发生这几个事项才算重大违约，比如，创始人擅自离职，经营和公司竞争的业务，因为犯罪行为需要服刑一定时间，侵占挪用公司资产达到一定金额等，没有列举出来的其他违规违约则不能算重大事项，不能作为回购条件。

如果投资人还是不同意，至少需要将回购条件描述为"严重"或"重大"违约违规行为，至于什么算"严重"或"重大"，将来由仲裁庭或法院来认定，一般情况下仲裁庭和法院不会轻易认定严重或重大违约违规。有时投资人也会提出将"严重"或"重大"违约违规用损失金额来认定，那么这个金额就一定要足够撼动公司的成败，不能融资了 1 亿元，不小心给公司造成了 50 万元的损失，投资人就有权利要求回购。

最后一个回购条件是，当其他投资人要求行使回购权时，所有投资人就都可以行使回购权。投资人会这么约定，是因为一旦有投资人行使回购权，就会带来连锁反应，意味着这家公司大概率会失败，所以投资人会纷纷避难，这个条件的谈判空间不大。

回购对价

投资人一般要求创始人按照其投资价款本金加上利息的金额回购投资人持有的股权，如果融资金额高，这笔钱恐怕一辈子都还不完，怎么办呢？这时需要先探究创业失败的原因。

业绩对赌或上市对赌失败更多属于公司经营的客观结果，即使能指向创始人的能力不行，但没有功劳也有苦劳；而违约或犯罪就属于比较恶性的主观结果。

针对经营失败的客观结果，投资人和创始人都是有责任的，毕竟投资人也进行了各种尽调，最后决定投资，必然曾经看好行业发展及创始人的能力，而创始人也将自己的全部精力投入公司，相当于有钱的出钱，没钱的出力。但最后的结果证明公司前景并不好，比如红极一时的共享经济大多无法实现赢利，一些生物医药公司因为研发失败或产品市场反响不好而关门清算。

出现这样的结局，投资人和创始人都需要承担损失。但按照常规的回购条款，投资人出的钱还能找创始人返还，创始人不仅投入公司的几年时间收不回，还要搭上全部身家偿还投资人本息，这并不符合投资合作风险共担的道理。

如果是经营失败的客观结果导致的回购，回购对价的上限建议以创始人持有的公司股权变现后的价值为准。意思是，发生回购事件时，你可以把股权全部卖了，获得的对价全部给投资人，或者直接将股权无偿或低价转让给投资人，这样，创业失败你大不了这几年白干，一切归零，但仅限于此，你绝对不会把自己的个人和家庭资产也搭进去，这是你的底线。

而针对创始人具有主观过错的情形，可以先和投资人协商，如果创始人真的给公司造成损失，那么是否可以让创始人先认错赔偿，态度端正的话投资人就无权提出回购了。如果投资人不能接受，再想办法在给公司造成损失的回购条件上设置门槛，也能帮你争取一些防火墙，这个前面已经提过了。

如果投资人还不能接受，那就需要针对每个回购条件的特殊性，逐个沟通，在回购对价、方式、期限上尽可能灵活，或者宁可放弃本次融资。

回购期限

从回购期限上看，首先，只要不是公司或创始人恶意违约，一般可以要求投资人给公司一定的发展时间，至少三五年，不能投资不到两年就提出回购，这就失去了创业公司融资的意义。

其次，如果真的发生了触发回购权的事件，可以要求投资人在回购事件发生后一定期限内行使回购权，过后就不能再以同样的事由提起回购了。因为虽然发生了某些回购事件，但基于实际情况判断，各位投资人可能认为发生的事件本身不重要，不足以影响公司发展，或者认为公司还是有前景的，或者认为回购意义不大，就留着公司继续探索，因此在当时可能没有行使回购权。这种情形非常常见，投资人也是很务实的。

此时站在创始人的角度，既然投资人没有行使回购权，那你就可以继续努力翻盘，万一最后成功了呢，但回购权成了悬在你头上的一把剑，不知道什么时候会落下来，这个问题需要提前解决。

为了能没有顾忌地继续创业，不担心哪天突然有位投资人提出要行使回购权，被打个措手不及，设置回购期限就很有必要了。只要这个回购期限内投资人没有行使回购权，你就可以当这件事已经翻篇，这对其他投资人而言也是一颗定心丸。

但是，投资人可能会提出疑问：公司没有在约定的期限内上市，我的回购期限假设只有12个月，那12个月后我就丧失针对上市条件的回购权了，万一过了两年公司还是没能上市，怎么办？我一时仁慈导致自己丧失了这项重大权利，这不合理啊。

其实这个问题也能解释，假设你没有在约定期限内上市导致触发了投资人的回购权，这时你大概率是不希望投资人行使回购权的，投资人也不一定要行使回购权，那么大家可以在设置的回购期限内签署补充协议，重新约定新的上市条件，如果到期还是没达到，投资人再行使回购权不迟。这样既不会损害投资人的利益，也不用担心有投资人突然打破平衡，全体股东有了明确的新目标，你也有了稳定的心理预期，能继续没有保留地往前冲，对全体股东而言都是件好事。如果回购期限内，全体投资人不能达成新的补充协议，那很可能有投资人会在回购期限内真正行使回购权，如果这样，那不如就按回购规则走，为这次创业画一个句号，与投资人好聚好散，创始人也可以开始新的历程，不用被这个不稳定的项目束缚。

当然，设定回购期限的前提是，回购对价已经被控制在可接受范围内了，否则还是尽量避免回购的发生。

支付方式

从回购款的支付方式来看，如果你打算真金白银向投资人支付回购款，建议和投资人约定分期支付，比如分两到三年时间支付。因为你不太可能随时都预留着可以用于回购的大量资金，如果不约定分期支付，一旦投资人行使回购权，你可能很快会被起诉列入失信被执行名单，这对公司的发展非常不利，很可能两败俱伤。如果能分期几年，至少还有缓冲的机会，公司如果良性发展，你支付回购款的可能性也更大，对双方都好。

9.4　反稀释权：股权会赔出去吗

概念

反稀释权是非常常见的投资人权利，它的意思是如果创业公司今后融资估值比某一轮已经完成的融资估值低，公司或创始人需要向以更高估值入股的老投资人支付股权或现金补偿，让他持有的股权不贬值。

○ **打个比方**

假如双十一你在淘宝花 1 万元买了 1 件首饰，店家承诺这是今年最低价，否则会补偿你，补偿方式是返还你现金或者按价格差额给你补发货。到了 12 月，你发现这件首饰居然降价到了 5000 元，这意味着你自己家里的首饰价值也只有 5000 元了，被稀释了一半。这时，你要求商家按承诺补偿你 5000 元，或者再给你补发一件相同的首饰，这样你手上的首饰价值或者首饰加上补偿现金的价值还是 1 万元，没有被稀释（见图 9-2）。

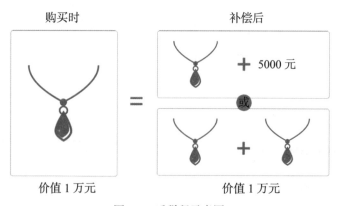

图 9-2　反稀释示意图

需要注意的是，反稀释权适用的场景是投资人持有的公司股权价值被稀释，而不是股权比例被稀释。

举个例子，一家公司注册资本1000万元，投资人A投资1000万元，投后估值5000万元，投资完成后投资人占股20%[⊖]，公司注册资本变更为1250万元[⊖]，投资人A持有公司注册资本250万元，此时这250万元注册资本的价值为1000万元（见图9-3）。

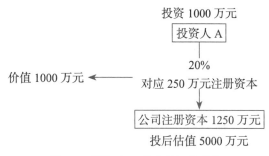

图9-3　投资人A持有股权的估值

后来，公司又引入投资人B，如果投资人B投资公司的估值高于上一轮的投后估值5000万元，那么不管投资人A的股权比例被怎么稀释，投资人A的股权整体价值还是上升的。

比如，投资人B投资5000万元，公司投前估值是7000万元，那么公司投后估值是5000万元加上7000万元等于1.2亿元，投资人B的持股比例是5000万元除以1.2亿元为41.67%。同时投资人A的持股比例被稀释了41.67%，从20%变成了11.67%，但投资人A持有的公司股权整体价值从1000万元变成了11.67%乘以1.2亿元等于1400万元（见图9-4）。所以，投资人A的持股比例看起来被稀释很多，但他持有的股权价值却变高了，这是不会触发反稀释条款的。

⊖　1000万元/5000万元=20%。

⊖　1000万元/（1−20%）=1250万元。

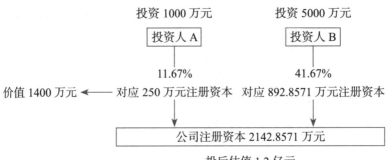

图 9-4   投资人 A 持有股权的估值变高

相反，如果投资人 B 投资公司的估值低于公司前一轮的投后估值 5000 万元，那么投资人 B 投的钱再少，投资人 A 的股权整体价值都会下降。比如投资人 B 投资 500 万元，公司估值降到了投前 4000 万元，那么公司投后估值等于 4000 万元加上 500 万元等于 4500 万元，投资人 B 的持股比例是 500 万元除以 4500 万元等于 11.11%。这意味着投资人 A 的持股比例被稀释了 11.11%，从 20% 变成了 17.78%，对应公司投后估值为 17.78% 乘以 4500 万元等于 800 万元（见图 9-5）。按照反稀释条款，此时就需要公司给投资人无偿补发新股或者创始人向投资人转让一部分股权或向投资人 A 支付 200 万元现金，以保证投资人 A 持有的公司股权价值或者加上现金的价值维持在 1000 万元。

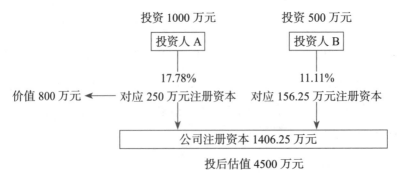

图 9-5   投资人 A 持有股权的估值变低

存在的原因

投资人为什么会设置反稀释条款呢？

首先，当创业公司面临降价融资时，要么是项目本身出现问题，要么是经济环境发生变化，在任何一种情况下，创业公司还能获得融资是件不容易的事，如果已有投资人为确保自身股权价值不被降低而拒绝降价融资，对创始人和投资人都是不利的。在这种情况下，反稀释机制能确保已有投资人的股权价值不被稀释，那么投资人更可能接受公司低价融资，让公司度过危机。

其次，投资人认为公司经营不善才会进行低价融资，创始人需要承担责任，反稀释条款就是承担责任的一种方式。

最后，反稀释条款的存在也可以防止新投资人和创始人故意串通低价增资侵害投资人的利益。比如公司上一轮投后估值1亿元，投资人投了2000万元，占股20%。结果下一轮以投后估值1000万元进行融资，新投资人投700万元，占股70%，意味着创始人和老投资人的股权加起来只剩30%了，老投资人就只剩6%了。他投了6000万元，占股6%，而新投资人只投了700万元，就占股70%，这对老投资人而言是绝对不能接受的。但如果有反稀释条款存在，创始人就不敢轻易低价融资了，老投资人对此就能放心。

分析

虽然反稀释权有其存在的意义，但也不能约定得过于严苛。

股权和商品有个明显的区别，商品个数可能是无限的，在反稀释的情况下，哪怕补几个商品，商家手上还有大把商品可以接着卖，最后算下来可能也没亏。股权却不一样，股权比例是恒定的100%，是此消彼长的，遇到极端情况，投资人行使完反稀释权，你在公司可能就没剩什么股权了。

反稀释权的道理听起来比较简单，但是算法却不简单，一般有两种算法，一种是完全棘轮算法，一种是加权平均算法。

最严苛的是完全棘轮算法，棘轮是一种齿轮机械装置，这个名称听起来很晦涩，但打个比方你就清楚了。

○ **打个比方。**

假设你是卖土豆的，有1000斤土豆。今年上半年土豆是1元1斤，张三花500元买了500斤。到了下半年，土豆没那么好卖了，李四来买土豆的时候要求5毛钱1斤，你没多想也就答应了，所以李四花5毛钱买了1斤土豆。

这件事被张三知道了，他非常不开心，土豆是一样的土豆，怎么转眼就不值钱了呢？他非要找你理论，说既然土豆卖给李四的价格是5毛钱1斤，那卖给他的价格也必须调成5毛钱1斤，他当时出了500元，按5毛钱1斤可以买1000斤，所以你必须还要给他500斤土豆，这样他的土豆才没有贬值。

这个故事里，假设土豆是股权，张三是老投资人，李四是新投资人，这就是完全棘轮的含义了，意思是不管新投资人低价买了多少新股，老投资人的股权全部都要按新股的价格计算补偿。

但你有没有发现这个故事里张三的要求有个逻辑上的问题。

李四按5毛钱只买了1斤土豆，张三想把自己的土豆跟着折算成5毛钱1斤的价格。而1斤土豆相对于1000斤土豆而言，简直是九牛一毛，对土豆的市场价和张三手里土豆的价值基本没影响，但是按照完全棘轮条款，张三就会因为你卖出去的这1斤土豆而免费获得500斤土豆，非常不合理。

○ **打个比方**

发现这个逻辑问题后，你对张三说，你看，这1000斤土豆中，我就1斤土豆卖的是5毛钱1斤，这个比例很小。剩下999斤土豆都是1元1斤，我们折算一下，这1000斤的总价格除以总的土豆斤数，其实算下来，1斤土豆也没跌多少价，你也没亏多少，这样，我免费送你几个土豆吧。

这就是反稀释权中补偿的另一种计算方式，叫加权平均，这是更合理的计算方式。它的意思是，如果后续发行的股权价格低于前一轮的价格，那么老投资人股权价格会降低为老投资人股权价格和后续融资发行股权价格的加权平均值，也就是不仅要考虑低价发行的股权价格，还要考虑发行的股权数量，来算个平均数。这样创始人需要补偿老投资人的股权或者现金相对更少、更合理。加权平均算法的公式就不列在正文了，有兴趣的读者可以翻看附录B。

建议

第一，如果投资人要求的反稀释规则是完全棘轮方式，建议改为加权平均的方式。

这个修改是可以和投资人解释的，因为投资人后面还有更新的投资人，这个条款永远是对更新的投资人更有利，新投资人拿的越多，给老投资人留的就越少，最后如果连创始人都被赶走了，这家公司就更没什么价值了，老投资人自己也会受影响。

如果基于各种特殊情形，投资人实在要坚持这种方式，而你也没有谈判地位，可以考虑对完全棘轮方式的使用条件加以限制，比如"只在后续第一次融资才适用，再往后的融资就不再适用"，或者"在本轮投资后的一定期限内融资时才适用，超过这个期限的融资就不再适用"，尽可能减少使用完全棘轮的情形。

第二，尽可能拒绝现金补偿方式。

投资人一般会约定，触发反稀释条款时，投资人有权选择现金补偿或是股权补偿，一般建议只保留股权补偿的方式。触发反稀释条款时，公司大概率已经遇到经营危机，把股权分给投资人，大家还可以齐心协力努力一把，最后结果实在不理想，大不了失去不值钱的股权，但创始人不用额外赔偿现金，可以保全个人家庭财产。

第三，明确在某些特殊情形下，反稀释权不适用。

比如公司为员工预留期权时，这个价格一般远低于融资估值，应当排除；通过股权支付来实施合并收购时，不意味着稀释投资人股权，也应当排除；有时为了公司继续发展，一些投资人愿意放弃反稀释权而让公司继续融资，可以约定当大部分投资人放弃反稀释权时，剩余少部分投资人的反稀释权自动失效，这样有利于公司在关键时刻尽快做出决策。

第四，可以设置一些反稀释条款执行或失效的条件。

比如设置一个底价，只有后续融资价格低于底价时，才执行反稀释条款；或者在某个时间段内进行低价融资，才执行反稀释条款。因为市场是在不断变化的，不能要求一家2023年估值5亿元的公司在2040年融资的估值一定要高于5亿元；另外基于企业发展规律的考虑，还可以要求在公司达到设定经营目标时或者投资人获得确定的投资收益后，反稀释权自动失效。第四点提到的方案，风投一般较难接受，更多适用于自由投资人或战略投资人投资不以上市为目标的公司，需要结合具体的融资背景综合考虑。

9.5 优先清算权：变现的时候能分走多少钱

优先清算权是非常重要的条款，风投一定会要这个权利，现在不少自由投资人和战略投资人也会要这个权利。而且这个权利大概率是会被触发的，公司被并购会触发，创业失败清算也会触发，除非你成功上市了或者投资人要求你回购他们的股权才不会触发优先清算权。并且，这个权利经常会和投资人的其他权利结合起来行使，就像打游戏时使用技能组合，威力加倍，值得深入了解。

概念

优先清算的意思是，当公司解散清算或者被并购时，可分配的资金应当先支付投资人的本金、利息以及该分配的股息红利，这部分资金的数额一般被称为"优先清算金额"，剩下的资金再由股东们另行分配。

分析

以摩拜单车为例分析，我们看看摩拜单车被收购时，创始人胡玮炜到底有没有赚走十几亿？

■ 案例 40

胡玮炜是不是真的分走了 2 亿美元

背景

2018 年，网上有一篇很火的文章——《摩拜创始人套现 15 亿：你的同龄人，正在抛弃你》[一]，这篇文章称，胡玮炜可能已经从美团收购摩拜单车（后文简称"摩拜"）中套现 15 亿元人民币。

当年美团以 27 亿美元作价收购摩拜单车，其中包括部分现金和部分美团股票，[二]按照胡玮炜拥有摩拜单车 9% 的股权比例计算，她已套现 2 亿美元，确实相当于 15 亿元左右人民币。

分析

那么胡玮炜真的分走了这 2 亿美元吗？其实并不是，这里忽略了一个投融资常识，融资过的创业公司在被并购时，每位股东能获得的对价不是直接按股权比例乘

〇 中国青年网，摩拜创始人套现 15 亿：你的同龄人，正在抛弃你。
〇 美团点评招股章程。

以总收购价得出的，而是按照优先清算条款进行分配，越晚进入、估值越高的投资人先拿走自己的优先清算金额，其他轮次的投资人再依轮次拿走自己的优先清算金额。投资人都拿走自己的优先清算金额后，如果还有可分配资金，再由创始人和投资人按股权比例分配。

摩拜在 2017 年 6 月获得了由腾讯领投的 6 亿美元 E 轮融资，[一]投后估值据说达到 26 亿美元，[二]但本次被美团收购的估值也只有 27 亿美元，而且只有一部分对价用现金支付。而摩拜历史上融资金额超过 10 亿美元，很显然如果严格按照优先清算条款，越早的投资人能获得的资金越少。

以 A 轮投资人愉悦资本为例，他们在摩拜中持股约 7%，以最后一轮融资估值来算，愉悦资本持有的摩拜股权理论上价值约 2 亿美元，但如果收购后按优先清算的方式分配，他们也许只能分到几千万美元。A 轮之前还有天使投资人李斌，李斌分完后才轮到创始团队，所以创始团队所剩无几。

根据一些媒体的报道，[三]在股东投票时，中后期的投资人大多支持被美团并购，早期的投资人比较犹豫，部分投了反对票，各方拉锯的结果是——后期投资人对早期投资人做了妥协和让利，最后利益划分没有完全按照之前融资文件里约定的优先清算条款执行，而是直接划出了一部分供前期投资人和创始团队分配，这样大家都能获益。因此，胡玮炜不可能像媒体说的那样分到了 15 亿元人民币。

存在的原因

这个条款看起来似乎不太公平，创始团队那么辛苦创业，为什么最后公司清算的时候，地位如此劣后？打个比方，你就知道它存在的逻辑了。

○ **打个比方**

假设你有 100 亩土地的使用权，春天的时候，有几个人找到你，说他们有个很棒的创业想法，打算种将来会在市场上大受欢迎的柑橘，但是他

[一] 腾讯创业，摩拜单车完成超 6 亿美元 E 轮融资，创共享单车行业单笔融资最高纪录。
[二] 王雪琦，摩拜挽歌。
[三] 张珺，宋玮，美团收购摩拜的真实故事。

们现在没有土地使用权，能不能你出地，他们出力，将来柑橘大卖一起赚钱，这个创业项目的股权你拿四成，他们拿六成（见图9-6）。

"100亩土地使用权"   "什么都没有"

图9-6   你们合作前的资产情况

你觉得这个主意不错，决定参加，于是他们在土地上种植了柑橘。果然秋天的时候大丰收，柑橘卖了100万元。但由于政策变动，这个项目不能继续推进，于是你们开始清算分配。

他们提出，既然说好了股权是你四他们六，所以他们分得60万元，你分得40万元，他们分得60亩土地使用权，你分得40亩土地使用权（见图9-7），如何，你会答应吗？当然不会，你会直接跳起来告他们诈骗。为什么？因为土地使用权原本是你的，他们只负责种柑橘，怎么种了一年地，他们不仅分了钱还分了你的土地使用权？

"40亩土地使用权   "60亩土地使用权
+40万元"   +60万元"

图9-7   你们合作后的资产情况

结合创业公司的特点来理解，土地使用权并不是创始团队的创业成果，柑橘才是创始团队的创业成果，**按照投资的逻辑，不属于创始团队创业成果的部分，是不该分给创始团队的，否则投资风险太高了。**

再看一个数据推算，你就更清楚了。比如创业之初投资人投资 1000 万元，占 20% 的股权，创始人没出资，占了 80% 的股权。两年后，公司以 4000 万元的价格被收购。你看，从 1000 万元到 4000 万元，公司更值钱了，对投资人和创业者而言是皆大欢喜。但是，如果没有优先清算条款，就只能按股权比例来分配这 4000 万元，结果是投资人只能分得 800 万元，不仅没赚到钱，还亏了 200 万元。而创始人占 80% 的股权，分得了 3200 万元，不仅把公司增值的部分全部分走了，还分走了投资人的 200 万元本金。

明明投资人投对了项目，公司成功被收购，结果投资人反倒亏钱，这显然令投资人难以接受，长此以往，谁还敢投资。此时，优先清算权就可以发挥作用，消除这种不合理现象，让投资人更愿意投资，这就是优先清算权广泛存在的原因。

建议

既然优先清算的逻辑是合理的，那是不是无条件接受？当然不是，不同投资人要求优先清算的条件是不同的，放到具体的场景中，有的就显得不太合理，你可以根据自己的融资背景找到适合自己的比较温和的方案。

根据优先清算的含义，可以看到其中有四个要点：第一，谁有权参与优先分配？第二，优先分配的额度是多少？第三，优先分配结束后，如果还有多余资金，接下来大家怎么继续分配？第四，如果投资人收不回全部优先清算金额，创始人是否需要承担责任？

首先，谁有权参与优先分配。毫无疑问，投资人是有权利参与优先分配的，但创始人也应当有权利参与优先分配，只是优先的顺序最靠后而已。投资协议一般会约定投资人拿走自己的优先分配额后，全体股东再进行下一步分配。但是，大多创始人自己也真金白银参与了出资，按照优先清算权的逻辑，这部分资金不是创业成果，属于投入的成本，所以也应当优先分配给创始人。虽然与公司清算总额相比，创始人的优先清算金额可能微乎其微，但对于普通白手起家的创始人而言，每笔资金都很珍贵，而且根据经验，只要你提出这个要求，投资人一般不会反对，所以值得争取。

其次，优先分配的额度，也就是每位投资人能优先拿走的金额是多少，比较常见的是固定利率，比如年化8%，但也有按投资额倍数计算的，常规在1.2倍至2倍。具体采用哪种方式，需要根据创业项目的情况权衡，比如预计自己创业成功的可能性、上市的时期、投资人的类型和投资目的等。需要注意的是，如果按利率确定优先分配额度，不能忽视复利的威力，建议将复利改为单利。

再次，优先分配结束后，如果还有多余资金，接下来大家怎么继续分配。以下根据创业公司清算时的不同情形来举例。

第一种情形，当公司的退出价值低于优先清算金额时，投资人肯定拿走全部清算资金。比如投资人投资了1000万元，公司清算或并购时可分配的金额只有800万元，那这800万元会被投资人全部拿走。

第二种情形，如果按投资人股权比例分配，投资人可分配的金额高于优先清算金额，比如投资人投资了1000万元，占股20%，公司清算或并购时可分配的金额有1亿元，即使按股权比例分配投资人也能分走2000万元。

这种情形下，有的投资人会要求拿走 1000 万元本金[⊖]的同时还要按照股权比例继续参与分配，意味着还要分走剩余 9000 万元中的 20%，也就是 1800 万元，那这位投资人合计分走了 2800 万元，给剩下的股东留了 7200 万元。而有的投资人会选择与其他股东一起直接按股权比例分配，那就是只拿走 2000 万元，给剩下的股东留 8000 万元。对比这两种情况，肯定是后者对创始人及早期投资人更有利。

还有第三种情形，公司退出价值介于两者之间。

比如，投资人投资了 1000 万元，占股 20%，公司清算或并购时可分配金额有 4000 万元，如果按股权比例分配，投资人只能拿走 800 万元，低于其优先清算金额。这种情形下，投资人会先拿走 1000 万元，但是接下来就有区别了，有的投资人会按照股权比例再参与分配，也就是再分走剩余 3000 万元中的 20%，也就是 600 万元，给剩下的股东留 2400 万元；而有的投资人会选择按股权比例分配达到一个上限则离开，如果这个上限是投资额的 1.3 倍，那就是 1300 万元，之前已经拿走 1000 万元了，现在就只能再拿走 300 万元，给剩下的股东留了 2700 万元；甚至有的投资人直接不参与剩余 3000 万元的分配了，把这部分资金全部留给剩下的股东。对比这三种情况，也是后面两种对创始人及早期投资人更有利。

最后，如果投资人收不回全部优先清算金额，创始人是否需要承担责任？

有的投资人会要求，如果公司清算时自己收不回全部优先清算金额，创始人需要对其进行赔偿。比如某位投资人的优先清算金额是 2000 万元，按照优先清算流程分配完后，他最终只获得了 1500 万元，那么创始人需要给他补偿这 500 万元的差额，这将导致创始人在公司清算时非但没获得分

⊖　由于每位投资人的利息以及该分配的股息红利具有不确定性，为便于理解，此处举例不再单独考虑利息以及该分配的股息红利金额，下同。

配，还要用个人或家庭资产来赔偿。

建议直接拒绝这种约定，它本身也违背了优先清算权存在的初衷。就像前面关于种柑橘合作的那个比方，合作结束后因为各种灾害导致可耕地面积减少，你如果要求种柑橘的人额外赔地，相当于你在这次合作中不承担任何风险，这就不是拿土地使用权出来投资合作了，变成了租地。身份切换成投资人，就变成了借钱给创业公司而不是在投资，既要享受投资带来的各种特殊权利和收益，还要享受借款的无风险收益，哪有这样的商业逻辑？

优先清算权中的多方博弈

优先清算权中不仅存在创始人和投资人之间的博弈，新老投资人之间也会博弈，是个多方博弈的场景。

比如，如果早期有投资人要求获得两三倍的优先清算金额，在获得优先清算回报后还可以按股权比例参与分配，其后的投资人大概率也会这样要求，有了这个不妙的开始，之后只会越来越糟。如果不在引入新投资人时趁机协商调整前面的规则，当投资人越来越多时，股东们做决策时动作可能会越来越变形。

越早的投资人越不安全，更倾向于在并购表决时投反对票，而越后面的投资人可能更愿意以较低的价格让公司被并购，因为反正能以更优先的顺序参与优先清算，至于剩下的投资人和创始人能分多少并不重要。因此，创业公司最好不要在早期同意过高的优先清算金额，尽量做一些合理的规则限制。

本节主要是给你提供思路，每家公司的情况不同，谈判地位、融资轮次、公司业务的发展阶段、投资人类型、投资目的、估值和融资金额、新老投资人组成情况等都需要综合考虑。相比之下风投会倾向于更严格的清算方式，自由投资人和战略投资人的可商议空间一般较大。一些比较复杂的融资项目，还会根据公司被收购价格的不同区间设置不同的优先清算规则。

总体而言，大部分理性的投资人并不会刻意给自己设置过高的优先清算金额，因为他们也希望维持对创始团队的激励效果。也有少数创业公司的创始团队非常强势，直接约定投资人没有优先清算权，发生清算事由时全体股东按股权比例分配资产，这都是各方力量博弈的结果。

9.6　领售权：卖公司身不由己

上一节介绍了优先清算权，紧接着这节一定要介绍领售权，因为领售权就是可以和优先清算权同时使用的"游戏技能"，可能导致创始人从前程似锦瞬间回到一无所有，为什么会有这个效果？听我慢慢道来。

概念

领售权有时也叫拖售权，大部分人对这个概念比较陌生，它的大致意思是如果投资人决定公司应当整体出售给某收购方，则其他股东必须按投资人与收购方谈好的条件将自己的股权一起卖给收购方。就像大家是一条绳上的蚂蚱，有一只力气大的蚂蚱使劲往水里跳，不管其他蚂蚱同不同意，也必须跟着跳。

存在的原因

这个权利看起来好像很无理，怎么能逼着别人做自己不愿意做的事呢，但它背后也有存在的原因。

在收购一家公司时，收购方通常会购买目标公司全部或大多数的股权，如果收购的股权比例太低，就失去了收购的价值。如果有合适的收购方出现，投资人作为公司小股东，手中持有的股权比例可能是不够的，为了能成功出售自己的股权，就必须拉上其他的股东一起卖。但一家公司除了有创始股东，可能还有各种类型的投资人，在可以被出售的时候，把所有股东聚集在一起协商不是件容易的事，而且，个别与公司有矛盾的小股东也可能反对出售，这时领售权就可以发挥作用了。

不仅投资人需要领售权，在某种程度上，创始人也需要领售权，因为也可能出现创始人想出售公司，但部分小股东不同意的情形。

分析

如果领售权被设计得特别不友好，对创始人而言就是一颗定时炸弹。看一个案例，你就明白它的威力了。

■ 案例 41

FilmLoop 公司的突然变故

美国有一家名叫 FilmLoop 的互联网公司（以下简称 F 公司），在公司和部分投资人都认为这家公司前景乐观，且公司账上还有 300 万美元现金，资金流充足的时候，创始人突然失去了公司股权并被公司辞退。

背景

这家公司在 2005 年向 A、B 两家投资人合计融资了 550 万美元，2006 年向 C 投资人融资了 700 万美元，C 投资人获得了领售权。2006 年，公司推出产品 2.0 平台，发展向好，公司和投资人都很满意。

冲突

2006 年 11 月，由于 C 投资人自己的投资人要求清理所有尚未赢利的投资项目，F公司恰好还没开始赢利，因此C投资人让公司在该年年底之前（恰逢圣诞节期间）找到买家收购F公司。尽管创始人不愿意出售公司，但是C投资人的股权比例较高，而且还有领售权，可以强制其他股东出售，所以创始人也只能尝试寻找买家。

但C投资人提出的时间过于仓促，公司尝试后确实找不到买家，C投资人就决定让自己投资的另一家公司收购F公司，而收购价格仅比F公司在银行的存款300万美元略高。

结局

同时，因为公司整体被收购触发优先清算条款，根据优先清算条款，投资人可以先拿走自己的本息，由于C投资人投资了700万美元，所以收购款300多万美元全部被C投资人拿走，创始人、管理团队和其他投资人一分钱都没有得到，随后创始人还被公司给开除了。创始人辛辛苦苦创立的公司，就这样被C投资人"免费捡走"了。

你看，这就是领售权和优先清算权叠加的威力。

这个案例中C投资人的做法确实不够地道。首先，他让创始人在圣诞节假期期间极短的时间内寻找合适的买家，就好像让中国公司在春节期间找买家一样，大概率是做不到的，C投资人提要求的时候，应该就做好了节后行使领售权的心理准备。

其次，即使行使领售权，也可以谈一个合理的市场价，给创始人也留点资金。F公司经历过两轮融资，而且也进行了产品迭代，更何况公司账上还有300万美元的现金，而收购款就比300万美元多一点，相当于公司已有的产品、技术、声誉、市场地位几乎是白白送出去的。

最后，C投资人寻找的收购方居然是自己投资的另一家公司，这相当于将F公司从自己的左口袋换到右口袋，还顺带赶走了创始人，自己又收回了300多万美元的投资款，这个便宜简直不要太大。

C 投资人的这个安排确实令人不敢恭维，但我们很难下结论说他在投资的时候就蓄意如此，这种可能性是极低的。但创始人对领售权条款不设任何限制，也给了 C 投资人这样下手的机会，一个不合理制度会让人的行为失去约束，因此创始人也算是自食苦果。

那创始人该如何对待领售权呢？

建议

首先，需要考虑，领售权到底该不该给投资人。

如果天使投资人想要领售权，只要公司不是极其弱势，可以直接拒绝，这个时候公司还在初创阶段，过早给出领售权，使公司不确定性太高。一般情况下天使投资人也不会提这个权利。投资额少、持股比例低的投资人如果要这个权利，一般也可以拒绝。

其次，如果遇到强势的投资人坚持要领售权，该如何设计呢？继续以 F 公司为例来解答。

第一，F 公司可以对领售权的触发条件加以限制，让这个权利不至于太容易被触发。

首先，可以加上行使权利的时间期限，比如约定四五年内不能行使领售权，这样 C 投资人就不会在投资的当年就行使领售权，明显导致 F 公司向 C 投资人融资的目的没有达成。

其次，可以给投资人行使领售权加上股东人数或身份限制，不能任一投资人都能发起，比如约定要二分之一或三分之二以上的股东同意才能行使领售权。这样 C 投资人行使领售权时还需要拉拢其他投资人，或者拉拢创始股东，按当时的情况，其他股东肯定不会同意如此低价出售 F 公司。

最后，可以要求领售权的行使一定需要创始人的同意，这对创始人而言是最有利的，相当于由创始人和某些重要的投资人共同决定公司是否应当被收购。

第二，F公司可以要求领售权下出售的最低价。

这是防止个别投资人只顾自己利益，不顾他人的设计。比如，要求公司的出售价必须达到一定估值时，投资人才可以行使领售权。如此，C投资人就没办法低价出售F公司。关于估值的设计，公司可以根据优先清算条款的安排以及公司融资估值和历史上的融资金额总额来倒推计算一下，尽量避免出现创始人分文不得的情况。

第三，F公司可以限制收购方的身份。

这点是为了防止利益输送或恶意收购。在F公司的案例中，如果一开始明确约定不能卖给C投资人的关联方或其投资过的项目，C投资人就不能完成如此没有诚意的收购安排。

此外还需要明确约定不能将公司卖给自己的竞争对手，避免被竞争对手恶意收购后限制公司发展。

第四，F公司可以约定创始人有优先购买权。

如果增加了创始人在此情形下的优先购买权，当创始人不愿意出售，而C投资人一定要出售时，那么创始人可以以同样的价格和条件将C投资人的股权买下。这样既能满足投资人退出的需求，又能确保创始人继续创业。

创始人从哪里获得资金来购买投资人股权呢？创始人可以和其他投资人或新投资人谈好合作条件，创始人获得过桥资金后先收回股权再转卖出去，或者配合一些其他金融手段获得资金。

这般设计下来，F公司的创始人就大可放心了，首先，收到投资款后公司可以先安心发展几年。其次，真的到了C投资人要行使领售权时，还需要获得其他股东的同意，确保大部分股东的权益，而且收购价格不会太低，也不会被 C 投资人用以利益输送或卖给竞争对手。最后，如果公司真的发展不好，被卖掉也没关系，但如果公司发展得不错，创始人也可以选择把 C 投资人的股权收回来继续经营。

你看，这样的领售权条款对创业公司和创始人就友好很多。

如果被正确设计和执行，领售权不仅能保障大部分股东的退出需求，也能保护创始人不被恶意出局，会带来共赢局面。

9.7 优先分红权：公司是借了高利贷吗

不少创始人第一次看到优先分红条款时，觉得非常反感和困惑："投资人给公司投资 5000 万元，每年要求相当于投资额 8% 的优先分红，也就是 400 万元。这哪是股权投资，这不是高利贷吗？"到底是不是这样呢？

概念

优先分红条款是投资协议里很常见的条款，这个条款一般约定投资人有权优先于其他股东每年获得相当于投资额 10% 左右的分红，获得这部分分红后，股东再按股权比例参与分红。这个条款有时也会写成股息条款，也就是投资人每年获得 10% 左右的股息。那这个条款到底是不是真的相当于创业公司借了高利贷呢？

分析

我们来算一下，假设投资人投资 5000 万元，约定每年获得相当于投资人 10% 投资金额的优先分红或者股息，也就是每年 500 万元，5 年算下来是 2500 万元，达到了投资款的一半。如果公司上市了，这个优先分红权就取消了，基本对你没什么影响，但如果公司没有上市，而是被并购了，这个优先分红权的影响就比较大了。

因为根据优先清算条款，在公司被并购的时候，投资人一般会优先收回本金和利息，以及应当分配而没有分配的股息红利，如果5年后公司被并购，投资人就优先分走了本金5000万元，股息红利2500万元，合计7500万元。如果还有其他投资人，他们都有相同或类似的权利，这样一个个优先清算下来，累积金额可能会很高。同时，资产负债表中累积了应发未发的优先分红或股息，也会降低公司的借贷能力。

存在的原因

投资人为什么要求签署优先分红条款呢？

一方面，这是获取投资回报的手段之一；另一方面，投资人希望创始人不拿分红。因为一般创始人才是大股东，拿到的分红也最多，投资人能拿到的很少，有了优先分红条款，即使公司通过股东会决议分红或派息，但等投资人优先分配后，剩下能够分到创始人手上的也不会有多少，创始人也就没了分红或派息的动力。

投资人更希望公司把赚到的钱投入运营，尽快把规模做大，股价抬高，让他们通过股权溢价获利，尽早退出。

不过，如果优先分红条款设置得太苛刻，公司还真的会像借了高利贷一样，怎样调整这个条款，把它对创业公司的影响降到最低呢？

建议

首先，创始人可以拒绝优先分红条款。这个条款在境外融资中更常见，但现在不少境内投资人也会要求这个权利，尤其是有境外背景的投资人，如果你足够强势，能找出合理的理由，投资人也可能答应删除这个权利。

其次，可以约定股息红利不能自动获得，而是股东会决定分配后才能获得。实际上很多创业公司在上市前，是很难实现分红或派息的，如果协议约定不管公司是什么情况，投资人每年自动享有约定的分红或股息，会明显增加公司的负担。因此建议调整为股东会审议批准分红或派息后，投资人才享有约定金额的优先分红或派息的权利。

再次，可以约定优先分红或派息不能累积。意思是如果今年公司没有分红或派息，以后不能要求公司补发。

最后，可以约定投资人不能重复参与分配。意思是投资人在获得优先分红或优先派发的股息后，再参与剩余红利或股息分配时，已经优先分配的金额要抵扣掉。

按照前述方式对优先分红条款进行调整后，这个条款就温和了很多，公司不再像是借了高利贷，而变成了如果公司股东会决定分红或派息，投资人当年才能真正行使优先分红权，如果当年能分配的资金很少，那么投资人可能基于优先分红权获得高出持股比例的分配，如果当年能分配的资金足够多，由于投资人不能重复参与分配，所以最终分配结果和按股权比例分配可能没什么区别。

9.8　优先认购权：很抢手也是一种烦恼

概念

优先认购权是投资人的所有特殊权利中最温和的一项了，这个条款的意思是，如果创业公司要新增资本，你可以理解为新一轮股权融资，那么已有投资人有权利以同等条件按照其在公司的持股比例优先认购新增资本。

比如公司打算新增加 100 万元的注册资本，投资人 A 持有公司 10% 的股权，那他可以优先认购其中的 10 万元注册资本，这样可以确保投资人 A 的持股比例不降低。

分析

为什么说这个权利很温和？一方面，投资人愿意优先认购公司的新增资本，说明他持续看好公司，而且也能给公司增加运营资金，这是件好事。另一方面，即使投资协议里不这么约定，按公司法[○]的规定，投资人也是享有这个权利的。

存在原因及建议

既然公司法对股东的优先认购权已经有了明确规定，投资人为何还要多此一举在投资协议中再写一遍呢？原因主要有两个。

第一个原因，投资人希望明确行使优先认购权的流程细节。公司法中没有规定行使优先认购权的具体操作流程，投资人为了确保自己能切实享有这个权利，会在投资协议中对此进行细化。比如公司如果打算新增资本，应当提前多少天以什么形式通知投资人，投资人在多长时间内进行回复，这段时间公司需要等待；如果有的投资人没有足额行使优先认购权，公司又应当在多长时间内再次将剩余额度通知其他投资人，以此往复，直到全体投资人的优先认购额度被认购完或者被放弃。

其中不会有太多实质性的利害关系，你只需要关注各种期限不要设置得太长，否则会影响公司融资效率。

○ 《公司法》第二百二十七条第一款规定："有限责任公司增加注册资本时，股东在同等条件下有权优先按照实缴的出资比例认缴出资。但是，全体股东约定不按照出资比例优先认缴出资的除外。"

第二个原因，一些投资人希望突破公司法的规定，给自己设置更优先的认购权。

比如，按公司法规定，投资人按实缴出资比例享有优先认购权，但有的投资人会要求按投资人之间的相对持股比例享有优先认购权。比如，公司新增 100 万元的注册资本，投资人 A 持有公司 10% 股权⊖，投资人 B 持有公司 10% 股权，如果按实缴出资比例优先认购，他们分别可以优先认购其中的 10 万元注册资本，但如果按投资人之间的相对持股比例认购，他们分别可以认购其中的 50 万元注册资本，那么就没有额度留给新投资人或创始人了。

还有一些投资人非常强势，可能会要求在公司后续轮次的股权融资中享有特殊比例的优先认购权，可能既超过其持股的绝对比例，也超过相对比例，甚至是对所有新增股权均享有排他的优先认购权，除非他自己放弃，这类约定一般又被称为超级优先认购权。这类优先认购权对公司的影响就比较显著了，建议修改。

首先，不要轻易答应投资人按相对持股比例享有优先认购权，极端情况下可能会导致无法引入新投资人，或者创始人没有机会认购新股，导致股权比例只能被稀释。

其次，不要轻易答应超级优先认购权，因为超级优先认购权会导致现有其他投资人的股东权利被限制，容易引起他们的不满，其中的协调工作并不轻松，尤其当投资人股东很多时，由此产生的协调工作可能会耗费大量融资时间。

如果某些投资人确实对你意义非凡，一定要求超级优先认购权，建议明确这个权利只能在最近的一次融资中行使，不能长期行使，也不能任意选择轮次行使，而且在明确答应他之前，先和老投资人们通好气，获得他

⊖　此处默认该股权已经完成实缴出资，下同。

们的认可，以尽可能减少将来的协调工作。

截至本节，投资人主要的几项特殊权利就介绍完了，从下一章开始将介绍投资人对创业公司及创始人的各种限制。

第 9 章特别提示

尽量简化投资人付款的前提条件。

防止投资人违约不付款的条款建议：

- 投资协议中明确约定投资人拖延付款，公司可以解除协议。
- 尽量不要约定分期付款。
- 根据投资人付款进度办理工商变更。

防止投资人违约不付款的商业建议：

- 启动融资的时间不要太晚，尽快推进融资流程。
- 做好反向尽调，判断投资人到底有没有资金。
- 和备选投资人保持联系。
- 财务计划不能太激进。

对赌条款可能导致公司经营动作变形。

对赌条款修改建议：

- 早期创业公司尽量避免业绩对赌。
- 业绩对赌不要过于冒进，业绩标准尽量清晰明确。
- 可以对业绩目标设置浮动空间。
- 可以设置反对赌条款。
- 不要轻易承诺上市对赌。
- 可以对上市对赌的触发条件增加一些限制。

如果你的项目还处在早期，或者你很强势，可以直接拒绝回购权条款。

回购条款修改建议：

- 回购条件一定是重大的，能从根本上影响公司成败的事件。

- 回购对价的上限建议以创始人持有的公司股权变现后的价值为准。
- 可以要求投资人在回购事件发生后一定期限内行使回购权。
- 建议和投资人约定分期支付回购款。

反稀释条款修改建议：

- 可以拒绝完全棘轮的反稀释调整方式。
- 尽可能拒绝现金补偿方式。
- 特殊情形下，反稀释权不适用。
- 可以设置一些反稀释条款执行或失效的条件。

优先清算条款修改建议：

- 创始人也能参与优先分配。
- 合理设置优先清算的分配额度。
- 优先分配结束后，可以选择对创始人更友好的剩余资金的分配方式。
- 如果投资人收不回全部优先清算金额，创始人不承担责任。

领售权条款修改建议：

- 早期投资人或持股比例低的投资人可以不给领售权。
- 可以从期限和同意出售的股东比例或股东身份上限制领售权的触发条件。
- 可以限制出售股权的最低价。
- 可以限制收购方的身份。
- 可以约定创始人有优先购买权。

优先分红条款修改建议：

- 可以拒绝优先分红条款。
- 可以约定经股东会审议批准分配股息红利后，投资人才享有优先分红权。
- 可以约定优先分红或派息不能累积。
- 可以约定投资人不能重复参与分配。

不要轻易答应投资人按相对持股比例享有优先认购权以及超级优先认购权。

第 10 章

在投资条款中给自己留有余地

在投资条款中给自己留有余地是指,在投资人给你设下的各种义务及限制的包围圈中,给自己留一些气口,避免关键时刻被逼到死胡同。投资人一般并没有恶意,但你也需要做好自己的本分,不能签协议的时候糊里糊涂,最后把所有的责任都推到投资人身上。

10.1 调查发现的问题是否都应该规范

8.2 节介绍过,尽调对创业公司的意义在于尽早发现问题、解决问题,以免后患。这看起来似乎是创业公司和投资人的共同追求,大家应该能完美达成共识。但如果你仔细看条款,可能会发现投资人提出的一些整改方案不仅没有实际意义,还可能导致公司花冤枉钱或白费工夫。而且这里还存在着一层暧昧的界限,需要你亲自去打破。

我们来看尽调结果,你的公司是不是没按法律规定缴社保、公积金?有没有员工没签劳动合同?是不是存在通过私人账户给员工发工资的行为？是不是存在异地经营？租赁的办公场地有没有房产证？商标有没有成功注册？是不是随便在网上下载了一个股权激励协议模板就和员工签了？

你会发现投资人律师在尽调报告中列出的问题可谓滴水不漏，7.2节中分析过，投资人律师需要给自己免责，因此会尽可能全面挖掘创业公司存在的各种问题，事无巨细地在投资协议中提出整改期限和要求。

你可能会疑惑，既然投资人律师都帮忙发现风险了，为什么不去规范呢？这是因为投资人律师只需要为法律风险负责，如果将来投资人发现律师遗漏了重要法律风险，导致投资失败，律师要承担责任；但是，律师完全不用为商业风险负责，如果一家公司用完资金倒闭了，跟律师一点关系都没有。因此，投资人律师拟写投资协议时，不会考虑他提出的要求是否会影响公司商业发展，他只关心法律风险漏洞是否都被堵住了，如果投资人律师提出的要求你照单全收，那么你可能会为了解决一些无足轻重的法律风险疲于奔命，把公司带上弯路。

■ 案例42*

要极度规范还是要发展[⊖]

背景

2022年甲公司曾委托我们在股权融资中提供咨询服务，那个项目中的投资人律师非常认真负责，列出了十几条需要公司解决的法律风险。

其中一个风险是，投资人律师认为甲公司存在异地经营问题，比如，公司在青岛的工作人员基于工作需要在当地租赁了房屋，但是公司并没有在青岛设立相应的分支机构，如果按非常严格的标准去理解相关规定，市场监督管理局可能因此处罚公司。因此投资人律师指出，甲公司要尽快在租赁房屋所在地办理分公司登记，避免受到行政处罚。

⊖ 仅作为案例探讨，企业经营要遵守国家相关法律法规。

这看起来似乎合情合理，但是我们非常清楚公司不能按投资人律师的要求来处理这个问题，为什么？

冲突

首先，公司租赁的房屋是否属于经营场所是存疑的。这些房屋都是员工以自己的名义租的宿舍，既是员工的生活场所，也是员工处理一些工作的地方。但公司并未在宿舍中进行对外营业的活动，房屋不属于典型的经营场所。其次，如果要登记分公司，就必须租赁商业的办公场地，益民公司在全国各地有近百个这样的场地，全部换成商业办公场地需要耗费公司大量资金，而且，这家公司还处在集中精力抢夺市场的阶段，远没到申请上市的时候，[⊖]事事都按最严格的标准来规范是不现实的。

我们将这些观点和投资人律师沟通后，投资人律师还是不同意放弃这个要求，他们认为甲公司异地经营的情况太多了，不是个小问题，即使公司短期内做不到，那也要限定期限内完成规范。

见投资人律师如此坚决，我们只好说：那行吧，如果一定要公司做到如此规范，那公司收到融资款后就可以开始在各地租办公室了，几十个办公室每年的费用算下来至少几百万元，这些资金都是从产品开发、营销推广的费用中挪过来的，这样必然会导致核心业务发展速度变慢，甚至被竞争对手抢走市场，如果这就是投资人想要的结果，那我们也没意见了。

提到这层利害关系，投资人律师有点犹豫，表示愿意回头和投资人商量一下。

结局

结果，投资人同意让步，提出只有租赁了商业办公场地的经营场所才需要做分公司登记，只租赁了宿舍的场所就不用做登记了。

我们回头和甲公司又确认了一遍，公司并没有在异地租赁任何商业办公场地，因此，这个条款相当于摆在协议中做个样子，投资人律师保住了面子，甲公司也不需要履行任何义务，谈判效果达到了。

你可能觉得奇怪，公司经营的道理，投资人怎么会不懂呢？他们肯定也希望公司良性发展，为什么一开始会提出让公司把钱花在对公司经营不

⊖ 上市的合规要求很高，因此公司在临近上市前都会尽可能解决各种不合规问题。

重要的地方？

投资人当然懂，投资人当然也知道公司不会真的在每个城市租商业办公场地，但是保留这个条款对投资人有利无害。投资律师为了免责写出这样的条款，投资经理自己也想免责，不会主动降低公司义务。如果公司提出了合理的修改意见，那就改，如果公司没意见就这样签了，投资人也落得个省心。如果将来投资人与公司之间发生不愉快，投资人还可以依据条款向公司追究责任，因此投资人并不会主动帮公司把控这个风险。

这就是前面提到的暧昧边界，可有可无，我不明讲，你提出来，我就认，你不提，那就维持现状。

对你而言，要打破这个暧昧边界，就需要保持警觉，对任何一个需要成本规范的事情，都需要判断公司的现状是什么，是否真的不合规，不合规的风险到底有多大，需要规范的成本有多大，是否有必要规范。

对于有必要规范的事项，比如股权纠纷、重要知识产权争议、劳动用工风险等，还需要考虑规范的条件是否合理，比如在什么期限内规范，规范到什么程度，在哪种条件下开始规范等。

你的目标是在发展中求生存，而不是为了规范而规范。

10.2　不能轻易做的承诺

除了整改尽调中遇到的问题，投资人还会让你做出各种合规承诺，比如业务合规、资质执照齐全、知识产权无风险等。总之，他们希望自己投资的项目不存在任何合规问题，如果存在，那就是你的责任，你需要赔偿。

投资人的出发点很好理解，毕竟他把投资款打给了创业公司，你做一些违法违规的事导致公司被处罚，投资人也很肉疼。但是在尊重投资人考虑的基础上，你也需要给自己留余地，不要怀疑投资人律师的"实力"，他们列出来的承诺几乎天衣无缝，其中有意无意都会存在和实际情况不符的情形，如果你大意，可能一签协议就意味着已经违约，这些违约事项将来都可能成为你的污点。

因此，需要仔细检查做出的承诺，将不符合实际情况的、做不到的承诺做出合理修改，尽可能保护自己。

比如，如果你还没把经常使用的商号注册成商标，投资协议一般会要求公司必须在什么期限内完成商标的注册。但是，商标能不能注册下来，并不完全由公司把控，可能会遇到各种原因导致注册时间延长或注册失败，所以可以调整为公司在什么期限内申请注册商标，但是能不能注册下来，什么时候能注册下来，公司不做任何承诺。

再比如，投资人一般会要求公司在所有方面合规经营，该取得的资质必须取得。但是某些新兴行业的政策规范尚不健全，存在不少模糊地带，日后有不合规的可能，但当下也没有规范的依据，而且投资人自己也清楚这个情形，投资人律师在尽调报告中会提出公司可能需要申请某些资质，存在某些经营风险，可能面临某些处罚。既然投资人已经知道这些情形，还愿意继续投资，而且这种风险是行业现状造成的，不是公司不愿意去规范，现在要求公司承诺完全合规经营，否则一旦发生风险，公司和创始人就要承担各种违约责任甚至是回购义务，这显然不合理。

当然，投资人希望公司合规经营的原则是没错的，怎么办呢？遇到这种情况，可以考虑设置启动合规的机制，比如，投资人既然指出我可能缺少某些资质，那请明确是否要求我一定去争取这个资质，如果要求，那请另行书面通知我，我一收到通知就会努力去争取，但能不能争取到理想的结果，我不做承诺；如果投资人也觉得没必要去争取，不发书面通知，那将来发生风险时就不能追究我的违约责任。

以上是调整合规承诺内容的原则，另外还有一点需要注意，假设真的违反了合规承诺，到底该承担怎样的责任？

实际上，很难有公司能做到完全合规，上市公司也经常出现不合规的情形。因此你可以答应尽量合规，如果真的发生一些不合规的小事，既没造成重大损失也不影响上市，最好就不要设置违约责任了，可以作为公司日常经营风险，全体股东一起承担。如果公司真的不合规造成一定影响，比如遭到严重处罚、造成严重损失或需要承担刑事责任，而且创始人存在明显过错，那再看创业公司和创始人是否需要进行赔偿以及按什么标准赔偿。

10.3 股权兑现：股权暂时不是你的

股权兑现条款在现在的投资协议中普遍存在，有时你在公司的股权看起来好像很多，但这些股权还不能真正属于你，如果你行事不够谨慎，可能会被动出局。

概念

股权兑现属于动态股权调整的一种方式，有时候也称为"股权成熟"，意思是，创始人和管理团队的股权需要经过几年时间才能完全归自己所有，比较常见的是四年或五年，相当于每年挣回 25% 或 20%。如果你提前离开公司，根据约定的兑现公式，你只能拿到已兑现部分的股权，登记在你名下的剩余尚未兑现的股权需要转给其他股东。有时投资协议甚至会约定，如果你提前离开公司，所有的股权都应当转给其他股东，只是兑现股权的转让价格一般会高于未兑现股权的转让价格。

但是，不管有没有兑现，只要是登记在你名下的股权，表决权和分红权还属于你，只有在你离开公司的那一刻，股权兑现条款才会发挥作用。

存在的原因

很多人不理解，为什么原来属于我的股权，投资人一进来，这些股权还需要我去争取？

投资人的这个安排是有道理的，股权兑现条款在投资轻资产行业时最常见，这时投资人最看重的通常是管理团队，如果他们刚完成投资你就离职了，相当于他们最看重的东西已经不在了，这就不符合他们投资的初衷。

管理团队的背景和经验，可以通过前期尽调核实，但管理团队的稳定和持续性，就需要一些规则来约束，股权兑现条款就是其中一个有效手段。

分析

股权兑现条款不仅符合投资人的需求，也一定程度符合创始团队的需求。

《合伙人动态股权设计：七步打好创业公司股权地基》的第四步"避险"中专门用 7 章介绍了合伙人之间需要做好各种情形下的动态股权设计，避免合伙人不给力或离职等因素带来的创业风险。很多创始团队一开始并没有这个意识，或者即使有这个意识，也没好意思落地，这样就存在诸多风险。

比如有的合伙人侵害了公司利益，虽然公司辞退了他，但他依然持有公司股权，再比如有的合伙人中途对创业失去信心或基于家庭原因决定离职，如果他不愿意将股权转让出来，其他合伙人没办法主动收回他的股权。这些情形下，不再为公司付出的前合伙人依然能享受公司增值带来的红利，对于其他辛苦工作的合伙人而言是不公平的，首先合伙人之间会心理失衡，影响斗志，其次这部分股权被不在公司工作的前合伙人持有，也失去了其应有的激励创始团队的效果，是一种浪费。这种结果，创始团队和投资人都不愿意看到。

现在，投资人一来，这个问题变简单了，股权兑现条款必须明确，算是顺带帮创始团队避险了。

建议

那么，对于这个看起来合理的条款，还有什么地方能给你留出灵活的空间？

我们从两个视角来分析，第一个视角是如何使创始团队整体能更快兑现全部股权，第二个视角是如何确保合伙人内部的动态股权调整更符合创业公司的发展规律。

先说第一个视角，在满足公司发展需求的前提下，股权兑现规则自然是越宽松对创始团队越有利。你需要清醒认识到，随着公司发展壮大，创始人对公司的贡献会相对越来越不重要，就像现在的各大互联网巨头公司，阿里巴巴、京东没有创始人也不会马上停摆、立刻混乱，随时会有新的职业经理人顶上。一旦你对公司的贡献相对减小，有人认为你在公司存在的价值与你尚未兑现的股权不匹配的时候，就可能产生让你离开的动机。

不同类型和不同投资目的的投资人对此事的态度是不一样的，相比之下越规范的风投越不会乱来。另外，不同创始团队的合伙人组成情况也是不同的，这个规则到底是更严格好还是更宽松好，需要根据具体情况判断，这里尽可能把对创始团队有利的方案都列出来，你可以根据自己的实际情况选用。

第一，通过聘任机制防止创始人被恶意开除。公司法规定由董事会任免公司 CEO 等高管，⊖所以只要创始团队在董事会席位中占多数，并且注意不要违反劳动规章制度，一般是安全的。但有的投资人会要求在章程中规定由股东会任免 CEO，从目前的司法实践看，这种规定通常会被法院认可。⊜这时需要注意了，如果没有特别规定任免 CEO 的表决规则，那么只要超过一半表决权的股东同意就可以实现 CEO 的任免，如果创始团队在股

⊖《公司法》第六十七条规定："有限责任公司设董事会，本法第七十五条另有规定的除外。董事会行使下列职权：（八）决定聘任或者解聘公司经理及其报酬事项，并根据经理的提名决定聘任或者解聘公司副经理、财务负责人及其报酬事项。"

⊜ 可参考北京市第二中级人民法院（2022）京 02 民终 9385 号判决。

东会的表决权低于 50%，那么剩下的股东是可以决定更换 CEO 的，而创始人离职又会触发股权兑现条款，这时未兑现的股权最后是否会属于创始人已经不受创始人控制了。

让股东们同意任何时候都不能更换 CEO 几乎是不可能的，这也不符合公司发展的规律。但你可以从几个角度来防范道德风险，比如不同意股东会有任免 CEO 的权利，或将股东会更换 CEO 的条件提升到需要三分之二以上表决权的股东同意，同时在创始团队中也要有超过半数的人同意，或者限制更换 CEO 的时间段及特定情形等。甚至可以赋予投资人更换 CEO 的事项的一票否决权，意味着只要有一位投资人不同意更换 CEO，那 CEO 就不能换，这些措施都可以在一定程度上防范道德风险。

第二，争取最快的速度兑现。比如已经经营一年以上的创业公司在首次签署投资协议时，创始人可以立刻兑现第一期的股权，而不需要再过一年才能兑现第一期，这个道理也说得通，毕竟创始人对公司是有历史贡献的，投资人入股的时候，创业公司并不是从零开始。

此外，你也可以要求按月兑现股权，这样不需要等整年才能兑现股权，或者要求把四五年的兑现期限缩短到两三年，只要你能找到充分的理由，就不妨一试。

第三，可以争取在特定事件下加速兑现的权利。比如，达到某个经营里程碑指标时，提前兑现一部分股权，这样可以在某种程度上摆脱时间的约束，也能激励创始人尽早达成目标，是双赢局面。再比如，如果股权还没完全兑现，公司就实现 IPO 或者被并购了，创始人可以立即兑现全部股权，因为此时创始人对投资人的义务已经基本完成。

第四，如果创始人离职，其未兑现的股权应当归创始团队所有。有的投资人会要求创始人离职时，未兑现的股权按比例分配给全体股东，这样的安排更容易产生道德风险。创始人的股权应当是属于创始团队的，如果分配给全体股东，意味着投资人也会获利，一方面会压缩创始团队的股权，不利于激励创始团队，另一方面会使投资人更有动力让创始人离职。

再说第二个视角，为什么会有"确保合伙人内部的动态股权调整更符合创业公司发展规律"这个需求？这是因为投资人提出的四年左右兑现规则往往不能满足公司发展到成熟阶段或上市的需求。尤其现在很多公司刚设立就开始引入投资人，想要四年就"创业成功"非常难，既然距离达成目标仍有相当一段距离怎么能把股权全部兑现了呢？如果股权全部兑现后，某位合伙人离职，但公司离成功还有很长的距离，其他合伙人能心甘情愿继续没日没夜地工作让离职合伙人当"跷脚老板"？这种情形必然会引发诸多矛盾。

但是，如果在投资协议中约定将创始团队股权兑现期限延长，比如六年、七年，对创始团队整体而言，又是更深的束缚，怎么办？

有一个办法，创始团队可以在投资人要求的兑现规则外补充自己的内部规则，在内部规则中将股权兑现期限延长，以及增加可以调整股权的情形，以弥补投资人股权兑现规则的不足。投资协议有约定的，按投资协议约定执行，投资协议没有约定的，按创始团队的内部约定执行，如此既能满足公司发展需求，又避免了对创始团队整体的更深束缚。

至于合伙人内部的更细化的动态股权调整规则该如何设置，你可以参考《合伙人动态股权设计：七步打好创业公司股权地基》一书的第四步"避险"，翔实内容此处不再赘述。

股权兑现条款对公司和投资人都是有好处的，创业是一个艰苦的长期过程，没有一个团队是永恒的，创始人在防范投资人道德风险的同时，可以将兑现条款看作一个整体协调工具，达到双赢效果。

10.4　竞业禁止条款：你会不会面临失业

竞业禁止条款算是必备条款，即使投资人不要求，公司自己也会和核心合伙人签署竞业条款，所以创始人一般不会过多关注这个条款，但这个条款本身具有双面性，如果约定不合理，极端情况下可能让你面临失业。

概念

竞业禁止条款的意思是，创始人在职期间、离职后的一段期间或持有公司股权期间不能自营与公司竞争的业务，也不能去与公司存在竞争关系的第三方工作或者与它们产生合作关系。

存在的原因

竞业禁止条款存在的原因很好理解，投资人愿意投资一家公司，看中的不仅是商业模式，更重要的是运作商业模式的创业团队，因此需要通过一些规则维持创业团队，并且防止他们从事与公司相同或相似的业务，给公司带来损失。

分析

竞业禁止条款和兑现条款有个共同点：既能满足投资人的需求，也能一定程度满足创始团队的需求。

合伙人与公司竞争不仅会直接损害公司利益，还会严重影响其他合伙人的斗志，而公司法中关于股东与公司竞争的限制有限，[⊖]难以有效保护公

⊖《公司法》第一百八十四条规定："董事、监事、高级管理人员未向董事会或者股东会报告，并按照公司章程的规定经董事会或者股东会决议通过，不得自营或者为他人经营与其任职公司同类的业务。"

《公司法》第一百八十六条规定："董事、监事、高级管理人员违反本法第一百八十一条至第一百八十四条规定所得的收入应当归公司所有。"

此处被限制竞业的主体只有三个，董事、监事和高级管理人员，而不包括股东，即使违反竞业的董事、监事或高级管理人员恰好是股东，也无法依据这两条规定要求他们返还公司股权。

司利益，因此只能通过额外的竞业禁止条款予以弥补。

如果你们合伙人之间还没有关于竞业禁止的约定，投资人提出这个条款，对创始团队整体而言是有意义的。不过对于这个条款约定的限度需要认真权衡，否则如果这件事降临到自己头上，你可能会发现不合理的竞业禁止条款会严重影响你的再就业。

■ 案例 43*

创始人想重新创业而不得

背景

龙才和虎才是大学时代的好兄弟，都毕业于某著名理工大学的计算机系。两人最大的爱好是写游戏，经常一起通宵写游戏，毕业后共同创立了一家游戏公司。

他们非常幸运，很快得到投资人的认可，但由于毫无经验，没有戒备，两人没仔细看投资协议，草率地签了字，获得了第一笔融资。依靠投资人的资金，公司发展势头很好，但是随着经营上的矛盾和冲突越来越多，两位好兄弟最后到了相互无法容忍的地步。于是龙才决定辞职卖完股权后二次创业。

冲突

但是，龙才很快发现自己的计划无法实现。一方面投资协议里包含了股权锁定的条款，在公司上市或被并购之前，除非投资人同意，龙才是不能转让自己的股权的。同时，投资协议中还有竞业禁止条款，约定持有公司股权期间及不再持有公司股权之日起两年内，龙才不得从事与公司主营业务相同或相似的业务，包括一切游戏开发或电子商务等业务。而违反前面两个约定的违约责任是，龙才必须以本金加利息的金额回购投资人的股权，这笔巨额资金远超出龙才的承受范围。

分析

这意味着，龙才若想实现二次创业，只能把股权卖了并在游戏开发及电子商务领域歇业两年。但他卖股权需要获得投资人同意，或者在公司实现上市或并购之后。

更重要的是，由于竞业禁止的范围不仅包括龙才所从事的游戏业务，还宽泛地包括了电子商务，这几乎是让龙才远离互联网，对龙才来说相当于失业。

这种情形下，龙才在与合伙人及投资人的谈判中处于明显劣势，要想实现重新创业非常艰难。

在很多类似案例中，竞业禁止条款可能是压垮创始人的最后一根稻草。因此，对于竞业禁止条款，需要在确保对合伙人的约束够用的前提下，尽量使约定更合理，避免将来自己被动。

建议

第一，设置更合理的竞业禁止期限。原则上在职期间不论是否持有股权，都应当履行竞业禁止义务，如果不在职了，在离职后两年内或持有公司股权超过一定比例期间也可以履行竞业禁止义务。离职后的竞业禁止期常见的是 1～2 年，一般与创始人的能力背景挂钩，比如，对负责销售和市场的创始人，禁止期限可以较长，避免合伙人重新创业或跳槽后影响公司的市场和客户；对于技术在短时间之内可能会发生更替的技术创始人，可以缩短一点儿竞业禁止期限；如果创始人是被迫辞职、被解雇的，也可以要求缩短竞业禁止期限。

第二，设置更合理的禁止从事的业务范围。在案例 43 中，禁止游戏行业的创始人从事一切电子商务业务显然过于严格，虽然同行业的范围并不是随便怎么写都可以得到法律保护，最后法官还是会根据公司实际情况，从业务性质、客户对象、产品的可替代性等方面进行综合判断，但约定的范围容易成为引发股东矛盾的争议点，而且会影响创始人对未来工作的心理预期，因此建议尽量约定合理的范围，不要过于宽泛，避免任何一位创始人成为最终受害者，也不要过于狭窄，避免对公司的保护作用有限。

第三，明确竞业禁止期间的补偿方案。离开公司的创始人丧失了从事自己熟悉、专业相关的工作机会，要求相应的补偿是非常合理的，建议提前明确好补偿方案，避免将来有矛盾时再沟通，可能很难达成共识。

10.5　限制转让、共售权和优先投资权：与投资人的长期绑定

认真观察投资协议中的各种条款，你会发现很多限制是环环相扣的，你犹如池鱼笼鸟。

首先，限制转让。投资人投资一家公司，自然不希望创始人自己把股权卖了套现走人，留下一群投资人在公司不知所措。因此，投资协议一般会约定未经投资人同意，创始人不能对外出售股权。

其次，共售权。如果投资人同意创始人对外出售股权，那么你创始人卖，我投资人也要按比例跟着卖，如果你的买家不接受我的股权，那创始人你也不能卖。相当于要套现大家都有份，创始人不能撇下投资人。

最后，优先投资权。创始人说，公司恐怕是不行了，我们清算一下吧，我也要另外创业了。这时投资人说，且慢，你再次创业要做什么？按优先投资权，你再度创业，我可是自动有股权的噢。

创始人这才发现，投资人真是"情比金坚""不离不弃"，这就是锁定创始人的三部曲。

限制转让

限制转让是最好理解的，毕竟收下投资款后自己跑路，确实不厚道。不过你可以为自己争取一点自主决定出售的股权额度，因为你偶尔也需要通过出售股权改善一下生活，或者通过转让所得完成公司实缴出资义务，这个额度一般比较小，不能影响创始人对公司的控制权，也不能让创始人赚得太多，否则投资人会担心你获得收益后不思进取。

共售权

共售权其实就是换个花样防止创始人跑路。

首先，如果你在限制转让条款下争取到了自主决定出售的股权额度，那记得约定行使这个权利的时候排除投资人使用共售权，否则，好不容易可以改善生活了，还要将出售份额分一部分给投资人，这就不符合你的初衷了。

其次，如果在自有额度外，真的发生了触发投资人共售权的情形，可以明确投资人表示行使共售权的期限。比如，按照规则你现在可以卖股权了，你书面告知投资人后，投资人一直不回复是否行使共售权，导致你进退两难。你们可以提前约定一个期限，如果投资人不在这个期限内明确表示要行使共售权，那就视为投资人弃权了。

优先投资权

一些创始人不熟悉优先投资权，因为这不是投资人的常见权利。优先投资权主要分为两种，一种是，投资人仅仅享有优先投资创始人新项目的权利，意思是条件相同时，创始人应当优先接受现有投资人的投资；还有一种是投资人直接享有股权，比如投资人现在持有创业公司 10% 的股权，如果这个项目失败了，创始人再次创业，投资人天然享有创始人新项目 10% 的股权，意思是投资人不用再投资金，自动享有股权。

第一种优先投资权比较友善，创业本来就需要资金，投资人也没白占便宜。但第二种优先投资权会给你再次创业带来巨大压力，相当于创业还没融到资就白白送出了股权，而且你新项目的合伙人也不见得会答应。

为什么有的投资人会要求第二种严格的优先投资权？其实投资人也是出于无奈，我曾遇见创始人将原来的项目关门大吉，将核心资产转移到新公司，另起炉灶做相同的业务，投资人毫无办法。倒不是不能起诉，但投资人不想在诉讼上耗费大量时间，而且举证创始人转移无形资产是件非常困难的事。因此，一旦有了严格的优先投资权，可以防范创始人的道德风险，也算是对投资人第一次投资失败的变相补偿，当然，顺带也误伤一些诚实守信的创始人。

如果投资人坚决不放弃第二种优先投资权，那创始人至少可以在两个方面争取。一是限定时间，如果你本次创业失败后过了五六年才再次创业，投资人还要求自动享有股权显然不合理；二是限定行业，如果创始人再次创业是在完全不同的领域，投资人则不再享有优先投资权，比如你第一次创业是做在线教育，再次创业是做基因检测，两次创业没有关联，那么第一次创业失败的结果应当大家共同承担，毕竟投资人也判断失误了。

10.6　土豆条款：夫妻股权争夺战

2010年，土豆网已经在美国提交了上市申请，随后，创始人的前妻杨某提起诉讼，要求分割婚姻存续期间两人的共同财产——土豆网76%的股份。因诉讼的介入，法院冻结了土豆网38%的股份，禁止转让，土豆网的上市之路被迫暂停。[注]后来优酷占先上市，最后土豆网被优酷收购。

这次由创始人离婚纠纷引起的股权事件给创始人、公司、投资人各方都带来了重大影响，尤其是投资人，好不容易选对了公司，就在公司羽翼丰满准备上市时，创始人居然后院起火，导致上市搁浅，眼看到手的投资收益也烟消云散。

从此以后，投资人在进行投资时，往往会调查被投资公司创始人的婚姻状况，并且要求创始人和配偶签协议明确公司股权归一方所有，离婚时另一方不得要求分割，此类条款被投融圈称为"土豆条款"。

为什么说土豆条款意味深长呢？因为这个条款也属于既对投资人有利，

　　[注]　参考：新京报，创始人离婚案和解　土豆网或重启上市。

也对创始人有意义的条款。

根据民政部公布的《2021年民政事业发展统计公报》，2021年的结婚率是5.4‰，离婚率是2.0‰。依法办理离婚手续283.9万对，其中民政部门登记离婚214.1万对，法院判决、调解离婚69.8万对，意味着32.6%的离婚夫妇都没能和平分手。

即使你家两口子感情非常好，也保不住你的合伙人存在离婚的可能，一旦有合伙人陷入离婚纠纷，公司股权就存在不确定性，这就动了创业公司的地基。离婚不再是家庭内部私事，它会影响公司利益、创业合伙人的利益、投资人甚至是公众股东的利益。比如地素时尚当年已经通过上市申请了，却因创始人与前夫家的股权纠纷而导致股票暂缓发行。[⊖]

因此，土豆条款对于公司、投资人和创始人而言都是有意义的。

这里并不是鼓励大家算计自己的配偶，只是根据我们的经验，夫妻之间也可以把底线亮在前面，这对彼此都好。签署土豆条款，也不意味着配偶真的就被净身出户，而且土豆条款也可以灵活设计，比如，虽然配偶不得要求分割股权，但是可以享有部分股权的收益权。或者夫妻可以协商在土豆条款的基础上将其他资产做出更有利于另一方的安排，或者通过信托做一些利益的调整，不管怎样，股权权属上不要有纠纷就可以。

感情好的时候这些都好商量，而且投资人确实也会提这个要求，算是客观契机。如此，创始人既不用担心因为后院起火而影响公司发展，配偶也不用担心自己净身出户，大家都能安心做自己的事，家和万事兴，投资人也开心。

我在福利包中也给你准备了一份土豆条款协议模板，可以添加微信QingyangGuquan领取。

⊖ 参见地素时尚于2017年5月26日发布的《关于地素时尚股份有限公司暂缓首次公开发行股票发行工作公告》及于2018年6月4日发布的《地素时尚股份有限公司关于股权涉诉事项的公告说明》。

10.7　暗中增加负担的条款

第 9 章和第 10 章对投资人的主要权利和创始人的主要义务分别进行了分析，也给了建议。单独看每个条款的内容，你可能觉得思路还算清晰，不过放到真实的场景中，你会发现情况变得复杂起来，各种因素纷繁复杂、相互勾稽，你可能很快就晕头转向了，容易忽略一些隐藏的负担。

■ 案例 44*

被创始人忽视的负担

背景

我们曾作为领投方律师协助投资人投资了一家医疗器械公司，当时是这家公司的 A+ 轮融资，创始人非常强势，在一些条款上丝毫不退步。

那次投资结束后，在公司后续融资时，A+ 轮领投方让我们继续站在他的角度协助审核协议。在公司 B+ 轮融资中我们发现一个有意思的问题。

冲突

B+ 轮大部分投资人通过增资方式入股，但有位新投资人没有增资，而是通过购买某位 A 轮老投资人的老股入股，购买对价按 B+ 轮估值的 8 折计算。投资协议中一开始把这位买老股的新股东定义为 B+ 轮投资人，我们对这个定义提出了异议，因为轮次越往后的投资人的权利越优先，这位新股东因为购买 A 轮老股就变成了 B+ 轮投资人，而我们的委托人是 A+ 轮投资人，这位新股东的权利岂不比我们委托人的权利还优先，这就损害了我们委托人的利益。在我们的反对下，最后这位新投资人还是被定义为了 A 轮投资人，权利在 A+ 轮投资人的后面。

但是，我们进一步发现，虽然这位新投资人在名义上被定义为 A 轮投资人，但在回购条款中，这位投资人却要求创始人回购股权的价格按照买老股的价格，即按 B+ 轮估值的 8 折计算，并不按照 A 轮老投资人的增资入股价格计算。而 B+ 轮估值 8 折比 A 轮估值高了好几倍，这样创始人对应背负的回购义务本金也被提高了几倍。

分析

怎么理解呢，举个例子，假设一家公司前后一共融资 1 亿元，创始人需要向全部投资人承担回购义务，抛开利息不算，回购价款就是 1 亿元。但是，中途有位投资人以 4000 万元的价格买了一位老投资人用 500 万元认购的老股，按道理，这是两位投资人自己的交易，和公司及创始人没有丝毫关系，毕竟股权转让款进的是老投资人的账户，并没有进入公司账户。按照创始人和老投资人的约定，创始人承担老投资人的回购义务本金是 500 万元。但是，现在新投资人要求创始人按照 4000 万元来承担回购义务，一下子就多出了 3500 万元，创始人整体的回购义务本金从 1 亿元变成了 1 亿 3500 万元。

这个算法确实不太合理，新投资人拿到了比市场价略低的股权，老股东成功套现，但是公司和创始人并没得到直接好处。如果新投资人觉得老股对应的回购价格太低了，那可以选择不买，或者按正常的市场价以增资的方式购买，创始人为什么因为新投资人想拿低价股权而被额外增加回购负担？

结局

我们当时的委托人不是公司和创始人，而是 A+ 轮投资人，我们的立场是审核 B+ 轮协议中是否存在对自己委托人不利的条款，而不是审核是否存在对创始人不利的条款，因此我们不能直接提示创始人，这样可能给自己的委托人带来不必要的麻烦，违背职业道德。但我们还是在向委托人反馈本职工作时顺带提了这个情况，询问委托人是否需要自己提醒创始人。

委托人说，虽然他也觉得那位买老股的新投资人有点不厚道，但是也不打算提醒创始人，看创始人自己最后会不会发现。因为这次融资前后已经花了几个月时间，眼看着协议要签署了，公司还等着资金发展，如果继续对条款进行谈判太影响融资进度了，对全体股东都不利。

而且，创始人在真正履行回购义务时，需要先向 A+ 轮投资人履行，再向 A 轮投资人履行，意味着，这个不太厚道的条款对我们的委托人没有任何影响，所以没必要无事生非。最终，当轮的协议保留了这个条款。

可能你会疑惑，协议白纸黑字写得清清楚楚，创始人怎么就没发现

呢？这就是法律文件的特点，法律文件非常严谨、讲究逻辑且前后勾稽，并不是阅读一句话就能全面理解其中的含义，你还需要联想整个协议的其他条款以及相应的法律规定，才能做出完整分析，没有养成这种思维习惯以及经历多次实战是很难真正看透条款的。

在这个案例中，新投资人的这个猫腻也难觅踪迹。就回购条款而言，创始人会觉得完全符合他一贯的要求，没有发生任何变化，在描述上都是每轮投资人按先后顺序有权要求创始人按投资款本息回购。但是，在投资协议第一部分释义章节，那位新投资人的投资款被定义为购买老股的价格，也就是按公司 B+ 轮融资估值 8 折计算的价格，而没有被定义为 A 轮老投资人当年的入股价格。

所以，回购条款没有任何变化，释义看起来也没什么异常，确实新投资人投资了那么多资金，但是合起来，创始人的义务却发生了明显的变化。

这只是其中一个案例，还有很多其他因为各种条款相互勾稽悄无声息影响公司或创始人的权利义务的情形。

比如一些投资人不断在公司后续融资中跟投或购买老股，他每次获得的股权的权利优先级该怎么设定？还有领售权和优先清算权勾稽，优先分红条款和优先清算条款勾稽，限制转让与共售权勾稽，回购利率、优先分红比例、优先分配金额、违约金等错综复杂的约定，即使是律师，如果没有丰富的投融资经验，审阅这种文件时也常常晕头转向。

不过，这些错综复杂的勾稽关系也给了你解决问题的办法，东边不亮西边亮，你可以通过整体协议条款的整合，从多个维度与投资人谈判，达到大家都满意的结果。比如回购条款如果确实很难改，那可以考虑在释义部分提高重大违约的门槛，使回购条款不会被轻易触发。

■ 案例 45*

躲过回购义务的创始人

我们曾服务一家北京的媒体公司，这家公司在 2019 年接受投资时，我们和投资人针对回购条款反复沟通，在相互勾稽的条款上做了很多安排，其中就包括在定义中提高投资人行使回购权的门槛。

遗憾的是，这家公司后期发展不顺利，两年后到了需要清算的地步。这时真的有投资人提出要求创始人回购股权，并拿着"放大镜"全面检查协议条款及审查公司的财务资料。

由于前期在协议条款中做好了防备，再加上公司确实没有留什么把柄，所以投资人找了两三个月也找不出要求创始人回购的正当理由，结果双方达成和解，解除了股权关系。

读完这两章，你或许觉得今后在融资中可以对照本书，把每个条款都改得对自己最有利，但实际较难这么操作，这样修改会非常耗时且增加融资谈判难度。而且投资人一般比较强势，他们基于自己曾吃过的亏、内部风控制度要求或当下投资的特殊背景，不一定会全盘接受，除非你非常强势。

怎么办呢，难道不能为自己争取更多权益吗？不是的，我的建议是，结合融资实际背景，可以根据条款的重要程度，适当抓大放小，最重要的是守住创业失败的责任底线，然后才是其他责权利条款，一些没那么重要的，你根据实际情况判断不太可能给自己造成重大影响的条款，也可以先搁置，在今后的融资中也还能再争取优化。这样，能尽可能在融资效率和降低风险中找到平衡。

第 10 章特别提示

不是所有调查发现的问题都应当规范，需要根据公司发展需求综合判断。

不要在投资协议中轻易做超出能力范围的承诺。

创始团队可以在投资人要求的兑现规则外补充自己的股权动态调整规则。

股权兑现条款修改建议：

- 通过聘任机制防止创始人被恶意开除。

- 争取最快的速度兑现。

- 可以争取在特定事件下加速兑现的权利。

- 如果创始人离职，其未兑现的股权应当归创始团队所有。

竞业禁止条款修改建议：

- 设置更合理的竞业禁止期限。

- 设置更合理的禁止从事的业务范围。

- 明确竞业禁止期间的补偿方案。

可以在限制转让的基础上给自己争取一点可以自由出售的股权额度。

可以明确投资人行使共售权的期限和范围。

优先投资权条款修改建议：

- 可以接受单纯的优先投资的权利。

- 如果投资人希望自动享有新项目股权，可以拒绝或者限定适用的期限和业务
  范围。

创始人可以和配偶签署土豆条款，避免因为夫妻感情影响公司发展。

投资协议环环相扣，不能孤立看待每个条款，否则容易埋下隐患。

第五步

控制
守住控制权

　　想要知道如何守住控制权，你需要了解控制权是怎么产生的，记住三条关键控制线，合理利用"AB股"，搭建你的金字塔股权控制架构，设置好董事会和股东会的规则，并掌握关键岗位的任免权。

守住控制权的设计

徐小平曾说过:"遇到几个创业者,在股权结构上一开始就让投资人占了控股权,公司做起来后,却被投资人赶走了。创业本来就是为了做自己命运的主宰,却把控制权拱手送人,真搞不明白。即使你不得不融资,也至少像刘强东那样,股权让多少都可以,但一定要保留投票权。"⊖

一家公司不受你控制的主要表现有哪些?第一,你想推进的战略被公司否决;第二,你想实施的方针无法真正落实;第三,你没办法任命某个人担任什么岗位或换掉某个岗位的人;第四,你自己被赶出公司决策机构;第五,你的股权被其他股东收走,彻底退出公司。这些后果具体是什么原因导致的,后面会详细分析。

其实控制权的维护不是在股权融资的时候才应该考虑,而是在公司设立时就必须布局,你布局得越早,对公司把控得也就越好。《合伙人动态股权设计:七步打好创业公司股权地基》一书中的第二步"结义"中用一章

⊖ 李晓艳.我为什么要投资你[M].北京:中国商业出版社,2012.

专门介绍如何确定创业团队的控制人，在第五步"控制"中用三章专门介绍如何从早期开始就守住控制权。那本书没有介绍董事会规则及股东会规则该如何设置，因为在引入投资人前，创业公司基本不会设置董事会，创始人也能在股东会上占有多数表决权，但从引入投资人开始，董事会和股东会规则的设置就非常重要了。

本章会先简单回顾《合伙人动态股权设计：七步打好创业公司股权地基》中关于控制权的一些基础知识，详细内容不再介绍，接着会针对引入投资人的场景就股权融资中如何设置董事会及股东会规则进行详细介绍。

11.1　控制权基本常识

谁应该是创业团队中的控制人

要想守好公司的控制权，首先要明确的问题是，谁应该是公司的控制人？创始团队可能有三四个人，发生分歧时应该听谁的，谁就是控制人，接下来所有的控制权保护就要围绕他展开。

对创始团队而言，最有价值的合伙人应该成为控制人，这样在合伙人之间发生冲突时，基于他对公司的重要性，其他合伙人才会妥协，这就是能服众。如果让价值不大的人成为控制人，那么其他价值大的合伙人就会变得很保守，不会释放他在公司的最大价值或者索性离开这家公司，这会导致公司核心竞争力的流失。

公司的控制权是如何形成的

在公司可以拍板的决策机构主要有三类，一是股东会，二是董事会，三是总经理。如果把他们的关系比喻成一个大家族中的各种决策层，那么

可以这么理解，股东会相当于家族会议，是最高决策机构，它决定了董事会

也就是当家的有哪些职权，董事会又决定了管
家也就是总经理有哪些职权，权利是从上往下
赋予的（见图 11-1）。因此，上一层决策机构
也可以收回、调整或干涉下一层决策机构的职
权。比如，如果家族会议（股东会）认为当家
的（董事会）或管家（总经理）的某个决策有问题，可以直接要求调整决策。

图 11-1　公司内部决策机构关系

　　董事会作出决议，应当经全体董事的过半数通过。[一]股东会表决涉及三
条关键的股权比例线，即绝对控制权线、相对控制权线和重大事项一票否
决权线，如果公司章程未做特殊规定，那么这三条线的比例如下所示：

　　绝对控制权线是 66.67%，也就是公司股权比例的三分之二。假设某位
股东持股达到 66.67%，那么除了少数明显损害其他小股东利益的事情不能
做以外，相当于完全控制了公司，比如可以决定修改公司章程、公司分立、
合并、增资、减资等。[二]

　　相对控制权线是 50%，也就是公司股权比例的二分之一。假设某位股
东持股超过 50% 但不足 66.67%，除了上面提到的特定需要持有公司三分
之二以上表决权股东同意的事项不能控制外，其他事项比如日常经营、决
定员工报酬、调整公司规章制度等，都可以控制。

　　重大事项一票否决权线是 33.34%，也就是公司股权比例的三分之一。
如果某位股东持股达到 33.34%，意味着虽然他不能决定做什么，但是那些

[一]《公司法》第七十三条规定："董事会的议事方式和表决程序，除本法有规定的外，由公司
　　章程规定。董事会会议应当有过半数的董事出席方可举行。董事会作出决议，应当经全体
　　董事的过半数通过。"

[二]《公司法》第六十六条第三款规定："股东会作出修改公司章程、增加或者减少注册资本的
　　决议，以及公司合并、分立、解散或者变更公司形式的决议，应当经代表三分之二以上表
　　决权的股东通过。"

需要三分之二以上表决权股东同意的事项，比如增资，只要这位股东不同意，就一定做不了。因为他的股权比例达到 33.34%，意味着其他所有股东股权比例合起来不可能达到 66.67%，那么，没有他的同意，公司的重大事项决议就无法通过，达到了重大事项一票否决的效果。

金字塔股权架构增加表决权

金字塔股权架构又分为两种类型，一种通过有限责任公司搭建，一种通过有限合伙企业搭建，一般推荐通过有限合伙企业的方式来搭建，效果好、实操方便且成本低。

搭建方式是，让控制人成为有限合伙企业中的普通合伙人，其他合伙人或早期投资人、被激励的员工成为有限合伙人。

○ **打个比方**

为什么有限合伙企业能达到加强控制权的效果，打个比方你就明白了。你可以把有限合伙企业想象成古代的一个国家，而普通合伙人（通常被称为"GP"）是这个国家的国王，有限合伙人（通常被称为"LP"）就是寻常老百姓。一个国家，通常只有一个国王，但老百姓就多得数不清了。决定这个国家打不打仗，收不收税的，是人数多的老百姓吗？当然不是，这是只有国王才能决定的事。这就是为什么有限合伙企业是普通合伙人说了算，因为他的身份是国王，法律明确规定⊖了，就是他说了算。

国王的权力这么大，如果你想当这个国王，该出资多少呢？答案是，哪怕只出资1元也可以。一个有限合伙企业里，你至少出资1元（当然也可以出更多），你就是这个"国家"的人了，再加上"王室血统"的确认，

⊖《中华人民共和国合伙企业法（2006修订）》（中华人民共和国主席令第55号）第六十七条规定："有限合伙企业由普通合伙人执行合伙事务。"第六十八条规定："有限合伙人不执行合伙事务，不得对外代表有限合伙企业。"

也就是工商登记的时候把你登记成普通合伙人，你就是这个有限合伙企业的"国王"了。此时不管有多少位有限合伙人，他们出资再多，都只有收益权，对外决策都是你这位"国王"说了算。

利用有限合伙企业实现控制权是最能以小博大的形式，绝大部分你常听说的"股权投资基金"都是有限合伙企业，都在利用有限合伙企业在决策上的特殊性来达到控制基金运作的效果。此外，很多上市公司股东也通过有限合伙企业加强自己对公司的控制权，比如绿地集团的控制人就通过有限合伙企业加强自己对绿地集团的控制权。

现在以《合伙人动态股权设计：七步打好创业公司股权地基》中贯穿全书的理发店案例来展现一家普通创业公司的控制人通过有限合伙企业达到增强自己对公司控制权的效果。

图 11-2 中，锤子是控制人，爱德华是共同经营的技术合伙人，老徐是早期的种子轮投资人，因此老徐通过有限合伙企业间接持股，让锤子成为普通合伙人，相当于把自己 16.97% 的表决权给了锤子。员工激励平台的普通合伙人也是锤子，这部分股权的表决权也属于锤子。甚至爱德华也可以通过同样的方式间接持股，把自己 20.61% 股权的表决权给锤子，那么锤子就享有了公司 100% 的表决权。

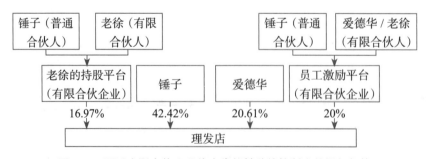

图 11-2　通过有限合伙企业将表决权转移给控制人的股权架构

资料来源：何青阳，合伙人动态股权设计：七步打好创业公司股权地基 [M]. 广州：广东经济出版社，2022：215.

章程特殊规定："AB 股"

"AB 股"可以理解为不同种类的股权享有不同数量表决权或分红权的股权设计方式，它在互联网上一直被奉为加强控制权的"神器"。

但在 2023 年修订的《公司法》生效之前，内地初创公司没办法设计真正意义的"AB 股"，因为以前的公司法虽然允许有限责任公司在公司章程中规定不按照出资比例行使表决权，⊖能间接达到"AB 股"的效果，但同时也明确规定股份有限公司必须同股同权，⊜导致创业公司从有限责任公司变更为股份有限公司时不能再做同股不同权的特殊设计，⊜因此初创阶段进行的"AB 股"设计不能长期延续。

但 2023 年修订的《公司法》允许股份有限公司进行同股不同权的设计，⊜意味着不论在有限责任公司还是股份有限公司，通过在章程中进行"AB 股"设计来增强控制权，至少在法律层面上是完全可行的：当公司为有限责任公司时，你可以在章程中规定不同的股权享有不同的表决权，达到类似 AB 股的效果。比如在图 11-2 所示案例中，如果大家不同意搭建金字塔股权架构，那么股东们可以在章程中做特殊规定，比如"锤子持有公司注册资本的 42.42%，在股东会的表决权比例为 100%"，这样早期的全体股东就把表决权都转移给了锤子；在公司为股份有限公司时，可以直接在

⊖ 《公司法》（2018 修正）第四十二条规定："股东会会议由股东按照出资比例行使表决权；但是，公司章程另有规定的除外。"

⊜ 《公司法》（2018 修正）第一百零三条第一款规定："股东出席股东大会会议，所持每一股份有一表决权。但是，公司持有的本公司股份没有表决权。"第一百二十六条第一款规定："股份的发行，实行公平、公正的原则，同种类的每一股份应当具有同等权利。"

⊜ 只有股份有限公司才能上市，因此有上市计划的创业公司在上市前需要先整体变更为股份有限公司。

⊜ 《公司法》第一百四十四条规定："公司可以按照公司章程的规定发行下列与普通股权利不同的类别股：（一）优先或者劣后分配利润或者剩余财产的股份；（二）每一股的表决权数多于或者少于普通股的股份……"

章程中规定创始人持有的公司股份表决权多于普通股，比如"锤子持有的
A 类股每股拥有的表决权数量为其他股东持有的 B 类股每股拥有表决权数
量的 5 倍"，这样也增加了锤子在公司的表决权。

但同时需要考虑市场监督管理局、金融机构等对"AB 股"约定的接
受度，创业公司在与这些机构打交道时，或许会因为存在"AB 股"设计
而遇到不便利的情形。如果不存在实操不便，这或许将成为实现控制权非
常常用的方式。

另外，需注意公司章程是可以被修订的，因此公司章程中"AB 股"
条款的修订规则需要进行严谨设计，避免缺乏稳定性。

一致行动协议或委托投票

一致行动协议是指某两位或多位股东承诺在股东会表决中保持一致，一
般是统一按其中某位股东的意思进行表决。委托投票是指某位股东将自己的
投票权委托给另外一位股东行使，一般通过委托投票协议或承诺函实现。这
种方式在上市公司中很常见，不少创业公司也采用这种方式增强控制人的
控制权。但这两种方式都存在不少弊端，虽然能实现一定期限内的控制权，
但不太稳定，一般是作为其他增强控制权方式的补充，最好不要单独使用。

综合配置保障控制权方式

建议公司根据不同股东的情况选择一种或几种方式并用，达到对公司
的最佳控制效果。

比如，针对自由投资人和被激励的员工可以采用有限合伙企业的方式
持股，针对非核心创始人可以采用有限合伙企业方式持股或者要求签署一
致行动或委托投票协议，针对风投可以要求在章程中约定部分重大事项必

须经过创始人同意等，根据公司发展的不同阶段不断强化控制权。

建议公司尽量在早期就开始做保障控制权的强有力安排，这样越往后走才越有话语权，否则，等到了后期，原来的股权不断被稀释后控制人才反应过来要做架构调整或协议安排，一方面税务成本可能会很高，[⊖]另一方面其他股东也不一定愿意配合。

■ 延伸阅读

股权设计 | 绿地集团张玉良如何用 3 万元控制了价值 188 亿元的股权

这篇文章专门介绍了当年绿地集团控制人是如何通过有限合伙企业加强自己对绿地集团控制权的经典案例，可在微信公众号"青阳股权"搜索该文章。

11.2　避免表决权数量上的劣势

股东会和董事会的设置基本决定了一家公司的控制权情况，因此创始人需要在这方面早下功夫、多下功夫，在设计细枝末节的规则之前，首先要做的是打基础，一方面要想办法增加创始人在股东会的表决权，另一方面要确保自己在董事会中的优势地位。

增加在股东会的表决权

上一节介绍过，公司最好在创业早期就开始做好保障创始人中控制人（为了便于表述和理解，下文中将创始人中的控制人依然称为"创始人"）对公司控制权的安排，尤其是通过有限合伙企业的架构让小股东间接持股，这是最彻底的方式。

⊖　若进行股权调整时公司的净资产已经高于股东的投资成本，就会产生纳税义务，因此一般建议在项目早期，尤其是在公司净资产尚未高于股东投资成本之前完成股权架构调整。

不过，大部分风投不会接受自己通过间接方式持有创业公司股权，因此每引进一位风投，创始人的股权比例都会被稀释，表决权也会被稀释。传统行业融资需求可能没那么明显，大多还能保持上市时创始人在公司的表决权超过 50%，但现在很多新兴行业需要投入大量资金，一轮轮融资下来，创始人的表决权很快就低于 50% 了，反过来，投资人的持股比例合起来就超过 50%，意味着投资人开始可以决定公司的某些经营决策事项，怎么办？

主要有四个办法，一是想办法团结一切可以团结的投资人，二是想办法增加激励股权，三是增加创始人在股东会的一票否决权，四是当公司变更为股份有限公司时，进行"AB 股"设计。

所谓可以团结的投资人一般是指比较早期的投资人，如果他们不是典型的规范的风投，没有过于严苛的内控流程，这里就有协商的空间。如果你和他们的关系不错，或者在公司融资中配合给他们安排一些退出机会，他们完全有可能愿意和你保持一致行动。那么你可以尽早和他们商量签署一致行动协议或者在章程中明确他们把自己的表决权让给你，这样可以增加一部分你的表决权。

增加激励股权是指在原有激励股权的基础上，通过增资的方式增加激励股权池，这个激励股权池一般是有限合伙企业的形式，按惯例投资人会同意创始人担任其中的普通合伙人，因此新增加的激励股权表决权是归创始人的。这种方式会导致投资人的持股比例降低，投资人不会毫无缘由地答应，一般需要一些契机，比如公司的激励股权分配完了，根据公司发展需求确实非常有必要新增激励股权，或者创始团队向投资人许诺他们非常期待的业绩结果，一旦达成业绩，就可以新增激励股权作为对创始团队的嘉奖。

增加创始人在股东会的一票否决权是指，在股东协议 / 章程中约定 / 规定创始人对股东会议案享有一票否决权，比如高管任免、分红、收购并购、出售公司资产、业务调整等。这个权利就像创始人的紧急刹车权，能达到的效果是，当你认为超过50%表决权的投资人想在股东会通过的议案不符合公司战略定位，那么你可以投反对票，如此，这项议案的内容就不能落地。虽然这个权利并不能达到让你直接决定某个事项的效果，但关键时刻能力挽狂澜，而且也多了一个与投资人谈判的筹码。

"AB股"设计是指，当公司变更为股份有限公司后，就可以发行表决权数多于或者少于普通股的股份，创始人可以尽可能为自己争取表决权数多于普通股的股份，以增加自己在股东会的表决权。

确保在董事会中的优势地位

在董事会的设置上，董事会席位及委派董事的权利非常重要，需要把握两点原则：第一，创始人委派的董事应当在董事会中占多数席位；第二，不是任何投资人都享有董事席位。

为什么创始人委派的董事应当在董事会中占多数席位？这是董事会的议事规则决定的。董事会决议的表决，实行一人一票，[一]也就是每一票都是相同的，不会因为委派某位董事的股东持股比例高，他委派的董事表决权就更大。

《公司法》规定董事会作出决议，应当经全体董事的过半数通过，[二]因此创始人委派董事的人数一定要占优势，正常需要比投资人委派董事多一票，这是很常见的设置，投资人一般不会反对，如果投资人连这个都反对，你需要再考虑一下他投资你的目的到底是什么了。

[一] 《公司法》第七十三条第三款规定："董事会决议的表决，应当一人一票。"
[二] 《公司法》第七十三条第二款规定："董事会会议应当有过半数的董事出席方可举行。董事会作出决议，应当经全体董事的过半数通过。"

　　董事会可以审议的非常重要的一个事项是由谁担任公司总经理，[○]然后再根据总经理的提名决定聘任或者解聘公司副经理、财务负责人，[○]这意味着董事会掌握着公司重大的人事任免权，其重要性不言而喻。

　　接着，你需要控制好投资人的董事席位，这个席位比较珍贵，如果每个投资人都给董事席位，随着融资轮次增多，投资人董事会越来越多，你可能很难找到足够多的值得信任的人担任董事，以占据席位数量上的优势，而且，人多意见多，投资人董事人数越多，每次表决就越困难，你逐个解释清楚需要花不少功夫。

　　因此，一般建议只给每轮的领投方董事席位，而且最好这位领投方的投资金额和持股比例能达到一定的标准，可以理解为只有非常重要的投资人才有权利委派董事。

　　在这个基础上还可以进一步约定，在投资人股东的持股比例低于多少时，或者企业估值超过多少时，部分领投方将失去董事席位。这样安排的好处是，可以适应公司的发展规律。对公司而言，不同阶段不同投资人的意义是不一样的，比如天使轮融资时公司估值是 2000 万元，投资人持股比例是 10%，到 D 轮融资时公司估值已经几十亿了，天使投资人在公司后期融资中也没有跟投，持股比例被稀释得只剩很少了，这时其重要性已经降低，而且他们的账面浮盈已经很高，相对安全，如果提前设置了董事席位退出机制，此时他们的董事席位就可以让给后面进入的、对公司当下发展更重要的投资人。

　　需要提醒的是，关于董事席位的特殊安排，一定要尽早告诉投资人，最好是在谈估值和投资金额时就告诉他你是否打算给他董事席位，尽早降

　　○　《公司法》中没有"总经理"这个表述，公司法中的"经理"就是大家平常说的"总经理"，也就是"CEO"，为符合普通读者理解的习惯，本书中都按"总经理"或"CEO"表述。
　　○　《公司法》第六十七条第二款第（八）项规定，董事会"决定聘任或者解聘公司经理及其报酬事项，并根据经理的提名决定聘任或者解聘公司副经理、财务负责人及其报酬事项"。

低他的预期，不要等投资人做完尽调给你发了正式协议后再去谈不会给他董事席位，这样会给融资增加困难。

在条件允许的情况下，你可以在第一轮融资时就和投资人洽谈好合理的董事会席位的安排，并写入章程，这样今后的投资人在做尽调时一看到章程，就知道公司的想法以及现有投资人已经认可这样的安排，即使他们有意见，大概率也是在预先设定好的框架内调整，对公司是长期有利的。

11.3 尽量将决策权留在自己手上

总经理、董事会和股东会的职能是不同的，有的事项适合上股东会，有的事项适合上董事会，还有一些事项最好由总经理决定，只有合理设置职权，公司运作效率才高，创始人才不至于处处被掣肘。

先说职能分配的原则，继续拿家族中的管家、当家的和家族会议打比方。

○ **打个比方**

总经理相当于家族里的管家，可以决定家族里与日常经营相关的大小事务，比如按规定给每个家丁发薪酬，确定每天的菜谱，决定是否与某个商家做买卖等。但遇到一些大事，比如要不要买东村的几亩地，要不要把家里的家丁结构调一调，这个管家就做不了主了。

这个时候需要当家的来决定，这就是董事会。比如，决定谁来当管家，谁来管账簿，决定一个大买卖，把一些没用的资产降价处理，这些事情当家的都能说了算。

当家的手里的权力也是有限的，涉及调整每个家族成员切身利益的事情，他也做不了主，这时必须召开家族会议，家族会议就相当于股东会。比如，家族里新添了人丁，是不是把土地和房屋重新分一下？家族原来是做银票的，现在能不能进入军工火药行业？这些重大决策事项都需要最高决策机构来决定。

资料来源：何青阳.合伙人动态股权设计：七步打好创业公司股权地基 [M].广州：广东经济出版社，2022.

那么以上这个原则是从哪里来的？一是《公司法》做了原则性的规定，二是公司章程会做详细规定。那投资人和创始人到底是在哪里争控制权，看完下面的分析你就清楚了。

《公司法》和公司章程对职权的划分

《公司法》中规定的股东会行使的职权均为涉及股东利益的重大事项，⊖比如审议批准利润分配方案，决定增加或减少注册资本，决定公司是否解散清算等。同时《公司法》也明确公司章程可以规定股东会可以行使的其他职权，意味着章程可以在《公司法》已经明确的股东会职权的基础上给股东会新增职权。

《公司法》中规定的董事会行使的职权主要涉及公司经营方针的执行及管理机构、管理制度的制定，⊜比如召集股东会，执行股东会的决议，制订

各种需要股东会审议的方案，比较重要的是可以决定公司内部管理机构的设置，聘任或者解聘公司总经理及决定其报酬，根据总经理的提名决定聘任或者解聘公司副经理、财务负责人及其报酬事项以及制定公司的基本管理制度等。同时《公司法》也明确公司章程可以在这个基础上给董事会新增其他职权，或者股东会也可以授予董事会其他职权。

《公司法》对总经理行使的职权未做详细规定，只规定"根据公司章程的规定或者董事会的授权行驶职权"，[⊖]意味着总经理可以行使的职权可由公司灵活设定。

以上反复提到的，可以给股东会、董事会及总经理新增或授予职权的灵活空间，正是投资人和创始人在公司控制权上谈判的焦点。

总经理决定还是董事会决定

投资人为了防止创始人滥用职权损害投资人利益，可能会尽量控制总经理可以行使的职权，或者要求某些日常经营事项须经董事会审议。对投资人而言，这样可以增加投资人在公司经营决策中的话语权，以更好地监督公司，但如果这些设置越过了合理边界，就会影响公司决策效率，同时降低创始人在经营管理上的控制力。

比如，有的投资人会对公司签署的合同类型做限制，超过一定金额，内容涉及知识产权交易或者主营业务外的超过一定金额的合同都需要上董事会。投资人的出发点可以理解，要么是担心创始人还不够成熟做出错误的决策，要么是怕创始人滥用职权损害公司利益。

你需要结合自身实际情况判断这些限制是否合理，所谓合理，可以理

⊖ 《公司法》第七十四条第二款规定："经理对董事会负责，根据公司章程的规定或者董事会的授权行使职权。经理列席董事会会议。"

解为是否这些合同出了问题就会给公司带来比较重大的损失，如果不会产生重大损失，就尽量不要列为董事会审议事项。因为股东们需要接受，创始人是真正负责经营管理的人，而且需要容忍创始人犯一些错，没有人是从来不犯错的，更何况有些事情在当下很难判断对错，只要不会造成重大损失，就可以放手让创始人去搏。

因此，针对此类限制，一方面看被限制的合同类型是否合适，比如，有的投资人要求任何可能导致公司业务所需知识产权不归公司独家所有的合同，都需要上董事会，但如果你公司的技术主要靠与第三方合作研发产生，其中不乏某些合同会约定知识产权由公司和第三方共有，这种背景下，前述限制可能使公司对外合作研发受到限制，最好调整到合理的限度。

另一方面看限制的合同金额是否合适。比如公司设立早期，融资了300万元，一份交易金额超过50万元的合同就算重大合同了，投资人想了解其中的详细情况无可厚非，但公司发展到后期，比如已经融资上亿元了，业务也比较成熟了，一份交易金额50万元的合同还需要上董事会就显得不够合理，可能需要约定为在主营业务外超过200万元的合同才需要上董事会。如果是和主营业务相关的合同，门槛应该更高，可能要约定为财务预算外签署和主营业务相关的超过500万元的合同才需要上董事会。

再比如，有的投资人在公司章程中规定给某些核心员工涨工资，必须经董事会审议，这就比较尴尬了。如果创始人想给某位核心员工涨工资，和员工沟通完还需要等待董事会的审议结果，那带领团队就比较困难了，就像上阵杀敌的将军不能决定主要将士的赏罚，将士们怎么能死心塌地地跟着将军冲锋陷阵？

投资人希望通过董事会审议这个事项无非是担心创始人给核心员工滥涨工资，为了打消投资人的顾虑，可以明确异常的薪酬调整才需要上董事会，比如将核心员工的薪酬直接提到了某个具体数额，比如一百万元以上，或者短时间内让某人工资大幅增加，比如直接翻倍等。如果没有达到异常调薪的范围，则可以由创始人[⊖]自己决定，这样既能保障公司的决策效率，又能让投资人放心。

以上是一个事项该由董事会决定还是总经理决定的分析，接下来继续分析一个事项该由股东会决定还是董事会决定。

董事会决定还是股东会决定

有的投资人为了增强自己对创业公司的控制，会把应该在董事会审议的事项提到股东会层面审议。

■ 案例 46*

投资人暗自给自己增加决策权

在一家智能制造公司的股权融资项目中，创业公司和跟投方在意向协议中明确了跟投方没有董事席位。但我们审核投资协议的时候发现，跟投方将好几个原本仅需要董事会审议的事项提升到了需要股东会层面审议。

比如，在上一轮的投资协议中，公司每年的股权激励方案（比如激励多少员工，每位员工获得多少激励份额）是董事会审议的事项，但在这一轮融资中，跟投方把这个事项修改为必须要上股东会审议。这无形中给创始人制订股权激励方案增加了障碍，而且跟投方很明显是为了弥补自己没有董事席位的遗憾，把尽可能多的事项提升到股东会审议，变相实现自己有董事席位的效果。

于是我们主动和跟投方律师沟通，强调意向协议中已经明确他们没有董事席位，如果他们为了增加自己的权利不顾公司管理需求，最终只会影响公司效率，对他们而言也不见得是好事。况且通过这种隐蔽方式变相绕过没有董事席位的约定也有损这位投资人的信誉。最后跟投方律师在这个条款上做出了退让。

⊖ 准确表述应该是"总经理"决定，但是为了方便理解，统一用"创始人"来表述。

类似的情况并不少见，但这不一定是投资人的真实需求，有时是因为投资人律师维护投资人的利益心切。创业公司经过多轮融资后往往股东人数较多，有的甚至达到三四十位，协调大家达成一致意见会耗费不少精力，而且太多经营相关的事项上报股东会，也不利于保护公司商业秘密。有的股东可能只投了一点资金，对公司本就不是很重视，尤其他还可能投资了你的竞争对手，因此他不一定一直为你的利益考虑，因此最好不要事事都上股东会。

11.4　被一票否决权害苦的创始人

董事会和股东会中的一票否决权是投资人非常看重的权利，这个权利对创业公司的影响非常大，因此是股权融资中与投资人谈判的一个重点。

有的创始人误认为一票否决权的意思是只要投资人要求做的事情就必须去做，其实不是这样，它正确的含义是，特定的某个事项，如果没有得到投资人的同意则不能去做。比如，章程规定创业公司设立子公司需要 A 投资人的同意，某天公司准备设立一家子公司，开股东会对这件事进行表决，其他股东都同意设立这家子公司，此时 A 投资人行使了一票否决权，即使 A 投资人持有公司股权比例不足 1%，也不能设立这家子公司。

你可能觉得这是没道理的事，这意味着公司被有一票否决权的投资人绑架了？要明白其中的逻辑，就要先从《公司法》规定的股东会和董事会表决机制说起。

常规的股东会和董事会表决机制

上一节介绍了《公司法》是怎样规定哪些事项需要上股东会和董事会的，但是还没介绍这些事项在股东会和董事会的表决机制。

先看股东会的表决机制。

《公司法》规定股东会会议由股东按照出资比例行使表决权，但是公司章程另有规定的除外。[⊖]这里的出资比例你可以直接理解成股权比例，这里的除外情形就是在 11.1 节中提到的设置"AB 股"的依据，但是投资人不会轻易同意这种约定，因此你可以直接当这种例外情形不存在，认定股东就是按持股比例行使表决权。

此外，《公司法》还规定，股东会作出决议，应当经代表过半数表决权的股东通过，但作出修改公司章程、增加或者减少注册资本的决议，以及公司合并、分立、解散或者变更公司形式的决议，必须经代表三分之二以上表决权的股东通过，同时，除了《公司法》已有的规定，公司章程还可以另行规定议事方式和表决程序。[⊜]

接着看董事会的审议机制。上一节已经介绍过，董事会决议的表决，实行一人一票，决议应当经全体董事的过半数通过。

明白股东会和董事会的表决机制，就比较容易理解一票否决权存在的原因了。

一票否决权存在的原因

首先，单纯的财务投资人，一般不参与创业公司经营管理，和创业公司之间信息不对称，所以天然会对公司有不信任感。其次，投资人一般都是溢价投资，因此股权比例一般都比较低，在融资的前几轮，创业公司一般都是创始人控股，如果投资人没有一票否决权，那么公司决策基本就是

⊖ 《公司法》第六十五条第一款规定："股东会会议由股东按照出资比例行使表决权；但是，公司章程另有规定的除外。"

⊜ 《公司法》第六十六条规定："股东会的议事方式和表决程序，除本法有规定的外，由公司章程规定。股东会作出决议，应当经代表过半数表决权的股东通过。
"股东会作出修改公司章程、增加或者减少注册资本的决议，以及公司合并、分立、解散或者变更公司形式的决议，应当经代表三分之二以上表决权的股东通过。"

创始人说了算，会有较高的道德风险。

比如，假设投资人没有一票否决权，而你的持股比例超过了 50%，那么你就可以做这些事：给自己或亲友发高工资，不管创业是否成功，自己可以先赚点钱；让创业公司和第三方一起投资项目，趁机将公司的利益输送出去。

进一步，如果你的持股比例超过了 66.67%，你还可以要求公司高价回购自己的股权，套现潇洒走人；发行巨量的股权给自己，这样其他投资人的股权就被稀释到接近于 0；利用公司发放巨额分红，因为你是大股东，所以你拿到的钱也最多；或者直接决定解散清算公司，不干了。

这些事项，如果不写到投资人的一票否决权里，理论上你都可以做。

因此，就有了一票否决权这个规则，虽然投资人持股比例低，但如果你要做一些重要的可能损害投资人利益的决定，投资人就有权行使一票否决权来阻止你，这样能达到一定的权力制衡效果。即使你诚信守法，投资人也会担心你在重大决策上失误，希望能在关键时刻拉你一把，防止你跑偏。

投资人滥用一票否决权的后果

虽然一票否决权的存在是合理的，但一旦被投资人滥用，可能会给创业公司或创始人带来巨大风险，成为牺牲创业公司及全体股东的整体利益而为个别股东谋求利益的工具。不少创业公司都吃过这个苦头，其中就包括某科技公司创始人罗某。

■ 案例 47

某科技公司创始人被迫签"流氓协议"

2021 年 4 月，某科技公司创始人罗某被一位投资人申请了强制执行，[一]罗某随

一 参见北京市第一中级人民法院于 2021 年 4 月 12 日做出的（2021）京 01 执 495 号裁定书。

后发文表示该投资人逼他签署了流氓协议，这是怎么回事？

背景

原来这位投资人与罗某签署了回购条款，约定如果公司自 2017 年 D 轮融资后 5 年内没有成功上市，罗某应当按本金及年化 5% 的利息回购投资人持有的股权。

这看起来像是罗某自己签协议不慎，答应了回购条款，确实该履行。但罗某在接下来的公开解释中却披露了更深的内幕。

事实

根据罗某的描述，这位投资人是早期投资该科技公司的老投资人，公司原本没有与这位老投资人签署回购条款。公司 D 轮融资时，在所有其他投资者都已签字并焦急地等待救命投资款到账时，这位老投资人要求罗某个人签署强制回购股权的条款，否则不同意在公司 D 轮融资的协议上签字。罗某作为创始人，为了给公司续命，最后不得不答应与这位老投资人签署回购条款完成 D 轮融资。

那么，为什么这位老投资人不同意，公司的 D 轮融资就无法完成呢？

分析

经中国执行信息公开网查询，可以得知这位老投资人为注册在青岛的某投资公司。根据企查查显示的信息，该投资人截至申请强制执行前持有该科技公司 0.6165% 的股权，即使是在被 D 轮融资稀释前，其持股比例也可以说是微乎其微。正常公司融资只需要表决权在三分之二以上的股东同意即可，这位投资人为什么有那么大能力左右该科技公司 D 轮融资？只能推测这位投资人在该科技公司享有一票否决权，如果他不同意，D 轮融资就不能完成。

为什么创始人罗某认为这是"流氓协议"呢？因为这位投资人存在滥用一票否决权的嫌疑。常规情形下，只有新投资人才能增加权利，老投资人的权利已经在过去的投资中确定下来了，如果不继续投资，就没有新增权利的立场。

如果罗某的解释是真的，意味着这位投资人利用如果自己不签字，这次融资就无法完成的机会，要求罗某给自己新增了回购权，不得不说伤害了彼此之间的信任。而罗某也必须承受因在一票否决权上考虑不周全给自己埋下的苦果。

因此，虽然一票否决权有其存在的道理，但也不得不提防某些投资人滥用权利，需要合理设置一票否决权规则，下一节继续介绍。

11.5　如何合理设置一票否决权

合理设置一票否决权规则不仅是创业公司的需求，也是投资人的需求，第 7.3 节介绍过，投资人之间也有利益不一致的时候，有的投资人为了自己的特殊利益宁可捡芝麻丢西瓜，气得其他投资人直跺脚。

有意思的是，基于投资人内部决策的各种原因，较少有投资人会主动要求合理设置一票否决权，但如果你去推动这个事项，理性的注重大局的投资人还是会支持你的，因为他们知道这是在为公司的整体利益着想，因此，不要轻易放弃这样的机会。

合理设置一票否决权规则主要可以从三方面着手：第一，不是所有的投资人都享有一票否决权，要设置门槛；第二，触发一票否决权的情形需要控制在合理范围内，进行适当筛选；第三，优化表决机制，避免某个投资人能独立行使一票否决权，降低道德风险。

设置享有一票否决权的门槛

正常情况下，所有的投资人都希望享有一票否决权，但这是不现实的。如果每位投资人都享有一票否决权，太容易出意外了。比如有的投资人退出期到了，急着卖公司，但有的投资人才刚投资，还等着公司继续发展，投资人内部矛盾就可能把公司撕裂。

因此，一定要对享有一票否决权的股东设置门槛。

首先，一般只有领投方才享有一票否决权，跟投方不享有一票否决权。因为领投方的投资金额大，持股比例高，和公司的利益绑定更深，话语权大一点比较合理。而跟投方投资金额相对较小，持股比例也较低，既然愿意跟着领投方投资入股公司，那今后也继续信任领投方吧，公司的重大事项只要创始人和领投方同意就行。当然，如果某一轮领投方投后持有的公司股权比例很低，也可以考虑不给一票否决权。

其次，引入动态淘汰机制。可以在公司章程中规定，如果享有一票否决权的投资人持股比例低于某个特定数额，比如5%，则不再享有一票否决权。这样，即使他是领投方，持股比例随着公司一轮轮融资不断被稀释，当低于设置的界限时，一票否决权就自然没有了。

不过，投资人没有一票否决权并不代表投资人没有投票权。每位投资人的投票还是会按《公司法》及公司章程的规定正常统计入表决结果，因此不再享有一票否决权的投资人也不是对创业公司完全不管不顾了，只是不会管得那么紧而已。

采用以上方法，能将享有一票否决权的投资人股东数量限制在一定范围内，降低发生意外的风险。

将触发一票否决权的情形控制在合理范围内

第11.3节介绍了哪些事项适合上董事会或股东会，如果你已经将上董事会或股东会的事项进行了合理限制，那么在设置一票否决权环节就轻松很多了。

第一，可能触动投资人根本利益的或者给公司造成重大影响的事项才能给投资人一票否决权，其他事项就按《公司法》及公司章程的规定正常表决。

你可以参考表11-1的内容做初步判断。

反过来，有些事项是不适合设置一票否决权的，比如公司内部管理机构的设置、经营相关的各种规章制度的制定、公司具体的经营计划等，这些事项与日常经营紧密相关，按正常规则表决即可。

表11-1　常见的设置一票否决权的事项

项目	具体内容
关于公司重大事项的股东会决议	导致公司股权结构发生变化的事项；公司合并、分立或解散；涉及股东利益分配的事项；董事会组成、章程变更等事项；终止或变更公司主营业务等
关于公司日常重大事项的董事会决议	高级管理人员的任命与免职及薪酬的异常浮动；对外担保和关联交易；年度预算外的重大交易；大额借贷；子公司的股权或权益处置；处置公司的重大资产或业务等

第二，设置一票否决权的事项可以不断做限额上的调整，甚至在公司达到特定里程碑时一些事项就不应该再设置一票否决权了。

站在公司发展的视角，设置一票否决权的事项是有历史背景的，比如在初创阶段，抗风险能力很差，投资人担心资金投到创业公司很快就被滥用，所以一般会要求创业公司进行超过某些金额的交易时，需要经过投资人的同意，比如向投资人说明创业公司是花了二十万元买电脑而不是用于盲目招人。但是，当公司经过多轮融资不断成熟，抗风险能力逐渐提升，这样的条款显然过于琐碎，跟不上发展需求，可以考虑不再设置一票否决权，或者将触发一票否决权的金额不断提高，甚至从董事会或股东会的审议事项中删除，改为直接由创始团队决定。

第三，老投资人不享有新投资人新设置的一票否决权。

公司每轮融资时所处的发展阶段不同，新投资人面临的风险也不同，因此有时会出现新投资人要求给自己增加特殊一票否决权的情形，这种新增的一票否决权不能自动同步给老投资人。

■ 案例48*

差点送出去的一票否决权

欢欢公司是一家人工智能创业公司，在某次股权融资中，新投资人希望给自己新增特殊一票否决权事项，欢欢公司对此认可。但是新投资人律师在拟写投资协议时过于随意，直接在上一轮投资协议中罗列的一票否决权事项后面加上新增的特殊一票否决权事项，没有区分新增事项是专门针对新投资人的，这就导致全体享有一票否决权的股东自动享有了特殊一票否决权。

这样一来，本来只有一位投资人有权否决这个事项，结果变成好几位投资人都有权否决这个事项，这显然不符合公司的初衷。

为此，我们代表欢欢公司专门调整了这里的内容，明确只有新投资人才享有特殊一票否决权，新投资人表示没意见。

投资协议发给全体投资人后，还真的有老投资人特意发邮件询问："同样是投资人，为什么别人有的权利我却没有？"我们从历史原因及当下融资特殊背景等角度进行解释后，老投资人也不再有异议。

设置投资人内部博弈机制

通常情况下，设置了一票否决权的事项要得到实施，除了要满足董事会或股东会审议通过一项决议的常规表决要求外，还需要对此事享有一票否决权的全部投资人同意。假设有五位投资人对某事享有一票否决权，只要有一位投资人不同意，即使其他四位投资人都已经同意了，那这件事也还是不能做。这样就容易出现本书前面提到的一些案例，本来创业公司被并购或者继续融资是一件好事，结果因为一位享有一票否决权的投资人不配合，创始人和其他投资人都被拖下水。

现在，你可以打破这个规则，在现有一票否决权的基础上再设置一个博弈机制，给自己和全体股东都留个空间。

比如，可以在享有一票否决权的投资人内部再设置一个表决规则，如果享有一票否决权的股东内部有二分之一以上表决权的投资人同意了某项议案，或者按人数计算的多数同意了某项议案，则视为享有一票否决权的投资人整体同意了这项议案。享有一票否决权的投资人合起来相当于只有一个一票否决权，至于他们内部个别投资人有不一样的声音，则可以忽略，这样可以避免个别投资人左右公司的重大决策。

另外，为了避免个别投资人懈怠，可以约定收到创业公司发出的决议书面通知后多少天内投资人没有提出书面反对意见，就视为同意，这样可以避免投资人碍于情面拖拖拉拉，影响公司下一步安排。

甚至，还可以约定当创始人控制的表决权比例低于一定比例时，比如30%，全体投资人在股东会层面都不再享有一票否决权，大家都按照持股比例表决。毕竟此时创始人对公司的控制力已经很弱了，很难再滥用表决权侵害投资人权益，而投资人持股比例合起来已经达到了可以控制公司的状态，股东会层面的一票否决权已经失去了其存在的意义。

前面提到的这些规则，都是你可以谈判的方向，但现实情况可能远比这复杂，比如有的投资人跟投了好几轮，有多重身份；有的投资人是通过受让老股入股的，但向你索要新股权利；有的投资人虽然持股比例低，但是投资时估值高金额大；还有正在洽谈的投资人，如果你不答应给他满意的一票否决权，他就不打算投资了等。遇到这些复杂情况，建议针对每位投资人的持股比例及新一轮融资对其持股比例的影响进行一些测算，尽量找到大家都能接受的平衡点。

不管是设置享有一票否决权的门槛还是合理的表决机制，都可以尽早考虑写进章程，如果在融资好几轮后才想到处理这个问题，就意味着剥夺现有投资人的既有权利，可能会引起一些不愉快，增加协调难度。

11.6 关键岗位任命自己人

除了前面提到的股东会和董事会的设置，还有一些看起来不太显眼的事也会影响创始人的控制权，那就是委派管理人员的权利。

有的公司在融资时财务还不太规范，人员岗位配置也不齐全，所以投资人提出委派人员到公司任职，甚至把这作为他们的一项正式权利写到股东协议中。

■ 案例 49*

换不掉的财务人员

思维公司是广东一家互联网服务公司，在天使轮融资时，投资人不仅要了各种一票否决权，还要求享有委派财务人员的权利。创始人觉得问题不大，反正也需要财务人员，用谁都一样。

但没过多久，创始人就发现这个问题不简单，因为公司几乎每笔稍微大一点的开支都变相需要得到投资人的同意，创始人失去了对公司财务的控制。

创始人抱怨说："我们管理层的报销款，内部流程都走完了，财务人员拖了很久才发放，说还要和投资人确认。感觉就像是我在给投资人打工一样？到底谁才是公司的老板？"

创始人为什么不直接换掉投资人的财务人员呢？原来创始人在融资时大意，认为投资人出了资金难免担心公司乱用钱，派个财务人员也合理，所以在投资协议里明确约定了投资人有权委派财务人员。即使换掉现在的财务人员，投资人也能再送一个过来，现在以发展为重，就没耗时间去和投资人重新谈判了。

同时这位投资人还委派了管理人员到公司，说是帮公司优化内部管理，一开始创始人也觉得挺好，自己管理经验确实不丰富，刚好可以省点心。但后来发现投资人委派的管理人员和自己有诸多理念分歧，导致自己的很多决策难以执行。再加上老员工对管理层意见不一致难以适从，部分元老提出了辞职，令创始人头疼不已。

投资人直接委派人员到创业公司任职，可能会削弱创始人对公司的控制力，影响决策效率，也容易引发矛盾。

不是说投资人推荐的人就一定不好，确实不少投资人推荐到创业公司的人员能给创业公司提供很多帮助。但这种合作最好是基于市场交易的选择产生，如果你觉得投资人推荐的人确实不错，那就开开心心地接纳进来，如果你觉得这个人不行，那你可以理直气壮地说不。

如果把委派权作为一项正式权利写入协议，那就麻烦了。你觉得投资人委派的人不合适想拒绝，投资人可能会认为你是在妨碍他行使权利。如果试了一段时间，你觉得投资人委派的这人真的不行，要换人，投资人也可能觉得你是在找借口或者是做了什么见不得人的事。商业本来就很复杂，很难说某个时候谁的做法就一定对，但你认为这个人不符合你的预想，从大局着想，确实该让他走。

但真的请走投资人委派的高管，又很容易导致和投资人关系的急剧恶化，因为关系处得好是理所应当，你没功劳，处得不好，那就是你的问题了，还不如一开始就别答应这个委派权。

■ 案例 50

滴滴的人员始终是滴滴的[⊖]

案例 17 中提到为了帮助 ofo 顺利获得软银的投资，滴滴向 ofo 委派了 3 位高管和约 50 位中高层。但那次融资最终以失败告终，这使 ofo 开始冷静下来审视这次滴滴委派高管的事项。

ofo 的一位联合创始人说道，他们对滴滴派驻的高管心生芥蒂，工作配合倒没特别大的问题，但心里总觉得他们都是为了滴滴好，意图一步一步把 ofo 吃掉。

另一位联合创始人的观点更直接，他认为投资人委派过来的高管深入公司经营管理，会导致公司向心力的分裂，这个很要命。这批经理人虽然专业，认可并支持 ofo 的创始人，但他们想的更多的是改造 ofo，用滴滴的方法把效率做得更高，而且他们之间非常团结。我理解的他的意思是，滴滴空降的高管所表现出的团结会导致 ofo 原有人员不满或动摇，会担心被滴滴高管排挤，影响整个公司的向心力。

⊖　张珺，李思谊，穿越废墟：共享单车剧未终。

于是，当年 11 月，ofo 先斩后奏直接赶走了滴滴派过来的全部高管，导致了双方的决裂。

从此滴滴也认清了，虽然前后投资了 3.5 亿美元，持股约 25%，但仍遭遇驱赶。于是滴滴开始亲自布局自己的共享单车计划，用的就是曾经委派去 ofo 的这批人，给 ofo 杀了个回马枪。

滴滴杀个回马枪可能也是迫不得已，但有的投资人[⊖]本来就抱着将来吞掉你的意图，你不仅不提防，还同意他委派人员深入公司经营管理，这不等于自己把脑袋伸出去让人砍？

如果投资人真的对创业新手不放心，创始人可以接受投资人派人监督，或者定期审计，真有问题可以事后追责，这样至少能保障创始人决策顺畅。如果创始人觉得自己某方面能力暂时有欠缺，可以购买外部咨询顾问的服务，早期没必要所有的事情都由自己的员工处理。或者你也可以让投资人推荐一下能人，仅仅是推荐而已，而不是由投资人直接派人。毕竟公司要长远发展，还是需要创始人牵头。

第 11 章特别提示

最有价值的合伙人应该成为控制人。

三条非常关键的股权比例线：

- 绝对控制权线是 66.67%。
- 相对控制权线是 50%。
- 重大事项一票否决权线是 33.34%。

初创公司增加控制权的方法：

- 金字塔股权架构。

⊖ 引入战略投资人相对较容易出现这种情形，自由投资人比较少出现这种情形，风险投资人一般不会有此打算。

- 章程特殊规定——"AB 股"。
- 一致行动协议或委托投票。

增加股东会表决权的方法：

- 想办法团结一切可以团结的投资人。
- 想办法增加激励股权。
- 增加创始人在股东会的一票否决权。

确保在董事会中优势地位的方法：

- 创始人委派的董事应当在董事会中占多数席位。
- 不是任何投资人都享有董事席位。

公司日常经营管理相关事项，最好由总经理决定，一些重大事项可以上董事会，触动公司根本利益的事项再上股东会。

为了防止创始人滥用权利或重大决策失误，投资人需要一票否决权。

投资人滥用一票否决权可能导致创始人或公司整体利益受损。

合理设置一票否决权规则：

- 不是所有的投资人都享有一票否决权，要设置门槛。
- 触发一票否决权的情形需要控制在合理范围内，进行适当筛选。
- 优化表决机制，避免某位投资人能独立行使一票否决权，降低道德风险。

投资人可以推荐高管，但尽量不要将委派高管作为投资人的权利。

第六步

落地

尽快收款

投资协议条款谈完后，就差临门一脚签协议和收款了。

如何安稳快速地收到资金，落袋为安？

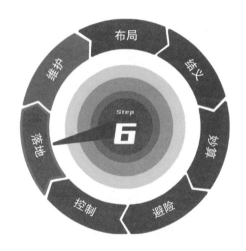

收款动作干净利落

投资协议条款已经谈定，现在就差临门一脚签协议和收款了。如果你遇到的是自由投资人而且投资人不多，那么这个过程可能比较简单，但如果你遇到的是风投或者比较规范的战略投资人，而且投资人股东比较多，那这个过程会比较繁杂，需要把握要点做好规划，避免出现过程的反复或错漏，这样才能有条不紊，尽快收到融资款。

如果你聘请的律师在股权融资方面经验非常丰富，你可以直接跳过本节，他们会帮你做好全部规划，你只需要安排一位人员配合他就行。如果你没有聘请律师，或者你的律师在这方面经验不算丰富，那你需要稍微上心一点儿，最后一步不要出什么乱子，没收到投资款前随时还有变数。

这个环节主要需要注意三点：一是提前了解清楚工商局对工商变更资料的要求；二是签协议的过程尽量做好流程化梳理，减轻投资人的负担；三是交割文件早做准备。以下这些经验是在众多实操项目中总结出来的，繁杂却有价值，分享给你。

了解工商局的要求

每个工商局关于变更登记的文件细节要求都不同，为了避免这个过程碰钉子，反复找投资人提供资料或确认更新文件，⊖不如提前向工商局问清楚，避免浪费时间。尤其当投资人的打款前提包括工商变更完成时，这件事情更需要尽快完成。

首先要确认的是工商变更具体需要哪些文件。各地的工商局在这方面的要求差不多，一般需要决议文件、章程、新股东的营业执照、新董事的身份证复印件等，建议确认清楚这些文件是否需要盖章，是否需要签字。

如果你的新投资人中有境外股东，那要注意了，他们需要提交经境外机构公证过的主体文件，再寄到境内，这个过程快的话需要一周，慢的话可能需要一个月，因此最好提前和工商局把细节沟通好，具体需要公证的内容包括哪些，提醒投资人早做准备。

其次是工商文件中的核心内容。不同工商局在这方面的要求差异比较大。比如有的工商局要求股东会决议文件中不能体现股东们同意签署交易文件的内容，而投资人则要求这些内容必须写入股东会决议，此时需要把股东会决议拆分为两份，一份给工商局，一份股东内部使用；有的工商局可以接受章程中有特殊条款，但有的工商局不接受，此时章程也需要做成两个版本，一份给工商局，一份股东内部使用；如果你的某位股东变更了主体名称，有的工商局会要求股东会决议中必须增加一个议案，确认某位股东变更了名称；甚至有的工商局对文件页眉页脚都有要求。这些事项真的很琐碎，但不得不了解清楚。

最后是文件签署的要求。涉及需要自然人签署的，是否可以用签章替

⊖ 投资人重新提供资料或确认更新文件可能涉及复杂的内控流程，需要一定的时间。

代，或者只盖公章不签字，签字笔颜色是否有限制等，也需要提前和工商局确认。

签协议过程梳理

了解清楚工商局的要求后，建议梳理整体的签署流程，并告知投资人如何签署文件。

首先，需要收集投资人对于文件原件份数的需求。投资人不需要融资涉及的全部文件原件，他们有的只需要自己盖过章的文件原件，有的只需要投资协议原件，其他配套文件即使自己盖过章也只需要扫描件。不同投资人的不同需求会影响每份文件到底该签署多少份，这个流程不提前做，签署的动作就很难启动，而且当你的投资人很多时，信息收集也可能花费几天时间，所以建议在投资协议定稿前就开始收集整理，协议一定稿就可以安排正式签署了。

其次，建议为投资人准备好单独的 PDF 签署页。签署页的文件名写清楚是什么文件的签署页，需要打印几份，这样投资人安排打印签署时更方便，不用他们自己慢慢整理，可以避免出现错漏。

再次，最好能给投资人发一份签署指引。指引中写清楚具体的签署要求，比如该不该签日期，能不能用签章，记得签字用正楷，是否需要提前发签署好的签字页扫描件给公司，签完的文件该寄送到哪里等。你写得越清楚完善，投资人操作起来就越快。

最后，公司方需要紧盯流程和检查签署结果。建议准备签署页核对表格，谁寄出签字页了，谁发扫描件了，谁漏了什么文件，谁的签字不规范，谁的盖章不清晰，公司已经收到哪些签字页原件等。这段时间需要定期询问还没有签字的投资人，是否遇到什么困难，有什么需要公司协助的，如果他们真的遇到困难，就尽快寻找其他灵活操作方式。

比如，如果发现有的投资人的合伙人还没回国，签不了文件，但是当地工商局要求文件必须由代表人手签不能用签章，这时可以让投资人先用合伙人的签章把签署页签好寄给公司，这样至少可以先满足投资人打款的先决条件，因为投资人之间不会要求其他股东一定要手签，等投资人先走打款流程了，再慢慢等该合伙人补签给工商局的文件，走工商变更的流程，这样能为公司节省不少时间。

等全体股东的签字页收齐，就可以制作全部文件的签署定稿了，把签署稿反馈给投资人确认没问题，签署流程就结束了，接下来需要把各位股东需要的原件分别寄出。

交割文件早做准备

文件签署好后，打款前需要公司做的只剩最后一个动作了，那就是准备交割文件，也就是投资打款前提条件满足的证明文件，主要是一些承诺、说明或凭证。

建议尽量提前准备交割文件。可以在交易文件确定的同时，和投资人把交割文件也确认完，这样当交易文件签署完成时，交割文件就全部准备好了，投资人能马上安排打款流程。

如果在你融资的同时，有部分老股东转让了老股，那么转老股的投资人也需要准备一些交割文件，注意敦促他们尽快准备好，因为新投资人一般会要求老股转让和增资的交割条件互为条件，意思是即使你做好了交割准备，但是转老股的股东还没做好交割准备，新投资人也是不会打款给你的。

如果你的新投资人是境外股东，注意工商变更完成后需要立即办理外汇登记，开设接受境外资金的银行账户，这样才能收到融资款。如果你的注册资本是以人民币登记，但要接收的是外币，还需要结合公司章程与银行提前沟通打款的细节，包括汇率波动可能带来的实际到账资金的波动以及差额的处理方式，提前向投资人反馈，确定好大家都可以接受的方案。

交割条件满足后，需要定期跟进投资人打款的进度和查询公司账户，确认到账情况，避免信息不对称，或者出现投资人自己以为打款成功，但款项实际已经退回他们账户的情形。

总之，兵马未动，粮草先行，多做准备，有备无患。

第 12 章特别提示

提高协议签署及融资交割的效率：

- 提前了解清楚工商局对于工商变更资料的要求。
- 签协议的过程尽量做好流程化梳理。
- 交割文件早做准备。

第七步

维护

实现长存共赢

股权融资不是一锤子买卖，投资人成了你的"枕边人"，如何维护好这段既甜蜜又敏感的关系，实现长存共赢？

融资后小心驶得万年船

投资款到账后，你松了一口气，融资终于完成了。是的，不过更准确的说法是，此时投资人的义务全部完成了，但是你的义务才刚开始。该怎么用投资款，怎样持续获得投资人的支持，怎么协调矛盾，怎样避免触犯刑法，都是你接下来面临的考验。

13.1 与投资人保持紧密联系

融资后，创始人容易犯两种错误：一种是收到融资款就开始埋头苦干，认为这样才对得起投资人，却忽视了主动和投资人保持联络，等到快用尽资金才想起老投资人或设法接触新投资人。另外一种是，融资后开始与投资人争夺利益，双方剑拔弩张，甚至对簿公堂。

以上两种做法都不明智，建议创始人在融资结束后继续与投资人保持良性的紧密联系，至少有三方面好处：一是可以从投资人身上学到很多东西，保持自己对行业的敏锐度；二是便于向投资人争取更多资源，撬动杠杆；三是能增强投资人对你的信任，获得长期支持。

向投资人取经

对一家创业公司而言，与资本市场打交道是长期的事，而不是阶段性的事，与投资人或潜在投资人保持联系将长期获益。

每天忙于经营的创始人，即使能对行业内的专业知识动向保持敏锐，对领域内的综合前沿信息也并不一定比投资人了解的多。投资人，尤其是风投，几乎每天都在考察项目，他们接触的前沿信息常常还没走进公众视野，这类信息对科技领域的创业者而言非常宝贵。

如果你经营的是非科技类行业，商业前沿信息无疑将更有价值，当前有什么新的商业模式和管理方式，龙头企业的某个小动作是否意味着什么行业大转变，其他某个行业的发展趋势是否可能导致出现你的跨行业竞争者，某个新的技术是否可能带来你所在行业的替代品，颠覆行业生态等。这些有价值的信息都会流向投资人，你的投资人就是你保持商业敏感度的信息中枢。

向投资人争取更多资源

第1.2节介绍过，投资人可能会向你倾斜一些资源，比如流量合作、人才介绍、合作搭线、推荐新投资人，甚至促成并购机会。但得到这些帮助的前提是，你和他们保持紧密联系，告知他们你的需求，并主动争取帮助，这样在遇到一些机会的时候，他们才更容易想起你，或者在你遇到危机的时候被你的渴望打动，救你一把。不要臆想投资人主动把资源送到你嘴边，"会哭的孩子有奶吃"这个朴素的道理在这里也是适用的。

增强投资人对你的信任

投资人信任你，才会在关键时刻给你更多支持，比如持续追加投资，在你艰难的时候不落井下石，在你失败的时候不行使回购权，你再次创业的时候，他们继续投资你。相反，如果投资人对你失去信任，那么你的创业之路将举步维艰，你个人的结局也可能更惨淡，前面章节已经介绍了一些由于投资人对创业者失去信任而导致纠纷的案例，此处不再赘述。

与投资人保持紧密联系，就是增强投资人对你信任的重要方式。

首先，你可以主动向投资人披露信息。

投资协议里会约定公司的定期披露义务，比如半年报、年报、重大事项披露等，这是信息披露的基本要求。在披露的内容上，不要只讲好消息，公司不好的情况也需要告知投资人，说不定他能帮你解决，而且这也是在做心理预期管理。不少创业者报喜不报忧，一旦问题无法解决，再也掩盖不了时，投资人被动发现公司发生了糟糕的事，此时他们可能会非常恼怒，对你的人品和能力都会产生怀疑。

其次，向投资人保持坦诚。

投资人向你支付了投资款，都希望你发展得好，尤其是天使轮和 A 轮投资人，一定程度上，他们是你的联合创始人，将心比心，他们也希望你对他们坦诚。

一些创始人对投资人不够坦诚，被问到业绩怎么样？答：还行。被问到最近有多少现金？答：没多少了。被问到业务进度如何了？答：按部就班。这样回答，容易令人不悦和生疑。

只要不涉及商业机密，都可以坦诚和投资人沟通，涉及商业机密，可以想办法在不危害公司利益的前提下，做适当披露，让投资人对你放心，知道你并没有排斥他，还是把他视为自己人。

在披露的过程中注意不要夸下海口，有的创始人为了让投资人对自己有信心，经常夸大公司取得的成就和做出不合理的未来预期，一旦将来事实证明你前期在虚张声势，这样的事情发生两次，投资人就不敢再相信你的话了，自然也不敢向你倾斜资源。

千万不要觉得自己非常聪明，能够对投资人机关算尽，大多数投资人都非常聪明，他们每天和创业公司打交道，对创始人的各种小心思早就摸透了，他们就是吃这碗饭的，你过于"精明"，最后可能会伤害到自己。

投资经理离职了怎么办

再补充一个和与投资人保持紧密联系相关的话题，如果你的投资经理离职了怎么办？

投资款的交割已经结束，这位投资人已经是你的股东，投资经理一旦离职，没有了熟悉的纽带，对这位投资人而言，你就变得陌生起来，可能会失去他的信任，今后可能很难得到他的进一步投资或决策上的支持。

为什么会这样？因为投资人在决定投资某家创业公司时，除了做大量理性的深入分析和调查，也存在一些超越理性的情感因素。这个情感因素主要存在于主导这个项目的负责人那里，他可能是投资经理也可能是合伙人，为了便于表述，下文都称为投资经理。

投资经理比投资人内部的其他人更了解你，如果公司在发展过程中遇到无法避免的困难，他不会轻易放弃和认输，因为你的成功意味着他判断正确，他会尽可能在投资人内部帮你争取支持。而且，他也是最有可能帮你争取到支持的人，因为他熟悉你信任你，对你的行业和产品早就研究过，理解公司的长远规划。投资完成后，他也持续跟踪了项目，他也知道你会在什么地方烧钱，以及这对投资人意味着什么。

但是，一旦他离职，这时投资人会给你安排一位新的投资经理。你和新投资经理之间是不太有感情基础的，熟悉和管理一个项目需要投入大量时间精力，如果他不相信你能成功，那他不太可能在你身上投入太多精力。

毕竟你成功了，主要是前面那位投资经理的功劳，你失败了，大家也会认为是前面的投资经理看走了眼，和新的投资经理没多大关系，他没有太多心理压力。

我曾遇到一家创业公司的投资经理离职后，投资人给公司安排的新投资经理对这个项目的看法完全不同，新投资经理甚至觉得原来的投资决策是不理智的。公司创始人没在意这个问题，基本没和新投资经理进行沟通，这种情况给这家公司后续融资带来了不少阻力。

既然投资经理离职可能给你带来负面影响，遇到这种情况，该怎么办？

首先，建议主动和新投资经理充分沟通，让他熟悉你，信任你，愿意支持你。你可以特地安排一整天的时间向他介绍你的行业和团队，以及公司已经取得的进展，接下来的安排。你也可以直接表态今后愿意持续主动地将公司进展告知他，这样，你更可能获得和原投资经理一样的支持。

同时，你也可以和其他投资人沟通，询问是否愿意把投资经理离职的这家投资人手中的公司股权买下来。毕竟其他投资人对你更熟悉，如果投资经理离职的那家老投资人现在对你确实没什么兴趣，他能以合理的价格退出，对他而言是件好事，对你而言，少了一位不信任自己的股东，处境也会更好。而收购他股权的其他投资人一般能得到价格上的折扣，皆大欢喜。

没有成功是唾手可得的，也没有情谊是不维护就能走向肝胆相照的，一分耕耘一分收获。

13.2　怎样用融资款才安全

历经各种努力，公司终于收到融资款了，现在现金就在账户上，该怎么用呢？一些创始人认为只要把融资款用在公司经营上，怎么用都行。这个方向大体是没错的，但是这里有三个重要边界：一是不要铺张浪费，认真完成里程碑；二是不要炫富，保持低调；三是规范使用资金，避免触犯刑法。

不要铺张浪费，认真完成里程碑

在1.4节介绍过，一定要确保融资金额足够达到下一个关键里程碑，因此应该紧紧围绕达成里程碑来规划融资款的使用。但不少创业公司收到融资款后按捺不住花钱的冲动，先换个更好的办公场所或者大量招人，把排场做起来，这样就太看重面子工程了。

■ 案例51*

融资款被花在面子工程上

我们曾服务上海的一家数据公司，公司融资后在一个高端写字楼租了整整一层，总经理的办公室非常豪华，目测有五十多平方米，窗外就是公园，视野开阔。会议室也高端大气，空间设计美感十足，完全看不到常规创业公司的拥挤和简陋。

刚服务这家公司时，公司只有十几名员工，再过一个月去拜访，一层楼几乎都坐满了人，大家看起来都忙忙碌碌，一片繁荣景象。

我们也关注他们的业务进展，一些高管时常向我们透露出担忧，觉得公司的租金成本和人员成本实在太高了，业务进展却很缓慢，不知道还能繁荣多久。偶尔和大股东聊起这些成本，大股东却是信心十足，说做大事就要有做大事的样子，要大气，不要在意这点儿租金和工资，等我们把项目做下来，还缺这点儿钱？

结果如何，你应该也大致猜到了，融资后不到两年，这家公司就以资金链断裂没投资人愿意继续投资而告终。

不要因为花的是投资人的钱就不心疼，投资人的钱也是钱，用他们的钱就要对他们负责，这也是对自己的创业生涯负责，把融资款用到真正的业务需求上，让公司好好活下去，而不是追求昙花一现的繁荣。

当你决定把钱花在业务上时，也需要谨慎规划，不要没想清楚就大手大脚，否则钱花完了，却没留下任何成果。

■案例52

易到创始人自述公司花钱不慎

易到创始人周航在《重新理解创业：一个创业者的途中思考》中自述道："早期易到的融资一直比较顺利，但是易到A轮融资后在花钱上犯了不少错。那个时候融的钱比较多，却瞎花了一通，先弄了一个100多人的地面销售队伍，接着又大笔投入广告推广。人的行为都是有惯性的，拿着这笔钱这样做了，至少要先干一个季度；一个季度没见声响，再给自己一个机会，觉得有些事没做到位，调整后再试一下；这一试，又半年过去了。当真正意识到问题，决定刹车，才知道停止也有惯性，从团队收缩到结束动作，三个季度很快就这样过去了。这个时候，损耗已有七八成，剩下的钱也只有两三成。这时对公司发展而言已经捉襟见肘，于是，你开始什么都不敢尝试了。最后，为了公司安全和'过冬'考虑，不得不进行裁员。"

与上面这两个案例相反，有的公司看起来"抠抠搜搜"，却基业长青。

■案例53

精打细算的彩云天气⊖

把天气预报精确到分钟级别的应用软件"彩云天气"的主体公司⊖从设立之日起就精打细算。

办公场地

2014年，彩云天气刚成立时没钱租办公室，创始人和几位合伙人就去公园和

⊖　本案例来自作者对"彩云天气"创始人的采访内容。

⊖　指北京彩彻区明科技有限公司。

咖啡厅写代码，这样的情况持续了一年左右。2015 年，他们的员工增加到了 5 名，公司依然没有办公室，但他们在 36 氪的一次创业比赛中位列第 1 名，获得了 3 个月的免费办公空间。

2016 年，彩云天气获得了 100 万美元的天使轮融资，收到投资款后，他们没急着租个像样的办公室，而是挤在一个半地下室里办公。2017 年，他们获得了 600 多万美元的 A 轮融资，但依然挤在那个半地下室，直到半年后那里已经容不下日益增多的员工，他们才搬到了一个创业园区办公。

宣传及招聘

在宣传方面，彩云天气也尝试了各种省钱的方式。创业早期，创始人通过互联网平台留言及发电子邮件的途径联系互联网大 V，向他们解释自己的算法和应用软件的价值，希望大 V 能帮忙宣传，虽然消息大多石沉大海，但有几位大 V 对此非常认可，在网上支持他们，这种不用投入资金的方式帮他们获得了几万个初始用户。创始人还曾投稿 36 氪，也因此获得了报道宣传。

有意思的是，创始人还在知乎上写了几篇高质量的科普文，顺便打招聘广告，找到了几位志同道合的同事。虽然他们现在也采用了常规的宣传方式和招聘途径，但依然在持续通过这类朴实且高性价比的方式宣传自己。

处理器购买

在采购算法处理器方面，彩云天气也长期控制支出，他们没有一开始就大量采购处理器以满足全国各地的请求，而是预判请求的数量和算力，尽量在算力快不够用时再增加处理器，这在极大程度上控制了公司开支。

相反，在员工福利待遇上，彩云天气却很大方，除了严格按照法律规定的比例缴纳五险一金，还额外给员工买了重疾险。

创始人认为，正因为公司一直精打细算，对待员工却很有温度，公司才能挺过艰难的疫情时期。但凡 2017 年融资后稍微浪费一点儿，公司肯定熬不到今天。而且，正因为精打细算，公司一直处于良性循环状态，不担心哪天会因为烧钱突然倒闭，因此创始团队有更多时间和精力思考人工智能的前景和方向，创造更多对社会有价值的产品（公司后续还开发了智能翻译软件"彩云小译"和智能续写创作软件"彩云小梦"）。先要活下去，才能继续探索未来。

不要炫富，保持低调

投资人把钱投给你，绝对不是为了让你改善生活。即使你原本就很富有，融资后也建议你尽量保持低调，避免投资人怀疑你是不是在用公司的钱给自己奢侈消费，或者担心你是否真的在全身心投入创业，一旦投资人有了这个想法，他们对你的态度就可能发生变化。

■ 案例 54*

炫富的创始人

曾有位投资人想委托我们起诉一家创业公司创始人，要求创始人按投资协议约定回购投资人股权。这位投资人以前很少要求创始人真的履行回购义务，我们询问这次怎么认真起来了，投资人说自从投资了这家公司，就发现创始人开始各种高消费，即使在公司面临危机的时候，创始人微信朋友圈也充斥着各种高消费的生活照。

因此，投资人总觉得这位创始人"不干净"，不起诉咽不下这口气，而且既然创始人能整天高消费，那履行回购义务应该也不是什么难事，就严格按规则处理吧。

这个案例中的创始人不一定真的"不干净"，不过他的各种行为真的很难让人不浮想联翩。在投资人心中，创始人就是务实能干、艰苦朴素的代表，如果融资后你变得热衷于高消费，他们难免怀疑你之前展现出来的创业精神是伪装的，或者你在融资后变得不再稳重，已经不把心思放在创业上了，甚至怀疑你就是挪用了公司的资金，你变得不再那么值得信任。这样，在关键时候他们更可能抛弃你，甚至针对你，而不是继续支持你。

规范使用资金，避免触犯刑法

很多创业者没有意识到，使用融资款不谨慎可能会触犯刑法，这是最需要回避的红线。

■ 案例 55

后谷咖啡创始人与投资人的冲突[⊖]

背景

云南有一个本土的咖啡品牌，叫后谷咖啡[⊜]，后谷咖啡本来计划 2013 年上市，但是 2012 年 6 月，后谷咖啡的投资人向当地公安局报案，称后谷咖啡的创始人涉嫌挪用资金等，公安机关经审查后同意立案，后谷咖啡的上市计划不得不暂停。上市对全体股东而言都是重大利好，投资人为什么会在这个关键时刻报案呢？

冲突

根据相关媒体的报道，投资人称并未看到投资款真正用于公司正常的运营和发展，怀疑创始人涉嫌侵占公司资金。

为此，投资人曾聘请会计师事务所对公司进行审计。投资人表示，根据审计结果，公司多次以往来款名义向创始人的关联公司支付款项，资金真实去向不明。

投资人提供的资料显示，创始人及其关联曾经签署了一份关于资金占用问题的承诺函，承诺函显示，截至 2011 年 9 月 30 日，创始人及其关联公司共占用后谷咖啡约 3.4 亿元（最终以独立第三方确认的数额为依据），承诺将于 2011 年 12 月底前归还，投资人表示这个承诺一直没有兑现，迫于无奈，只能选择报警。

结局

这个案件最终并未由检察院提起公诉，但从中可以看出，投资人出资后，难以控制公司的资金使用，处于弱势，因此他们会非常警惕，如果形势急迫，随时可能寻求司法途径解决问题。

根据最新信息，云南省德宏傣族景颇族自治州中级人民法院于 2022 年 12 月 22 日做出了关于受理债权人对后谷咖啡提起的破产重整申请一案的公告[⊜]，后谷咖啡正式走上了破产重整的道路。

⊖ 中国网，后谷咖啡法人代表被立案侦查涉嫌挪用资金。
⊜ 指德宏后谷咖啡有限公司。
⊜ 参见云南省德宏傣族景颇族自治州中级人民法院于 2022 年 12 月 22 日做出的（2022）云 31 破 2 号民事裁定书。

你可能觉得后谷咖啡这个案件涉及的金额很高，而且创始人承诺还款却不履行，确实不够体面，自己肯定不会犯这种错。但事情没有你想象中遥远，挪用资金和职务侵占的情形并不少见。

比如，大多数创始人的出行差旅费都由公司报销，这些行程是否真的与公司经营业务相关？费用是否合理？如果和公司业务无关或金额明显不合理，只要金额超过三万元，[一]就涉嫌构成职务侵占罪了，数额特别巨大的，如果罪名成立，将处十年以上有期徒刑或者无期徒刑，并处罚金。[二]

■ 案例56

创始人奢侈消费惹争议

案例37提到的重庆电商创业公司，投资人称创始人"在不到一年半的时间里面，就几十个人，却花光了投资人5000万元左右的现金投资款"，其中有部分并不是用于公司运营，而是用于创始人个人消费，包括购买奢侈品牌服装、包，出去旅游，用公司的钱给个人购买商业医疗保险，用投资款给自己发奖金等。

投资人还委托律师晒出了创始人购买奢侈品的报销发票。这些服饰发票或报销单图片显示，创始人曾购买大量奢侈品牌服装，总价款达20余万元，并经公司报销，而部分报销单据的经办人正是创始人的助理。其中一张报销单据显示，为出席一次活动，创始人最高曾花费约12万元购买LV服饰，包括一个奢侈品包、三条围巾和两件衣服。如果这些事情属实，那么这些行为确实存在职务侵占的嫌疑。

[一] 《最高人民检察院、公安部关于公安机关管辖的刑事案件立案追诉标准的规定（二）》第七十六条规定，〔职务侵占案（刑法第二百七十一条第一款）〕公司、企业或者其他单位的人员，利用职务上的便利，将本单位财物非法占为己有，数额在三万元以上的，应予立案追诉。

[二] 《中华人民共和国刑法（2020年修正）》（中华人民共和国主席令第66号）第二百七十一条规定：公司、企业或者其他单位的工作人员，利用职务上的便利，将本单位财物非法占为己有，数额较大的，处三年以下有期徒刑或者拘役，并处罚金；数额巨大的，处三年以上十年以下有期徒刑，并处罚金；数额特别巨大的，处十年以上有期徒刑或者无期徒刑，并处罚金。

上述案例的创始人可能认为，打理形象是为了更顺利地开展公司业务，但即便真的如此，对于这种敏感事项，也应当把握好尺度，做好风控措施，比如提前将这些打算告知投资人，并将使用后的奢侈品交公司保管，明确奢侈品归公司所有；出行如需住高档酒店，可以自己补差价，以免落人口实。但案例中的年轻创始人显然完全忽视这些风险，缺乏敬畏之心，将自己置于危险境地。

还有一种常见的危险情形是，创始人偶尔缺钱时会从公司借款。你可能会疑惑，怎么借款也不行，我又不是不还，这也构成犯罪？那请问，"借款"时你是否与公司签了合同？是否按公司章程规定履行了审批流程？是否向公司支付了合理的利息？是否按时还款了？如果没做好这些事，就可能存在利用职务上的便利挪用公司资金的嫌疑，金额在三万元以上就可能因挪用资金被立案追诉，[一]数额特别巨大的，如果罪名成立，最高处七年以上有期徒刑。[二]

如果你对这种风险的存在感到意外，也很正常，一些知名企业的股东和高管也会犯这种错。真功夫创始人蔡某因职务侵占和挪用资金两项罪名，被判处有期徒刑十四年[三]；四川托普集团创始人宋某因挪用资金罪获刑九年[四]；健力宝原董事长张某，因职务侵占罪与挪用资金罪获刑十年[五]。

同时，一些不太成熟的投资人发现自己投资看走眼时，可能利用创始人曾经不规范的财务操作要求创始人履行回购义务，否则就向公安局举

[一] 参见《最高人民检察院、公安部关于公安机关管辖的刑事案件立案追诉标准的规定（二）》第七十七条。
[二] 参见《中华人民共和国刑法（2020年修正）》第二百七十二条。
[三] 参见广东省广州市天河区人民法院于2013年12月12日做出的（2012）穗天法刑初字第1306号刑事判决书。
[四] 参见四川省成都市中级人民法院于2013年10月14日做出的（2013）成刑初字第106号刑事判决书。
[五] 中华人民共和国最高人民检察院官网，张海违法减刑案：揪出"假立功"背后的保护伞。

报创始人，面对刑事责任的威胁，大多数创始人不得不考虑满足投资人的要求。

■ 案例57*

无法自证清白的创始人

背景

右右公司是北京一家生产互联网内容的创业公司，它的创始人在公司创立之初为公司垫付了很多款项，比如员工工资和供应商货款。这笔款项的本质是创始人向公司提供的借款，公司应当归还。引入投资人后，创始人和投资人口头达成共识，同意公司把借款还给创始人。

冲突

没想到右右公司后期发展不顺，投资人很着急，希望能挽回损失，于是开始"拿着放大镜"检查公司，希望能找出一些不合规问题，以此要求创始人承担回购义务。

投资人果然发现了一笔异常款项，投资款到账后，公司在没有合理依据的情形下向创始人打过一笔款，于是投资人把这件事摆在创始人面前，要求创始人承担违约责任。

而创始人指出，这笔款正是当初双方商议的公司应当还给创始人的借款。但由于当时没留下任何书面确认文件，而且创始人在帮公司垫付资金时也没留下凭证，创始人此时很难证明自己的主张。于是，投资人坚持要求创始人回购自己的股权，否则就向公安举报其职务侵占。

结局

最终在律师的介入下，投资人和创始人达成了和解，创始人承担了部分回购责任。

资金使用无小事，收到投资款后，创始人应尽可能有效及规范地使用资金。资金应当按约定投入公司的日常运营，争取尽快达成里程碑；尽量不要炫富，保持低调；注意报销款项的真实性及合理性，如果涉及奢侈消费或其他敏感消费，建议报销前获得投资人的认可；如果需要向公司借款，须按章程规定取得董事会或股东会的批准，并按时还本付息；不要做帮第三方走账之类的操作，这些不规范操作可能让你最终没办法做出合理解释，让投资人怀疑你侵害公司利益。

13.3 不小心违约了怎么办

大多数创始人认为自己光明磊落，不会故意违约，但时常发生创始人违约却不自知的情形。

违约的情形

一种情形是投资协议的约定过于严格，签署投资协议时，创始人就已经违约了。这点在第 10.2 节有详细介绍，此处不再赘述。

另一种违约情形是，创始人没有意识到自己的行为违约。比如，按章程规定，某些创业公司设立子公司或者向银行借款超过一定金额，需要股东会或董事会审议，但创始人忽略了这个规则，直接把事情操办了。

■ 案例58*

被忽视的决策规则

潇潇公司是上海一家互联网公司，引入了几家风投，后期公司打算设立一家子公司开展相同领域内的一个新业务。

创始人知道设立子公司需要开股东会，但新业务现在还在早期，暂时不确定能不能做出成效。创始人不希望因为这件小事打搅投资人，所以自己出面设立了公司，他认为自己设立的公司不算公司子公司，因此不需要开股东会，打算等新公司做出成绩再告知投资人，并将其纳入公司体系内。

事情办完后，有一次潇潇公司找我们咨询其他事项，无意间提到创始人设立新公司的事情，我们赶紧向他们分析了其中的利害关系，他们才意识到这是件严肃的事情。创始人有全职和竞业禁止义务，擅自开展和公司相竞争的业务属于严重违约，如果投资人较真，创始人需要承担的最严重的违约责任是回购投资人的股权。

好在潇潇公司当时处于上升阶段，投资人和公司相处比较愉快，在我们的建议下，公司马上将这件事情的来龙去脉通过邮件报告了投资人，并获得了投资人的书面谅解。

第三种常见违约情形是，公司和投资人就某些情形达成了一致意见，但未通过书面文件确认双方的新合意，若将来发生争议，公司不能充分证明双方达成了新合意，则可能被认定为违约。

比如，现在市场竞争非常激烈，不少创业公司在不断进行业务创新，随时都在调整方向，昨天做孕妈康复服务今天可能就卖母婴用品了，昨天还在做社交软件今天就从事新媒体业务了。这些变化你可能和投资经理聊过，也获得了他的认可，但是没有进行过书面确认，投资经理甚至没有告知自己的合伙人，导致投资人内部也不知情，等公司陷入困境，投资人准备清算公司止损时才发现这个问题，这就麻烦了。

以上提到的这些违约情形会带来什么后果呢？这要看投资协议是如何约定的。

比较常见的约定是让创始人承担赔偿责任，比如公司因劳动关系不合规导致的对员工的赔偿，或被要求补缴的社保公积金，可能会要求创始人自己承担。

第二种约定是要求创始人履行回购义务。比如投资人投资的是 A 业务，但创始人在未经投资人书面认可的情形下将公司主营业务变成了 B 业务，投资人会认为这不符合他们投资的初衷，因此可以要求创始人回购股权。

大部分创始人很难接受这些结果，自己在创业中投入这么多时间精力，从未想过故意伤害投资人，却因自己在行事上的疏忽，就需要承担不小的违约责任。那么该如何预防这些违约情形呢？

预防违约

首先，认真审视在投资协议中做的各种承诺。在 10.2 节中已经详细介绍，不要承诺自己做不到的事，如果投资人不愿意删除相关承诺，就想办法调整措辞，尽量做到既不影响投资人的合规要求也不给自己留后患。

其次，有意识遵守承诺事项及公司的决策规则。如果你真的非常忙，没办法记这么多烦琐事项，那至少聘请一位风控人员，或者让你的法务、财务、董秘或行政总监兼任风控，保证有人时刻关注并提醒这些事，如果遇到不清楚的情形，随时和律师沟通确认。

再次，如果与投资人达成了新的合意，务必留下书面证据。虽然电话沟通的效率更高，但电话沟通后记得通过投资协议中指定的联系邮箱确认沟通内容，或者签署补充协议，或者在董事会 / 股东会决议中予以确认，避免今后有嘴说不清。比如案例 24 中的"最惨创业者"，如果他在退出公司时与 K 基金就自己将来无须再承担回购义务的事项进行过书面确认，则不用在离职多年后仍需背负 3800 万元的负债。

最后，如果真的不小心违约了，建议尽快向投资人解释并获得对方的书面谅解。在公司经营向好时，投资人和公司关系一般都不错，这时比较容易达成谅解，越早确认越安全，不要拖延。

第 13 章特别提示

与投资人保持紧密联系的好处：

- 可以从投资人身上学到很多东西，保持自己对行业的敏锐度。

- 便于向投资人争取更多资源，撬动杠杆。

- 能增强投资人对你的信任，获得长期支持。

关于投资经理离职的建议：

- 尽可能取得新投资经理对你的认可。

- 可以安排投资经理离职的投资人提前退出。

怎样用融资款才安全：

- 不要铺张浪费，认真完成里程碑。

- 不要炫富，保持低调。

- 规范使用资金，避免触犯刑法。

避免违约和违约后的救济建议：

- 认真审视在投资协议中做的各种承诺。

- 有意识遵守承诺事项及公司的决策规则。

- 如果与投资人达成了新的合意，务必留下书面证据。

- 如果真的不小心违约了，建议尽快向投资人解释并获得对方的书面谅解。

附录

附录 A　一页纸投资意向书

本投资意向书（"本协议"）为【　】拟对【　】有限公司进行投资的主要条款。除标题为"保密"及"司法管辖权"的条款外，本意向书对投资人、公司并不具有法律约束力。只有在各方已经取得全部必要的公司批准，并谈判、批准、签署、交付了适当的最终协议后，各方之间方产生具有法律约束力的协议。

一般条款	
公司	即【　】有限公司及其关联方
创始人	【　】、【　】、【　】
投资人	即【　】及其关联方
投资金额	投资人以【　】万元人民币参与公司【　】轮增资
投前估值	公司投前估值为【　】万元人民币
保护性规定	采取以下任何行动须征得投资人事先同意：①清算、合并、兼并或解散；②修改、变更投资人权利或者可能影响投资人权利的事项；③增加或减少公司注册资本；④支付股息红利
【　】权	（如果双方认为某些权利有必要在意向协议中明确，可以增加）
其他惯常优先权	投资人享有包括投票权、知情权、优先购买权、优先认购权、共同出售权、优先清算权、反稀释权等惯常权利条款，具体条款以最终的投资协议约定为准（解释：此处根据实际情况罗列权利，不一定需要全部列出）
创始人义务	创始人应当履行全职工作义务及不竞争义务
最惠权	投资人应享有不劣于公司现有股东的股东权益

（续）

其他	
司法管辖权	本协议受中国法律管辖，并根据中国法律解释，若有争议可向被告所在地法院提起诉讼
保密	各方同意对本协议的内容严格保密，在未经其他方事先批准前，不会将本协议的内容向各自的专业顾问以外的任何第三方披露。投资人对关于公司的所有保密信息进行严格保密，除合理和必要地用于完成本轮投资外，不披露或使用该等信息，且除经公司事先书面同意外，不会将任何该等信息向任何第三方披露
有效期	本投资意向书经双方盖章后生效。若双方自本协议签署后在【　】年【　】月【　】日前仍无法达成最终协议，则本协议自该日起自动失效。但本协议之保密条款永久有效。

（以下无正文）

【　】（盖章）	【　】（盖章）
法定代表人或授权代表（签字）：	法定代表人或授权代表（签字）：
日期：　　年　　月　　日	日期：　　年　　月　　日

附录 B　创业者友好条款汇总

请不要盲目使用条款模板：

（1）"友好"是相对的，需要放到具体场景中使用，并不是把这些条款全部照搬到投资协议中就会对你有利。有时没有某些条款反倒对你更有利，有时因为你坚持某个条款，导致不得不在其他条款上做退让，这不是在做简单的加减法，而是动态博弈的过程。

（2）为了让你更能抓住重点，一些重要条款只摘取了对你比较有用的部分，实际中你遇到的风投给的条款可能会更加复杂。

（3）每家公司遇到的情况不同，以下条款只是给你看个样式，需要根据自己的实际情况进行调整。

（4）投资协议条款具有非常强的前后勾稽性，本汇总没办法考虑前后勾稽，因此你需要自行注意协议通篇的逻辑。

（5）如果你正在进行重要的股权融资，建议聘请专业的融资律师帮你系统性地把控风险。

▽ 创始人有权回购投资人股权条款

在投资人实际获得的分红达到人民币【　】万元的前提下，创始人有权按公司净资产的【　】倍或最近两个会计年度公司平均净利润／营业额【　】倍孰高／

孰低的价格回购投资人相应的股权，但回购的股权不超过投资人实际持有公司股权的一半。

▽　投资意向协议费用承担条款

本协议签署后，若最终完成交割，则有关投资人本次投资所产生的尽职调查费用，应由目标公司在收到投资款后支付，但最高不超过人民币【　】万元。

若由于投资人原因导致交割最终无法完成，则由投资人自行承担其因本次投资所产生的全部尽职调查和交易文件费用。若由于目标公司过错导致交割最终无法完成（双方就商业条款无法达成一致的除外），则由目标公司承担尽职调查及交易文件产生的全部费用，但最高不超过人民币【　】万元。

▽　投资人逾期付款对应的协议解除条款

发生下列情形时，目标公司可以通过书面形式通知其他方解除本协议（尽管有下述约定，如因某一投资人导致目标公司、创始股东与该投资方解除本协议的，本协议的解除效力仅及于目标公司、创始股东与该投资人之间，本协议在其他投资人与目标公司、创始股东之间并不必然解除）：

交割条件满足后，投资人逾期付款超过【　】日，并且未在收到目标公司要求改正的通知之日起【　】日内改正的。

▽　优先分红条款

如果股东会决定分派股息或红利，除非公司已经优先向投资人全额分派了相当于其增资款【　】%计算的股息或红利（"投资人优先分红额"），公司不得以现金、财产或股票的形式向投资人以外的其他股东分派任何股息或红利。

如投资人优先分红额低于其按股权比例应获得的分红额，则公司应向投资人进一步支付股息或红利，直到投资人最终获得的分红额等于其按股权比例应获得的分配额；如投资人优先分红额高于其按股权比例应获得的分配额，则公司向投资人支付完毕前述投资人优先分红额后，投资人不再参与分配。

进行上述分配后，公司剩余未分配利润（如有）由公司向除投资人以外的其他股东进行分配。

▽　优先认购权条款

如目标公司拟增加注册资本或进行类似行为，目标公司应书面通知各投资人，通知应列明后续增资的所有重要条款和条件。各投资人有权在收到后续增资通知后【　】日内书面通知目标公司，以同等条件优先于目标公司的其他股东和第三方，按照其在目标公司的持股比例认购目标公司的新增注册资本。投资人的书面通知应列明其拟认购的目标公司出资额或股权比例，逾期未书面通知目标公司的，视为放弃该权利。

▽　反稀释条款（加权平均方式）

交割日之后，如果公司以低于各投资人适用的投资价格的价格增加额外注册资本，亦即认购相应注册资本的股东认购或购买该等注册资本（认购或购买该等注册资本的股东称为"新股东"，认购该等注册资本的新股东认购的公司注册资本称为"新注册资本"）的新单位认购价格（"新单位认购价格"指新股东认购新注册资本所支付的总价款除以新注册资本所得的商）低于任一投资人所持投资人股权的投资价格，则该等投资人股权的相应投资价格将按照广义加权平均的方式进行调整，从而使该等投资人股权的投资价格调整为按照如下广义加权平均方式计算后的价格（"经调整的单位价格"）。

经调整的单位价格＝投资价格 ×（新股东认购新注册资本前的公司注册资本＋

新股东就认购新注册资本拟支付的投资款 ÷ 投资价格）÷

（新股东认购新注册资本前的公司注册资本＋新注册资本）

投资人有权通过以下方式实现上述反稀释调整：①要求公司按照每1元新增注册资本1元钱的价格或以届时法律允许的最低价格向投资人发行新增注册资本；或②要求创始股东按其相对股权比例向投资人无偿转让注册资本。投资人有权要求公司发行或要求创始股东转让的注册资本数量按照下述公式计算：

投资人有权要求公司发行或要求保证方转让的注册资本数量 = 该投资人获得投资人股权所支付的增资款 ÷ 经调整的单位价格 − 该投资人届时已持有的投资人股权所代表的公司注册资本数量

本条内容不适用于员工激励计划、资本公积转增注册资本，以及进行反稀释调整导致的增发股权。

▽ 优先清算条款

若目标公司发生任何清算事件或视为清算事件，目标公司的财产在依法支付清算费用、职工工资、社会保险费用和法定补偿金，缴纳所欠税款，清偿公司债务后，应当按照如下顺序进行支付和分配：

第一，应将按以下方式计算的款项（"本轮优先清算款项"）优先于目标公司其他股东支付予本轮投资人：【　】% 的本轮投资款，加上经股东会决议批准的应向本轮投资方分派但是尚未支付的红利。

第二，在向本轮投资方足额支付本轮优先清算款项之后，目标公司仍有剩余财产的，应将按以下方式计算的款项（"【　】轮优先清算款项"）优先于目标公司其他股东（本轮投资方除外）支付予【　】轮投资人……

在向全体投资人足额支付优先清算款项之后，目标公司仍有剩余财产的，则应将各创始股东对目标公司的实缴出资款项，加上经股东会决议批准的应向创始股东分派但是尚未支付的红利（"创始股东优先清算款项"）优先支付予各创始股东。如果目标公司的剩余财产不足以支付创始股东优先清算款项，则各创始股东之间应当按照其届时对目标公司实缴出资的相对比例分配。

在足额支付全部优先清算款项之后，目标公司任何剩余的财产将按目标公司届时所有股东的持股比例在所有股东之间进行分配。尽管有上述约定，如果全部投资方按照其届时在公司的持股比例参与剩余财产的分配进而可以获得的分配金额高于其按照【　】条款有权获得的分配金额，则全体股东应按照其届时在公司的持股比例获得分配。

▽ 领售权条款

自交割日起【 】年之后，且在公司股东会通过合格上市计划之前，如届时不是公司股东或其关联方的第三方拟购买公司的全部或 50% 以上股权或者全部或 50% 以上的资产或业务（统称为"整体出售"，不论是设计为兼并、重组、资产转让、股权转让还是其他交易），若届时【 】、【 】及创始人【 】（合称"领售权人"）均同意该等整体出售，且该等整体出售所反映的公司估值不低于本轮投后估值的【 】倍，则领售权人有权向公司和公司其他股东发出书面通知，表明其同意该等整体出售，并要求其他股东配合完成整体出售。

▽ 回购权条款

创始人仅以其届时直接和间接在公司持有的股权实际变现价值为上限承担回购义务（即无须以其他个人资产或家庭资产承担）。

▽ 创始团队成员提前离职，收回的股权归创始团队所有

如果创始人 B（i）主动离职，（ii）损害集团公司利益而被集团公司终止劳动合同，或（iii）违反全职及竞业义务，创始人 A 及员工持股平台有权无偿或以法律允许的最低价格购买创始人 B 所持有的限制性股权（包括已兑现及未兑现的限制性股权)(按照各自在公司的持股比例分配）。

▽ 一票否决权条款

下列事项经公司股东会审议后通过，必须经【 】、【 】的同意方为有效并可进行……

当任何一位（或者超过三分之二的）享有一票否决权的投资人同意某事项时，则视为全体享有一票否决权的投资人同意。

▽ 创始人的一票否决权

各方同意，任何目标公司股东会或董事会决议应当得到创始人的书面同意后方可通过，但本协议其他条款已经明确创始人应当履行的义务除外。

后　记

我从 2021 年初开始写第一本书，到现在写完第二本，痛并快乐着。

这段时间没有春节假期，没有中秋节、国庆节假期，没有周末，也很少和朋友们约会聚餐，一到节假日我就松一口气，终于有整段时间可以写书了，朋友们经常吐槽我这种"自虐"心态。长期伏案也逐渐熬出了一些毛病，腰酸背痛、腱鞘炎、关节炎，为此还尝试了不少"治疗神器"。

但每当读者表示我的书轻松易读、给他们创业带来很大帮助时，我就开心得难以自已，一切付出都是有价值的。每当读者留言询问第二本书什么时候能出版时，我也跟着着急，希望能写快一点儿、再快一点儿，早日帮上即将进入融资阶段的创业者。但每次我回头看原来写的内容，都觉得不满意，因此反复修改，时间在指尖上不断流逝，这一切都是希望读者翻阅本书时能有所收获，而不是在浪费时间。

感谢机械工业出版社为本书的出版提供了鼎力支持。特别感谢本书编辑，她在本书结构内容、价值交付及用语表达方面提出了很多有价值的建议，持续不断地鼓励我继续优化精进，本书能出版离不开她付出的诸多心血。

感谢我的朋友程朝潮、金彦箴、贾子瑢、刘伊琳、应有晴、陈昊、赵静、张海、黄朝兴、齐成龙、王宇琪、张福楠、俞健、袁新尧等对我的鼓励和提出的非常有价值的建议，让我多了一面镜子，不断自省提升；感谢王月为本书提供插画，让书里的内容更形象。

感谢读者朋友桐鹤、李勤骞、景云、章宁军、金强等对本书结构框架的反馈，你们的视角给了我很多启发。

感谢我曾服务过的创业公司，谢谢你们对我的信任，让我有机会不断精进，将这些经验和领悟写出来以回报更多创业者。

感谢王峰、姜诚、周洁枝、钟夏露、彭炎林、王威、孙加荣、曾煜琪、郑偲婵、王桂苑及其他各位同事在工作中的支持，你们是我的坚实后盾，让我能有更多时间投入写作。感谢实习生郭景薇及张锐，协助我查找了不少资料。

感谢家人对我的陪伴和宽容，谢谢你们对我长期写作给予的理解和支持，让我毫无负担、充满力量地追逐梦想。

最后的最后，感谢你读到这里，这是对我莫大的鼓励，如果本书对你有用，请你把它推荐给身边创业的朋友，帮他减少创业中的烦恼，提前规避风险、维护情谊。

我将继续写关于创业公司股权激励的新书，我们一起来打破常人对股权激励的认知误区，从人的本性和商业需求开始探讨股权激励在组织管理中的作用和局限性，人的哪些特性可以被激励，哪些特性不能被激励，哪些人值得被激励，怎样的激励方案才是有效的。只有对人性、行业、组织、管理工具等产生全局认识，才能真正看透股权激励，知道每一步该怎么走，以及每一步带来的具体价值。

创业不易，情谊不薄，希望你找到合适的投资人，相互成就，一起登到山顶！

财务知识轻松学

书号	定价	书名	作者	特点
71576	79	IPO 财务透视：注册制下的方法、重点和案例	叶金福	大华会计师事务所合伙人作品，基于辅导 IPO 公司的实务经验，针对 IPO 中最常问询的财务主题，给出明确可操作的财务解决思路
58925	49	从报表看舞弊：财务报表分析与风险识别	叶金福	从财务舞弊和盈余管理的角度，融合工作实务中的体会、总结和思考，提供全新的报表分析思维和方法，黄世忠、夏草、梁春、苗润生、徐珊推荐阅读
62368	79	一本书看透股权架构	李利威	126 张股权结构图，9 种可套用架构模型；挖出 38 个节税的点，避开 95 个法律的坑；蚂蚁金服、小米、华谊兄弟等 30 个真实案例
70557	89	一本书看透股权节税	李利威	零基础 50 个案例搞定股权税收
62606	79	财务诡计（原书第 4 版）	（美）施利特 等	畅销 25 年，告诉你如何通过财务报告发现会计造假和欺诈
58202	35	上市公司财务报表解读：从入门到精通（第 3 版）	景小勇	以万科公司财报为例，详细介绍分析财报必须了解的各项基本财务知识
67215	89	财务报表分析与股票估值（第 2 版）	郭永清	源自上海国家会计学院内部讲义，估值方法经过资本市场验证
58302	49	财务报表解读：教你快速学会分析一家公司	续芹	26 家国内外上市公司财报分析案例，17 家相关竞争对手、同行业分析，遍及教育、房地产等 20 个行业；通俗易懂，有趣有用
67559	79	500 强企业财务分析实务（第 2 版）	李燕翔	作者将其在外企工作期间积攒下的财务分析方法倾囊而授，被业界称为最实用的管理会计书
67063	89	财务报表阅读与信贷分析实务（第 2 版）	崔宏	重点介绍商业银行授信风险管理工作中如何使用和分析财务信息
71348	79	财务报表分析：看透财务数字的逻辑与真相	谢士杰	立足报表间的关系和影响，系统描述财务分析思路以及虚假财报识别的技巧
58308	69	一本书看透信贷：信贷业务全流程深度剖析	何华平	作者长期从事信贷管理与风险模型开发，大量一手从业经验，结合法规、理论和实操融会贯通讲解
55845	68	内部审计工作法	谭丽丽 等	8 家知名企业内部审计部长联手分享，从思维到方法，一手经验，全面展现
62193	49	财务分析：挖掘数字背后的商业价值	吴坚	著名外企财务总监的工作日志和思考笔记；财务分析视角侧重于为管理决策提供支持；提供财务管理和分析决策工具
66825	69	利润的 12 个定律	史永翔	15 个行业冠军企业，亲身分享利润创造过程；带你重新理解客户、产品和销售方式
60011	79	一本书看透 IPO	沈春晖	全面解析 A 股上市的操作和流程；大量方法、步骤和案例
65858	79	投行十讲	沈春晖	20 年的投行老兵，带你透彻了解"投行是什么"和"怎么干投行"；权威讲解注册制、新证券法对投行的影响
68421	59	商学院学不到的 66 个财务真相	田茂永	萃取 100 多位财务总监经验
68080	79	中小企业融资：案例与实务指引	吴瑕	畅销 10 年，帮助了众多企业；有效融资的思路、方略和技巧；从实务层面，帮助中小企业解决融资难、融资贵问题
68640	79	规则：用规则的确定性应对结果的不确定性	龙波	华为 21 位前高管一手经验首次集中分享；从文化到组织，从流程到战略；让不确定变得可确定
69051	79	华为财经密码	杨爱国 等	揭示华为财经管理的核心思想和商业逻辑
68916	99	企业内部控制从懂到用	冯萌 等	完备的理论框架及丰富的现实案例，展示企业实操经验教训，提出切实解决方案
70094	129	李若山谈独立董事：对外懂事，对内独立	李若山	作者获评 2010 年度上市公司优秀独立董事；9 个案例深度复盘独董工作要领；既有怎样发挥独董价值的系统思考，还有独董如何自我保护的实践经验
70738	79	财务智慧：如何理解数字的真正含义（原书第 2 版）	（美）伯曼 等	畅销 15 年，经典名著；4 个维度，带你学会用财务术语交流，对财务数据提问，将财务信息用于工作